德庆央珍　图书编辑，中国编辑学会会员。曾荣获中国出版政府奖图书提名奖、国家民委“中青年英才”称号。在《出版发行研究》《科技与出版》《辞书研究》《中国新闻出版报》（理论版）、《中国藏学》《西藏大学学报》等核心期刊及国家级报纸上发表论文十余篇。2020 年获国家民委“全国民族工作优秀调研报告”三等奖。2022 年获“第十一届韬奋出版人才发展论坛征文”二等奖。

新媒体情境下民族
图书数字出版路径研究

德庆央珍　著

民族出版社

前　言

在应变中求发展，是少数民族图书出版行业在新媒体时期迫在眉睫的首要课题，更是新媒体时期民族出版行业的应有担当。

2021 年是“十四五”的开局之年，对出版业而言，未来的五年，是实现从“出版大国”向“出版强国”转变的重要时期，主要内容即传统出版向融合创新的纵深方向迈进、从高速增长到高质量发展目标的转变，以及从生产制造图书产品向知识服务的转型。而刚刚过去的“十三五”，我国的整个出版行业基本完成了“到 2020 年传统出版单位基本完成数字化转型，数字化产品和服务的运营份额在总份额中占有明显优势”的规划要求，传统出版与新兴出版的融合发展初见成效。随着 2019 年以来 5G 的普及，在图书生产方面与人工智能技术相结合，带来了图书出版业态的持续性改变。另据最新数据显示，2019 年，国内数字出版行业规模近万亿元。[①]

---

① 范军主编：《2019—2020 中国出版业发展报告》，51 页，北京，中国书籍出版社，2020。

相对于国家通用文字如火如荼的事业，民族图书，特别是民族文字的数字出版工作，尚处于起步和探索阶段，“十四五”规划的实现面临客观层面的诸多挑战——事实上，民文的数字出版，基本处于过往五年规划时期要求的“大力发展以数字化内容、数字化生产和网络传播为主要特征的新兴文化产业”“鼓励自主研发数字内容、数字传播、数字服务终端产品和装备，开发数据处理、存储、下载、使用、互动等数字出版增值服务，扩大数字出版的产业集群”① 的行业起始阶段，可以看出，与我国通用文字的数字出版事业的发展，至少相差了两个规划的距离。

从国家层面而言，少数民族文字出版工作作为国家民族工作的重要组成部分，中央已将其纳入公益事业范畴，并对民文的数字出版工作给予了大力的扶持。

政策方面，宏观政策中，《国务院关于进一步繁荣发展少数民族文化事业的若干意见》（2009）提出，到 2020 年民族地区文化基础设施相对完备，覆盖少数民族和民族地区的公共文化服务体系基本建立，主要指标接近或达到全国平均水平的目标任务。基础设施的全面覆盖为民文数字出版行业的产生及发展提供了基础保障；“十一五”至“十三五”规划纲要等，更是在确定国家总体发展方向和主要目标的同时，对民族文字和文化的发展制定了具体的政策措施及实施方案。涉及民文数字出版的工程及项目包括但不限于：

“十一五”时期的“中华字库工程”“国家数字复合出版系统研发工程”“中国知识资源数据库工程”等；“十二五”时期，随着数字出版逐步成为出版产业发展核心，国家实施的五大重点项目中，“农家书屋数字化

① 《“十一五”时期文化发展规划纲要》。

建设工程”“少数民族数字出版促进工程”；“十三五”时期的“全面数字阅读推广工程”“少数民族文化数字出版促进工程”等，均对民文数字出版从设施、技术、内容、供需等方面，即对整个产业链条的形成和生长，给予了政策及资金的极大关照。

行业政策方面，《关于推动新闻出版业数字化转型升级的指导意见》（2014）提出“重点支持教育、少儿、少数民族语言等出版单位，推动企业从单一产品形态向多媒体、符合出版产品形态，从产品提供向内容服务的数字化转型升级。”包括研发少数民族文字阅读产品；《新闻出版业数字出版十三五时期发展规划》（2016）的指标性任务中，特别提到加大对“少数民族地区新闻出版企业和公益性新闻出版单位的资金支持力度，开发更多更好数字化产品及针对民族地区的双语教育数字化出版物”；此外，还有《“十三五”时期贫困地区公共文化服务体系建设规划纲要》《关于加快构建现代公共文化服务体系的意见》，等等，均对民族地区、民族文字的出版数字化工作做了具体的规划和部署。

国家政策是数字产业发展的源动力。从宏观政策中可以看出，我国在持续加大力度从确立目标方向、加强体制建设等方面扶持民族文字及民族文化的数字出版事业；产业政策从对民族地区的信息基础设施建设及民族文字内容产品供给等方面进行政策倾斜，提升技术装备，以提高其自我发展能力。因此在国家产业政策、民族优惠政策的框架下，民文出版工作已经有了很大的发展。

我国 55 个少数民族，共使用 80 多种语言，约 6000 万少数民族使用本民族语言；22 个民族使用 28 种文字，约 3000 万人使用本民族文字。①

① 马启智：《我国的民族政策及其法制保障》，载《中国人大》，2012（1）。

截至2019年的统计数据，全国共有出版社585家，民族类出版社共38家（占全国出版社总体比重的6.5%），中央级民族类出版社1家。其中32家出版社用21种少数民族的24种文字出版图书，2019年民文出版品种合计7154种。[①]

但民文数字出版工作，依然面临由于民文使用人口基数低、市场规模小等问题而缺乏技术开发和资金投入的市场内驱力，难以形成产业链条，必然产生新兴技术应用到少数民族语言文字领域时已经大步滞后于主流语言的局面。这种滞后，即便是短暂的，在大数据时代，其后果也是破坏性的。据测算当今全球每两天产生的数据是人类文明史以来到2003年的数据总和，可见时间在信息时代的不可替代性。当前的技术变革和产业升级给少数民族文化及文字带来的冲击是巨大的，因此主动迎接挑战、积极应变刻不容缓。

2019年，习近平总书记在深化党和国家机构改革总结会议上讲道："形势在变、任务在变、工作要求也在变，必须准确识变、科学应变、主动求变"。就民文出版单位而言，对有目共睹的数字革新已具有了"识变"的共识，但囿于体制、资金、技术、人才等方面的困境，比如体制方面，公益性出版机构改革相比转企出版机构的改革滞后，由于"事业化管理、企业化经营"的二元经济结构的矛盾，存在着管理及运营上的不畅，在财政投入不足、社会力量介入不畅等前提下实行社会效益和经济效益双重考核指标的体系，令出版社在发展的道路上难以施展；资金方面，地方财政投入能力低，社会投入渠道有限。经济层面的投入产出比例失衡；

① 国家新闻出版署编：《2019中国新闻出版统计资料汇编》，100页，北京，中国书籍出版社，2019。

民文信息技术发展水平尚难以支撑整个数字产业链对技术的需求；复合型民文出版人才尤为稀缺，等等问题，迫使大多数民文出版单位对出版的转型升级处于观望或浅“试水”的状态。

同时我们应看到，在以“普惠共享”为结果导向的现代社会治理体系的建构下，一方面国家将民族出版事业纳入公益事业范畴，强调给予自身能力尚不足的民族出版事业以特殊性扶助，以避免其生存弱势的固化及确保国家在多民族共同体国家中实现民族文化服务的均等化；另一方面，正如有学者提出的：“普惠共享追求狭隘个体主体性的突破和共同主体性的确证。它致力消解个体主体性内生的局限性、狭隘性和片面性，促使个体正视社会共同体之中的共同主体性，并以此激活公民个体的责任意识和责任担当。”[①] 同理，当被扶助的客体从公民个体转换为某一群体或某一事业时，也理应如此，即发挥共同体主体的责任意识和担当。就民族出版者而言，也应以更积极的姿态应对数字时代给传统行业带来的重大变革，以便更好地承担起国家赋予的为少数民族、民族地区和党的民族工作服务的使命。

值得一提的是，一些民族出版单位面对变局，发挥主观能动性积极应变。如2009年，新疆青少年出版社成立了数字出版部，这是新疆数字出版工作的早期探索；[②] 新疆人民出版总社确定了融合发展的战略和项目，有序建设资源管理、数字出版和综合营销三大平台并陆续开发数字产品，

① 朱碧波：《论我国社会治理共同体的生产逻辑与建构方略》，载《西南民族大学学报》（人文社会科学版），2020（10）。

② 陈云康：《新中国成立以来新疆图书出版事业研究》，硕士论文，新疆大学，2018。

取得了一定成效[①]；内蒙古出版集团与技术商合作构建的大e洋电子商务平台、全民阅读服务平台、智慧教育与教务管理平台等，是内容服务和销售平台的初步搭建；四川民族出版社每年均有相当的资金注入民文数字内容产品的制作。此外，也有不少单位建立了民文内容数据库。这些工作，都是民文出版单位在体制机制尚待健全，民族地区信息化水平不高、民文信息处理水平相对滞后、科研成果转化能力不足以及缺乏市场驱动等条件下所做的尝试和努力。

同时也应看到，不少民族出版单位，至今尚未正式启动数字出版规划，取得数字出版资质者亦属少数；也有一些单位，即使取得了资质，基础配套设施也已基本齐备，但数字出版的动力和能力不足，对内容生产、制度建设、技术应用、人才培养等方面鲜有作为，造成设备闲置、人员定岗不明、产品供给力低等种种问题。复旦大学教授张大伟曾有一深刻评价：

> 民族类出版社存在过于依赖外部环境，而几乎不提及内部运营能够有何作为的被动情况，折射的不仅是民族聚集区文化经济欠发达的特殊困境，其自身能动性的匮乏也明晰地反映出我国现行公益性出版机制中欠缺与数字出版相关的、行之有效的激励制度与创新服务平台。[②]

---

① 雪合来提·买买提尼牙孜：《关于深化出版改革、促进融合发展和依托“一带一路”弘扬民族文化的思考》，载《喀什大学学报》，2016，37（5），119页。

② 张大伟：《民族类出版社数字转型的理念、人才与技术因素分析——基于15家民族类出版社的深度访谈》，载《编辑之友》，2018（2），47页。

这一段，可为点到“阿是穴”，笔者深以为然。我们在找寻外部原因的同时，更应积极发现自身的问题，正视它、弥补它，才能真正解决问题。数字出版是信息技术、网络技术和出版工作相结合的产物，正如时任新闻出版总署副署长的柳斌杰所说：“数字出版是被动拖入这个技术革命的进程的”[①]。任何产业的技术革命，都是对其传统生产方式的颠覆，国内外的传统出版机构以及主流文字，无一未曾经历或正在经历这一重大变革带来的危与机。不应变、不求变，终将使民文出版事业固化目前的落后局面，陷入战略被动，错失发展机遇。

出版和新闻机构是传统意义上知识与信息服务的主要参与者，应成为应对技术变革挑战的前沿阵地。如前文所述，这种变革与其说是一种主动的尝试，不如说是一种被动的接受。国内出版业整体的数字化转型已近 20 年，积累了不少经验。相形之下，我国民族出版力量在纸质时代形成的影响力远未能过渡到新兴的数字领域，民族文字出版的数字化工作作为互联网时代向少数民族群众传播知识的国家公益行为，尚处起步阶段。

笔者认为，民族出版事业在新媒体时期真正实现升级换代，最根本的要素是科学的顶层制度设计及应用单位的实践动力，二者不可缺一。而任何符合实情的顶层设计，其决策依据很大程度上来自于各该行业的基层实践工作，这就需要民族出版机构和民族出版人充分发挥主观能动性，从认知层面进行提高，从应用层面积极探寻出路，敢于尝试，为制度设计提供丰富的实践素材和判断依据，并最终将科学决策

① 柳斌杰：《用数字化带动我国出版业的现代化》，载《出版发行研究》，2006（11），6 页。

转化为基层动力。但一般来说，任何一个行业的转型，其动力来自于市场，转型过程所需要的资源配置也能通过市场完成。然而这种机制并不适用于我们即将在本书中讨论的民族出版数字化转型的课题。民族出版是一个重度依赖宏观政策和财政支撑的领域，市场化无法保障这项事业的可持续性，更遑论发展问题，这也是国家将整个行业纳入公益事业范畴的原因。同时，支撑转型的技术层面则面临着各民族语言文字信息技术发展水平与互联网，尤其是移动互联网体系的兼容和适配问题，这个问题也同样无法通过自发的市场配置来解决。正因如此，民族出版数字化转型工作除了面临出版行业共性的问题外，还存在许多个性问题。这些个性化问题，除了本领域的从业者外，恐难引起圈外人士的关注及研究。

为此，笔者以在民族出版领域 20 余年的一线工作经历的传统编辑视角，试图通过回顾新媒体发展的里程碑事件，定位数字出版所处的技术生态空间；通过研习国家宏观政策，寻求借势发展之道；通过调研民族出版数字化现状，探究转型升级进程的掣肘因素；通过解构行业个性化问题，提出发展民族出版数字化事业的对策；最后借由海外数字出版的一些成功实践，力图给民族出版数字化转型提供一些可资参照的路径。

事实上，对民族图书数字出版的研究，几无基础数据可依，可资借鉴的前人研究成果也极不易见。因此，在调研部分，笔者分别以某民族出版单位跨时 12 年的数字出版情况比对作为民族出版机构数字出版实践的典型案例；以历时 2 年，深入北京及 5 个涉藏省区 30 余家藏文出版相关机构的调研作为民族文字数字出版的典型案例[①]；以某藏文化图书馆的数字资产管理情况作为民族出版的机构用户需求案例，即从一线出版单位、民文数字出版的应用、用户需求 3 个层面，通过拓荒式的系统调研工作，以广泛调研为基础的客观数据，分析民族出版数字化所面临的任务、挑战和机遇，提出公益出版理念下的民文数字出版对策。

习总书记曾指出："在哲学意义上，'难'是在任何领域前进道路上永恒的命题。"[②] 尽管新媒体时期的少数民族文字出版事业面临许多的困难和挑战，但是在政府和全国人民的大力支持下，在全国民族出版行业的共同努力下，积极应变、主动求变，在危机中抓住新机，相信一定能够把民文数字出版工作做好，最终实现党和国家公共文化服务均等化的既定目标，更好地为党的宣传工作服务，为增进民族团结、铸牢中华民族共同体意识作出更大的贡献。

---

① 有幸的是，本书中的重要组成部分，即以藏语文为例的民族语文调研部分，在 2021 年以《互联网时代藏文出版数字化发展研究》为题参评"全国民族工作优秀调研报告"，受到国家民委的高度肯定，并荣获 2021 年度"国家民委社会科学研究成果奖"（全国民族工作优秀调研报告）三等奖，同时这也是该奖项唯一涉及我国民族出版领域的课题。

② 汪晓东、许晴：《人民的信心和支持就是我们国家奋进的力量》，见《人民日报》，2021 年 3 月 3 日，第 1 版。

目　录

第一章
新媒体融合发展与民族图书的数字出版

随着数字技术在新闻出版业扮演着越来越重要的角色，人们获取信息和阅读信息的习惯正在被迅速改变。满足读者对内容索取方式的全新要求，并利用所拥有的内容资源，将其加工成可多样化利用的信息产品，以实现在多种媒体上全方位发布，甚至建立全球同步，并与信息接收者达成有效沟通，从而达到信息使用效率最大化的效果，是数字出版的优长，亦是出版者的努力方向。我国对数字出版建设给予了高度重视，并将其纳入向新闻出版强国迈进、增强国家文化软实力的战略规划中。与此同时，从中央到国家文化部、新闻出版总署等部门，均对少数民族文化的保护、发展及宣传给予了极大关注，对民族文字及文化方面出版物的数字化建设的意义给予了充分肯定并做了具体部署。

民族文化建设工作是我国落实社会主义民族政策的具体体现，更是新闻出版工作铸牢中华民族共同体意识，提升国家文化竞争软实力的具体任务。加强民族语文、文化类出版物的数字化建设，可以为我国得天独厚的民族文化宝藏提供智能化的服务，增强其传播效果，增进我国民族文化与世界的沟通与交流。

第一节
数字出版的概念及范畴界定

通常来讲，我们在开始探讨一个新兴领域的时候，总是试图希望能够对其做一个通俗的、完备的定义，然后在这个定义的框架之下解构所论对象的方方面面。这样做的目的是迅速在读者那里建立一个尽可能确立了“边界”的概念，从而使作者即将展开的论述能够在一个合适的语境下行进，最终使信息的传递尽可能向着精确化的方向发展。遗憾的是，这种开篇的方式对于我们下面要讨论的板块似乎显得有些力不从心。多年以来，尽管行业的专家学者力图为数字出版确立一个标准化的定义，但似乎都无法做到明理通达、成就周全之道。

笔者尽管在出版行业浸润年久，但对数字化工作而言确乎新人，因此更不敢以微薄之力触碰定义新兴领域这样宏大的题目。数字出版在定义上的困惑与模糊可能源自概念本身的性质，就像我们要对熟知的纸质出版做出精确的定义，终究也是一件令人烦恼的工作。但无论是纸质出版还是数字出版，它们所指向的是一条价值链，这个价值链涉及内容、聚合、制造、营销、发行、销售以及消费，对这样一个前后贯穿多个领域的链条进行定义，谈何容易？更何况，相较于纸质出版约定俗成的，甚至已经固化的价值链，数字化出版的生态中还隐藏着许多技术驱动的变量，但尽管如此，在本书的开篇依然要简要探讨数字出版的概念及其界定情况。

一、数字出版的概念

被誉为世界最权威的数字出版专家之一、美国罗切斯特理工大学迈克尔·克莱伯教授认为，“现今的出版包含了应用XML编码将形式与内容分离、重新利用内容进行多渠道出版的过程。这些操作总可以以某种方式将其他出版形态从印刷形态中分离出来。”（Today’s printing and publishing process involves repurposing content, publishing through multiple channels, and applying XML coding to separate form from content. All of these operations can serve, in one way or another, to disassociate print output from other forms of publishing.）[①]这一定义很大程度上代表了海外以技术角度界定数字出版的主流观点。在我国，2005年召开的首届数字出版博览会上，“数字出版”这一概念被提出并正式开始使用，但有关这一概念的内涵和外延，在理论界和产业界均未能形成准确的定义或达成共识，直至2010年，新闻出版总署发布了《关于加快我国数字出版产业发展的若干意见》，指出：“数字出版是指利用数字技术进行内容编辑加工，并通过网络传播数字内容产品的一种新型出版方式，其主要特征为内容生产数字化、管理过程数

① Michael Kleper. The Generation Beyond Print-on-paper. 引自：https://scholarworks.rit.edu/books/32/.

字化、产品形态数字化和传播渠道网络化。”这是官方首次发布的权威定义，同时明确了其范围：“目前数字出版产品形态主要包括电子图书、数字报纸、数字期刊、网络原创文学、网络教育出版物、网络地图、数字音乐、网络动漫、网络游戏、数据库出版物、手机出版物（彩信、彩铃、手机报纸、手机期刊、手机小说、手机游戏）等”。它采纳了以描述数字出版的综合过程作为定义其概念的观点，而非其他的强调介质或传播路径的主张。2021 年 11 月，“数字出版”作为出版学的专业术语，被收入由全国科学技术名词审定委员会公布的《编辑与出版学名词》中。作为我国最权威的专业术语规范文本，《编辑与出版学名词》定义的“数字出版”为：“利用数字技术进行内容编辑加工，并通过网络传播数字内容产品的一种新型出版方式，其主要特征是内容生产数字化、管理过程数字化、产品形态的数字化及传播渠道的网络化。”[①] 这与 2010 年的官方定义一致，并将“音像出版”“电子出版”“网络出版”这三大类出版形态列入“数字出版”章。而对后两种出版形式的定义[②]，在早期的对数字出版定义的探讨中，均被不同程度地用于对数字出版的描述和界定，即所谓的介质观点和路径观点。2022 年 1 月，“融合出版”一词被补充纳入编辑与出版学名词术语表，它

---

① 全国科学技术名词审定委员会公布，编辑出版学名词审定委员会审定：《编辑与出版学名词》，116 页。

② 电子出版物：“以数字代码方式，将图、文、声、像等信息编辑加工后，存储在电、光、磁介质上，可复制、发行，通过计算机或具备类似功能的设备进行播放使用的交互性出版物。”网络出版物：“将文字、声音和（或）图像信息编辑加工后，存放于互联网页面或（数据库）中，通过计算机网络传播，并通过计算机或类似设备阅读使用的出版物。”

指："将出版业务与新兴技术和管理创新融为一体的新型出版形态"。[①] 这是我国数字出版转型升级进入"深水期"的具体体现。

二、数字出版范畴的界定

根据2021年国家管理部门对数字出版范畴的界定，除电子书、数字报纸、互联网期刊，即"书报刊"这三种传统出版类别的数字形态外，互联网广告、网络动漫、网络游戏、移动出版（移动阅读、移动游戏等）、在线教育、数字音乐、博客等七项也被列入其中；另外，从《出版业"十四五"时期发展规划》的"壮大数字出版产业"条，提到"引导网络游戏健康有序发展，支持创作更多优秀现实题材和历史题材网络文学精品"，并将"深化实施优秀现实题材和历史题材网络文学出版工程、有声读物精品出版工程，启动实施主题游戏出版工程"纳入"十四五"规划的"数字出版内容精品工程"等方面可见，网络游戏、网络文学、有声读物等，均在国家层面被纳入数字出版产业的重要组成部分。这也是多年来从统计意义上我国数字出版产业总量能够达到千亿规模，至2020年，突破万亿（11781.7亿元）[②] 的原因所在。

2020年，互联网广告、在线教育、移动出版、数字音乐占我

---

① 尹琨：《专家审定"融合出版"概念及定义》，见《中国新闻出版广电报》，2022年1月25日。

② 张立主编：《2020—2021中国数字出版产业年度报告》，18页，北京，中国书籍出版社，2021。

国数字出版收入榜前四位，电子书收入为62亿元[①]，仅占总收入的0.53%。需强调的是，“电子书”的统计数据，还包括电子阅读器等的收入。再看国家新闻出版署《2020年新闻出版产业分析报告》的数据，“电子出版物出版”在新闻出版产业结构中所占比重是0.11%，[②]当年全国共出版电子出版物7825种，实现营业收入17.9亿元。将此数据与同年产业年报提供的“电子书的收入”62亿元的数据对比可知，在国家统计层面的“电子书”概念下，2020年“电子出版物”仅占“电子书”的28.88%。可见，基于传统“图书出版”概念的数字形式的图书内容的产量和产值，在整个产业结构中的比重极低。再如，在《“十四五”时期国家重点图书、音像、电子出版物出版专项规划》的1929个项目中，电子出版物出版规划为52项，占比2.7%，产品形态均为光盘、U盘或移动硬盘。正如上文引述的，在国家颁布的专业术语规范中，音像、电子、网络出版是“数字出版”的三大门类，但若以数字出版具有“内容生产数字化、管理过程数字化、产品形态的数字化及传播渠道的网络化”的“四化”特点对照一些“电子出版物”的实际形态，似也有可商榷之处。

“数字出版”“电子书”“电子出版物”等概念，在数据统计的层面显得包罗万象，然而对于传统的出版机构，则必须厘清与自身业务相关的“数字出版”的轮廓，并清楚地了解对于这一新兴出

---

① 张立主编：《2020—2021中国数字出版产业年度报告》，18页，北京，中国书籍出版社，2021。

② 占比最大的为“印刷复制”，为71.47%。

版形态的各类国家标准及制作流程规范。2014 年，国家新闻出版广电总局数字出版司针对中央文化企业，发布了《出版社数字出版业务流程规范》(GC/ZX 17—2014)，其中的“典型产品”类别及相关流程指导，是基于传统图书及期刊出版单位核心业务基础之上的数字出版定义，换句话说是比较明确地描述了传统出版单位数字出版物的类别和形态，并对具体的制作流程和最终产品提出了行业标准。在这一文件中，与图书出版相关的典型产品形态有电子书（转化型电子书、原创型电子书）、数字图书馆、数据库、在线服务等，这些内容，均是以我国传统的出版体系[①]为基础生产的数字化产品，对传统出版单位具有很高的适配性。

综上，本书对“出版”不采取统计意义上的范畴界定，而专注于传统概念上的“出版”，即具有文字内容编辑、制作特征的、跨媒体渠道发布的数字形态的图书出版领域。之所以如此规划，基于两方面的考虑：一是本书研究的民族出版，是公益事业范畴，其商业应用缺乏动力，因此基于民族题材及民族文字的新媒体广告、网络游戏、数字音乐等断难形成规模；二是本书聚焦于国家发展公益民族出版的政策及相关民族单位的数字出版事业的融入，广告、游戏、动漫等属于市场调配范畴，不列入本书研究内容。

① 本书所谓“传统的出版体系”，是指传统图书生产过程中的编印发流程、编审校环节以及传统出版行为所需遵循的各类出版法规、行业规范等，即图书出版的大系统。

第二节
互联网技术里程碑及其发展

出版活动一直起着集结知识、规范知识和传递知识的作用。在人类发展的历史长河中，甲骨、金属、竹简，绢帛、纸张，等等，无论载体如何变化，内容和载体是一体化的，所见即所得。直到以二进制为基础的信息记录和存储方式的出现，信息的内容和载体开始得以分离，并且伴随着二进制信息网络传播技术的长足发展，数字化的出版活动“兵临城下”。数字出版并不是出版行业主动的自我变革尝试，而是技术革命颠覆人类交流方式和阅读习惯后的被动适应过程。要应对这种变化，就必须首先认知变化背后的驱动力，厘清技术变革的脉络和里程碑事件，分析这些技术变量对出版价值链产生的影响，并聚焦全球范围数字化出版的发展态势，把对环境变量的学习作为探究新兴领域的敲门砖。只有当我们清楚地知道自己是怎么来到这里的，才有可能看清未来的路应该如何走。

一、计算机及互联网技术里程碑

我们现今生活于其中的网络空间主要是由计算机（这里泛指具备计算处理能力的设备，包括服务设备和终端设备）和网络组成的。起初成本居高不下、功能有限的计算机，经过技术进步的驱动后走进千万用户间，催生了设备之间互联互通的刚性需求。等到这种互联的规模不断扩大后，其形成的网络所能提供的服务能力也越来越强大，从而进一步吸引更多的设备加入其中，最终形成不可阻挡的发展趋势。

根据 Internet World Stats 统计数据，截至 2021 年 3 月，全球共有 51.68 亿互联网用户，占世界总人口的 65.6%（见图 1–1）。全球领先的数据统计互联网公司 Statista① 在 2018 年的数据显示，全球接入互联网的设备数量在 2021 年达到 358.2 亿台，2025 年将达到 754.4 亿台，4 年时间预计翻一番（见图 1–2）。

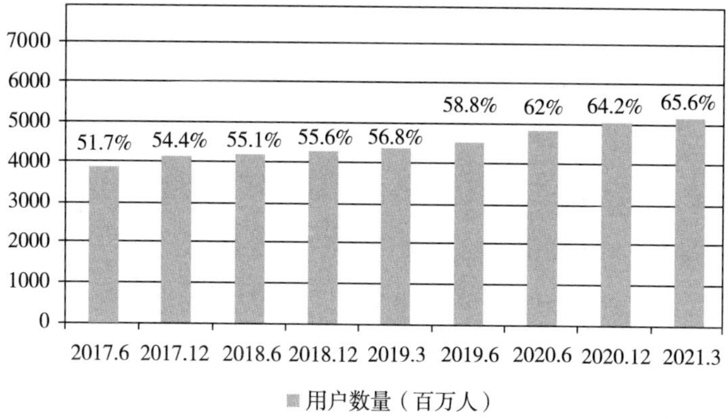

图 1–1　2017—2021 年互联网用户数量增长情况②

① Statista，总部位于德国汉堡的知名市场及消费数据公司，超过 1100 名专业人士不断更新各类数据。目前有超过 200 万注册用户，每月访问超过 3100 万人次。拥有 22500 个知名数据来源，170 多个行业提供数据服务。

② 数据来源：Internet World Stats. https://www.internetworldstats.com/emar keting.htm（Internet World Stats.，是一个国际性的互联数据统计网站，向全球 233 个国家的学术研究、商业贸易以及其他公共用途提供无偿的互联网数据服务。）另，柱状上方数据为世界互联网人口占总人口百分比。

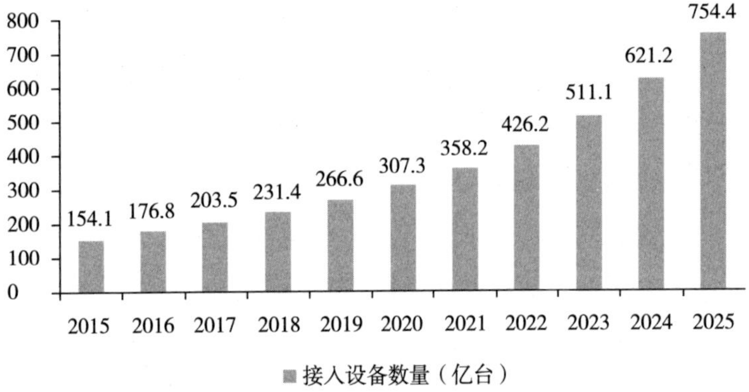

图 1–2　2015—2025 年接入互联网的设备数量增长趋势预测[①]

(一) 通用计算机技术里程碑

1. 核心处理逻辑和体系结构

现代数字计算机公认的奠基人图灵在 20 世纪 30 年代发明图灵机，使得算法在机器里的计算成为可能，现今的计算机就是图灵完备[②]的，模拟的是图灵机同样的功能，只不过拥有了大大超越以往的存储和处理能力，图灵奠定了人类通用数字计算机的核心处理逻辑；20 世纪 40 年代，数字计算机的另一位先驱、匈牙利科学家冯·诺依曼提出存储程序原理，主张将程序本身当做数据来处理，程序需要处理的所有数据同理对待，并借此提出现代数字计算机的体系结构。两位天才奠基的建立在二进制基础之上的

---

① 数据来源：Statista：https://www.statista.com/statistics/471264/iot-number-of-connected-devices-worldwide/.

② 一切可计算的问题图灵机都能计算，因此满足这样要求的系统、装置或编程语言就叫“图灵完备”。

计算机硬件及软件逻辑颠覆了日后人类信息处理的方式，并在深度和广度上绵延不止。这个逻辑的关键点在于，实现了软件和硬件的分离，软件犹如人的大脑，硬件恰似躯体，从而使得一个通用硬件（计算设备）可能具备超出想象的功能应用。

2. 晶体管与集成电路

数字计算机确立底层的处理逻辑和体系结构以后，其实现和普及过程中最现实的问题是硬件性能、硬件尺寸和硬件成本。现今各类计算设备能够主导人类生活的空间，就是因为在半个多世纪的征程中，无数科学家呕心沥血，在性能、尺寸和成本三个维度取得协调进步。这其中的里程碑当属晶体管和集成电路的问世。1947年，贝尔实验室的威廉·肖克利发明晶体管，替代原有的真空管；大约十年后的1958年，德州仪器公司（Texas Instruments）[①]的杰克·基尔比和仙童半导体公司（Fairchild Semiconductor）[②]的罗伯特·诺伊斯发明了集成电路，也就是人们熟知的微芯片。随后的1961年，德州仪器推出了人类第一台由集成电路组装的计算机。这两项发明，改变了计算发展的进程，其后的技术演进使人类在硬件性能、尺寸和成本方面不断取得突破，计算设备得以进入千家万户。

3. PC开放标准和PC操作系统

人类在20世纪80年代以前积累的技术储备，尤其是硬件

① 位于美国德克萨斯州的全球化半导体设计与制造公司。

② 美国企业，曾经是最富创新精神的半导体生产企业，为硅谷发展培养了无数技术人才和管理才俊。

技术储备，随着几个关键的商业力量和技术力量的加入，终于在80年代和90年代石破天惊，将个人计算机在全球的普及推向高潮。1981年，美国商业机器公司（IBM，International Business Machine）推出个人计算机（PC，Personal Computer），其操作系统预装美国微软公司的MS-DOS，日后IBM公司主导PC开放标准的制定及推广，极大促进了个人计算机在全世界范围的普及。硬件工业和软件技术的珠联璧合造就了整个20世界80年代MS-DOS操作系统的垄断地位，一度占有PC操作系统市场的80%。在接下来的十年里，Windows操作系统逐步替代MS-DOS，尤其是Windows95的问世，更加巩固了微软在个人计算机操作系统的霸主地位。直至2013年，Statista的数据显示，Windows依然占据着90%的PC操作系统份额。

4. 移动计算设备和移动操作系统

计算机技术在速度更快、体积更小、成本更低等需求的驱动下，来到21世纪，翻开了移动计算应用的新篇章，从而把通用计算设备真正变为可以由软件定义的“万能机”，伴随着网络的发展，这些移动设备甚至成为个体的人与整个人类社会之间关系的一种映射，成为人与社会之间不可或缺的通道和媒介。谷歌公司和乔布斯引领下的苹果公司是这一时期的技术与商业创新的领路人，并且开创了开放式技术路线和封闭式技术路线（商业模式可以是开放的）的架构。2005年，谷歌收购安卓（Android），确立基于Linux开发开源移动操作系统的战略。2007年底，Android1.0

测试版发布。2008 年第一款安卓智能手机发布（T-Mobile G1/HTC Dream）。Android 的开源政策大大降低了手机在操作系统方面的研发成本，从而极大鼓励了世界各地的技术企业参与到手机品牌的研发。截至 2021 年，Android 占据了全球移动操作系统总份额的 70% 以上。而在谷歌发布安卓 1.0 测试版的几个月前，苹果公司发布了第一款智能手机 iPhone，这个携带 iOS 移动操作系统的触控式计算设备迅速在全球风靡。3 年后的 2010 年，苹果再次推出新品 iPad，全面开启移动计算的新纪元。

（二）网络技术里程碑

1. 奠定互联网基础的 ARPANet 与网络通信协议

现今我们用手上的任何计算设备（PC、便携式电脑、平板电脑、手机等）连接网络、完成各类应用都会觉得顺畅之至，人们几乎感觉不到其间通信的过程，似乎设备之间的沟通是天然的，然而事实并非如此。计算机之间的交流犹如人类的沟通需要语言文字或者形体动作，设备之间的沟通也需要语言。技术领域为这种语言冠名为协议（Protocol）。互联网数百亿计的计算设备互联互通，依靠的正是这种统一的、规范的协议，其源头可以追溯到美国国防部高级研究计划局在 1969 年开始建立的 ARPANet（Advanced Research Project Agency Net）网络，也称“阿帕网”，这个网络就是互联网的前身。在其后的 10 年里，Internet 的许多基础网络通信协议正是出自这个网络项目的研发过程。其中，最为重要就是传输控制协议（TCP, Transmission Control Protocol）和互联网协议（IP Internet Protocol），这些关键协议的建立为互联网的所有计算设备确立了数据互通的语言机制。

图 1-3 1969 年的 Internet[①]

2. 开启内容互联基础的超文本标记语言 HTML

自 ARPANet 之后的近 20 年时间里，计算机网络底层通信机制不断成熟和完善，作为 ARPANet 主要用户的科研机构工作人员在内容共享层面的需求日趋显现，如何有效分享和组织内容体系成为其中的关键课题。供职于欧洲粒子物理研究所担任软件工程顾问的伯纳斯·李，顺应技术发展趋势，于 1989 年初首次提出万维网的技术框架，其背后的几个关键理念奠定了互联网的

① Internet 的前身 ARPANet 在 1969 年由位于美国西部的几个高校研究机构尝试互联组建而成。Utah：犹他大学，SRI：斯坦福研究中心，UCSB：加州大学圣塔芭芭拉分校，UCLA：加州大学洛杉矶分校。此图为笔者根据空白地图自行标记。

特性：

(1) 分布式：没有节点控制网络，发送信息不需要取得来自任何方面的授权；

(2) 网络中立或者非歧视性；

(3) 自下而上：基于每一个参与者的分享和试验；

(4) 普遍性：无论来自何方，所有计算机必须讲同一种语言；

(5) 共识：为使标准起效，所有参与者必须同意使用它们。

伯纳斯·李在提出超文本传输协议的同时，积极实践这一技术框架体系，他研发了第一个浏览器，发布了世界上第一个网站，此后诸如网景公司（Netscape Communications Corporation）这样的技术公司开始涉足商业浏览器（netscape navigator）研发推广，最终点燃了互联网燎原之火。从1991年第一个网站问世，到1998年全世界网站总数达到240万之多。

3. 海量信息检索的入口：搜索引擎

至20世纪90年代末，经过10年的发展，在超文本链接机制（HTTP、HTML、URL等标准）的催化下，人类几千年积累的知识信息不断涌入互联网的数字世界，信息检索的时间成本越来越成为互联网发展的掣肘因素。如能解决好这个问题，互联网的发展空间显现出无限量的可能。雅虎公司（Yahoo Inc.）起初试图用层级式的信息分类方式建立互联网的索引，但随着互联网内容体量日胜一日，这种模式无法应对变化。Google基于关键字索引的搜索引擎技术生逢其时，不仅使得在信息的汪洋中大海捞针成为可能，并通过一套完全基于算法的网页语义分析机制保障内容排序的可靠性，使得海量内容信息变得良莠可分，这一技术将互联网的发展再次推向新的高度。在其后的 3 年里，至 2001 年，全球网站数量接近 3000 万。截至 2021 年，全球网站数量超过 18 亿，Google 搜索引擎收录的网页数量超过 560 亿。

4. 社交媒体驱动移动互联

21 世纪的第一个 10 年，随着以智能手机为代表的移动计算设备不断普及，强大的硬件性能和日益提升的网络带宽使得人与人的异地沟通不再满足于简单的语音、短信或者电子邮件等形式。通过互联网在个体之间及社群中实现文字、图片、声音、视频的实时同步或者异时分步信息交互成为一种新的刚性需求。2004 年，经过一年的发展，Myspace 作为社交媒体的先锋，注册用户已经达到 500 万,一年后其用户增长至 2200 万，为社交媒体的发展吹响了号角。也基本是在同一个时期，另一个社交软件 Facebook 悄然从美国校园凭借其出色的交互体验，在 2008 年的前 5 个月以 1.23 亿独立访问用户量首次超越 Myspace 独立访问量，并从此长驱直入，成为全球社交软件的领头羊。截至 2021 年，Facebook 全球用户数超过 27 亿。21 世纪的第二个 10 年，以短视频为媒介的社交软件成为后起之秀，其用户增长的速度甚至大幅超过 Facebook 在过去时期的最佳表现。中国公司字节跳动（ByteDance Ltd.）2017 年出品的 TikTok 短视频社交平台，仅用时 4 年多，用户数量就达到 10 亿级别，而 Facebook 则用了 8 年时间到达这个数量级。①

二、技术变革与数字出版价值链

从一定意义讲，新闻和出版行业也能归到制造业，因为其生产的信息就是以产品的形态流入市场。但当我们考察信息技术和互联网对出版业所产生的影响时，可明确感知其深度和广度绝非一般制造业所能企及。技术演进对多数传统制造企业的冲击主要体现在信息流和资金流层面，因为这两部分是可以数字化的，但其

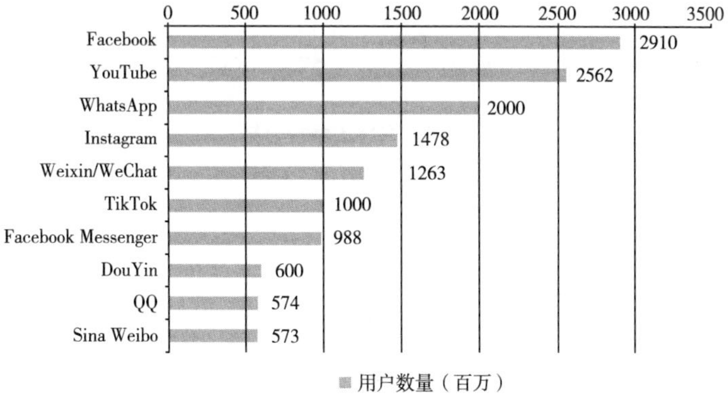

图 1-4　2021 年度最具影响力
社交媒体平台排行（用户数量单位：百万）②

---

① 以上数据均来自 Statista（Statista 统计数据部分来自 Forbes，Variety，The Atlantic）https：//www.statista.com/chart/26176/estimated-number-of-myspace-users-at-key-milestones/. 请参见《作者编辑常用标准及规范》，609 页。

② 按照平台每月活跃用户数量排序，这里统计截止时间是 2022 年 1 月。数据来源：Statista，https://www.statista.com/statistics/272014/global-social-networks-ranked-by-number-of-users/. 请参见《作者编辑常用标准及规范》，609 页。

产品实体却无法数字化，所以后续的物流也无法网络化。出版业则不同，其生产对象是知识信息，知识信息作为产品，它自身就可以被数字化，更直接地说是可以被“二进制化”。因此，信息技术革命给这个行业带来的影响是全局性的、颠覆性的。下文将分别叙述数字出版价值链的各个组成部分和前述技术发展的关系。

图 1–5 数字出版价值链

其一，内容（content）。出版的内容即知识信息，知识信息可以包括文字、图片、音频、视频等。技术进步至今，所有这些表达、表现知识信息的形式都可以以二进制的数字形式存储，并借由数字型计算设备进行解释和展现。

其二，聚合（aggregation）。内容的聚合即关于某一主题知识信息资源的有机组织，本章在前述内容互联的基础技术部分已经阐明，互联互通的网络，其动机即在于信息的分享和组织，信息聚合就是其应用场景的典型代表。

其三，生产（production）。数字形态的产品不再需要印刷环节，也告别了纸张等实体材料。文字处理、图形处理、排版设计、音频编辑、视频编辑，等等，凡属图书出版产品之生产制作流程的所有环节均能在计算设备和软件组合中实现。

其四，营销 (marketing)。纸质出版物的销售渠道和营销策略基本是固化的，不适用于数字出版物所依赖的互联网空间，在这个新空间里，消费者崇尚新的、不同的阅读模式和消费场景。

其五，分发 (distribution)。传统出版物的分发需要解决仓储和物流两大课题，数字出版既然实现了内容和载体的分离，二进制的内容可以通过网络传输，而通用的计算设备又可以再现产品的原本形态，仓储和物流被彻底虚拟化。

其六，销售 (sale)。商品上架展示完全通过 CMS (content management system 内容管理系统) 实现，交易的资金流已经具备高度网络化的处理能力。

其七，消费 (consumption)。PC 机、便携式电脑、平板电脑、阅读器、移动电话、车载系统，甚至数字电视，等等，个体读者身边一切计算设备都具备展开数字出版物的功能。

图书出版行业的价值链从头至尾具备了数字化的技术可行性，因此，其数字化转型所涉及的层面也是全方位的，也正因如此，传统纸质出版机构在这个新领域的探索也将是一个十分艰难的过程。

第三节
数字出版技术里程碑及发展

为了探究数字出版所处的生态环境，本书的开篇回顾了互联网发展的关键里程碑性事件，正是这些理念、硬件、软件和网络的创新驱动造就了互联网在全球范围的繁荣，把人类信息交互的效率和方式提升到一个前所未有的高度。信息技术领域颠覆式进步的影响日益渗透到社会生产生活的方方面面。当我们进一步将目光聚焦于信息技术驱动之互联网大背景下的出版行业发展进程时，有一些来自技术领域的创举是不能不被提及的，正是这些尝试真正改变了人类阅读方式，从而向传统纸质出版发起了激烈挑战，造就了今日出版之局面。

一、数字出版技术的里程碑

1. 打印语言标准：PostScript

1982 年，格施克和沃诺克创办了 Adobe 公司，他们发明的 PostScript，提供一种全新的文本和图片文档创建及打印模式，支持在个人电脑上创建、编辑、排版、浏览并打印文档，用户可以在电脑屏幕上直观地看到与打印结果完全相同的样式。这就是人们常说的“所见即所得”。这是第一个独立于设备的页面描述语言，更是一种编程语言。其随后的发展一发不可收，Adobe

PostScript SDK 广泛运行于很多操作系统和实时系统平台，大量的文档内容得以在办公室被数字化并被打印，大大推动了办公文字处理和出版印刷工艺的进步，直至引发了桌面出版（Desktop Publishing）革命。桌面化打印的普及也从另一方面推动了内容数字化进程，越来越多的个人计算机投入办公领域，尽管这些设备尚处于单机状态或者局域网中，办公信息和印前文档的大量积累使得数字化的内容分享越来越成为趋势。

人们将图文信息输入计算机之后，运用 Pagemaker 软件进行排版，而 PostScript 对排版后的图文信息进行描述，并保证 LaserWriter 激光打印机打出一致的校样。在此基础之上，桌面出版系统开始成型并逐步发展起来。

2. 数字文档版式标准：PDF

1984 年，沃诺克为苹果激光打印机制作一些样例用于演示，手工编程制作了美国国税局的税表，在苹果 LaserWriter 打印机上耗时 2 分 45 秒才输出完毕。乔布斯无法接受这个时长。为了改善打印时间，沃诺克重新编程并进行优化，最终使打印时间提升到 22 秒，这个改进方法被称为“图形装订器”，成为后来风靡全球的文档格式的奠基石。

1991 年，随着 PostScript 日渐成为印刷行业的重要标准，同时注意到网络，尤其是局域网和广域网的极速增长，沃诺克觉察到“世界真正需要的是一种跨平台传输文档的方法”，思量着用图形装订器的思路将 PS 文件扁平化，使其易于解释和渲染，而不必依靠整个 PostScript 语言的支撑。就在这一年，沃诺克在其名为“Camelot Paper”的备忘录上坦言：“业界最需要的是一种跨越机器配置，操作系统和通信网络的文档交互方式，这些文档应该能够在任何屏幕查看并且能够在所有现代打印机上输出。如果这个问题能够得以解决，将从根本层面改变人们的工作方式”。当时的沃诺克并不看好无纸化办公的前景，他的初衷是实现无纸化的文档传送。PDF (portable document format) 的问世恰逢互联网开始加速并走向高速发展的 20 世纪 90 年代，其便捷性、开放性和可靠性迅速使其成为全世界文档交换的事实标准。这个标准的应用跨越办公领域直接渗透至出版印刷行业，越来越多的产品说明、使用手册等印刷品被数字化的 PDF 文档替代，在 EPUB 之类的流式电子书标准问世前，尤其是在桌面电脑全速普及的年代，PDF 是纸质图书数字化和数字阅读格式的首选，也是多数出版机构版式文件归档管理的事实标准，深度影响了数字化出版的进程。

2018 年，PDF 协会 (PDF Association) 估算全世界范围每天产生数十亿份 PDF 文档，全世界 PDF 文件保有数量超过万亿份；据 Adobe 官方数据显示，2021 年仅用 Adobe 软件打开的 PDF 文件数量高达 3000 亿份之多。

3. 数字阅读器革命：Kindle，iPhone，iPad

纸质书的特性是内容与载体融合，而电子书的内容与载体是独立的。有了数字内容没有设备就无法进行阅读。个人电脑在 20

世纪的最后10年走进千家万户，也成为那一时期数字阅读的主要终端，这种设备使用LCD显示技术，其刷新机制和光线触感对于长时间阅读是一种挑战。这种挑战催生了eInk（电子墨水）技术的出现，新技术下的屏幕阅读体验几乎可以媲美纸质。把这一优势推向读者并引起数字阅读浪潮的正是亚马逊公司（Amazon Corporation）出品的Kindle阅读器及电子图书库方案。

2007年，亚马逊在美国推出首款Kindle，共提供了9万个品种的电子图书；2009年的Kindle2把电子图书库的品种数扩展至23万种；2010年在英国开始发售新的Kindle，此时可供电子书品种已经增至40万种；2011年，Kindle首次支持触屏操作，2012年开始支持手动调整屏幕亮度，具备在黑暗环境下阅读的条件。2011年初，亚马逊平台上电子书销售首次超过纸质平装书，1年后，美国电子书销售总量超过纸质精装本总量，2013年底，美国出版商协会①宣布电子书销售已经占美国图书销售总量的20%。

划时代的智能手机同样诞生于2007年。这一年，诺基亚、三星、摩托罗拉和爱立信占据全球70%以上的手机市场。美国苹果公司发布了第一代移动电话iPhone，令人耳目一新的滑屏操作和与众不同的交互体验，加之围绕硬件产品的软件生态构建，在随后的几年里逐渐风行全球。3年后的2010年，苹果手机已经跃居全球智能手机前三，随后逐步将诺基亚等一众传统手机霸主推下

① 美国出版商协会（American Association of Publishers），其成员由美国主要图书出版商、期刊机构和教育出版机构组成，是美国最权威的出版联盟。

历史舞台，真正开启了智能手机的时代。

在 iPhone 问世 3 年后，苹果再次推出一款当时被评为吉尼斯销售最快消费类电子产品的全新作品：iPad。这是一种介于智能手机和笔记本电脑的轻型智能设备，得益于其超群的体验设计和苹果应用商店的缤纷多彩的应用支持，iPad 迅速在数字杂志、电子书领域攻城拔寨，同时渗透至音乐、美术、视频创作等影响时尚的阵地，随后还成为数字化教育方面的最佳终端选择。随着手机屏幕尺寸增大和平板电脑的流行，阅读体验不断提升，越来越多的读者选择使用这种易于携带的设备进行碎片式的阅读，数字内容阅读的习惯逐渐在技术优化的进程中被培养起来，为出版机构输出数字化的内容、发展新兴媒体领域的读者群体奠定了基础。

4. 电子书标准：EPUB

在移动电话成为数字阅读器的选项之前，PDF 文档是利用桌面电脑和便携式电脑进行电子书阅读的主流格式（碎片式阅读的主流格式应属 HTML）。然而在便携式设备的应用场景中，因为 PDF 文档版式固定的特性，使其无法适配小尺寸屏幕显示，阅读体验显得有些差强人意。为了使电子书能够嵌入更多形态的富媒体元素，加强电子书资源交换发布的便利性，兼顾适应大小各异的阅读设备，一种流式文档格式应运而生。也正是在 2007 年，国际数字出版论坛（IDPF，International Digital Publishing Forum）废止了原有的开放电子标准（Open eBook Standard），接纳了新的电子书规范 EPUB。在这个新的开发标准下，电子书的内容可以根据具体设备以适于阅读的形式显示，更为重要的是，EPUB 元数据基于 XML 规范，而内容基于 XHTML，这大大便利了电子书的制作和电子书的数据交换。这些特性帮助 EPUB 吸引了全球电子书及数字内容产业的主要参与者，随后成为众望所归的电子书格式标准，支持 EPUB 格式成为当今所有电子阅读器的默认配置。

二、技术变革下美国引领的电子书发展

对移动互联网时代的数字出版来说，2007 年及其后的 3 年，可以说是个非常重要的阶段，EPUB、Kindle、iPhone 和 iPad 接踵而来，这些标准、硬件和软件方面的建树，不仅为电子书，也为后来的有声读物铺平了飞扬的大道。

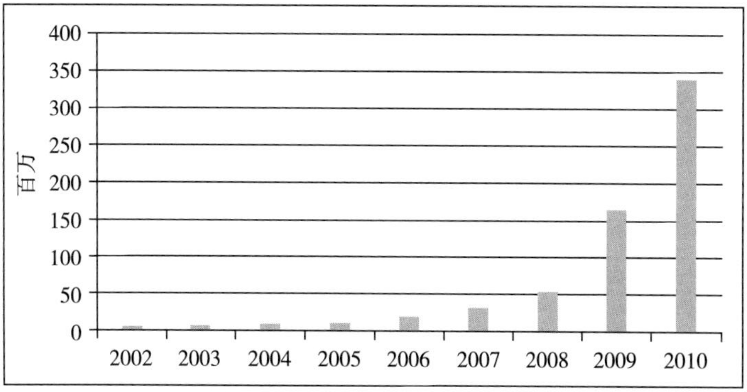

图 1-6　2002—2010 美国电子书批发收入[①]（单位：百万美元）

① 资料来源：IDPF（国际数字出版论坛）http://idpf. org/about-us/industry-statistics.

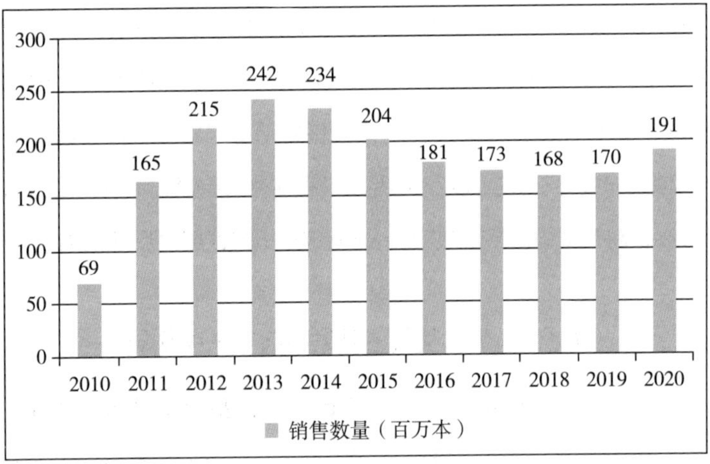

图 1-7　2010—2020 年美国电子书销售数量①

毫无疑问，美国作为信息技术和互联网的策源地和发展引擎，其数字出版动态也成为行业发展的风向标。

从 2002—2010 年美国电子书批发收入和 2010—2020 年美国电子书销售数量情况可以看出，2007 年的几项技术里程碑成就了随后几年美国数字出版业的迅猛发展。2010 年，苹果公司通过 iTunes 下的 iBookstore，一个月内销售 100 万份电子书，亚马逊宣布其电子书销售首次超过精装纸质图书销售。2012 年，美国电子书销售超过精装纸质图书，全国销售额突破 30 亿美元。在随后一年的年末，美国出版商协会数据显示，电子书销售坐拥美国图书销售份额的 20%。从 2014 年开始，美国电子书销售进入下滑

① 数据来源：Statista，https://www.statista.com/statistics/426799/e-book-unit-sales-usa/.

通道，直至 2020 年新冠疫情，实体书店遭受重创，在线电子书销售明显回暖。美国出版商协会数据显示，2020 年电子书收入 21.2 亿美元，同比上涨 11.7%。有声读物继续呈现增长态势，同比上扬 13.2%。

尽管美国作为全球数字出版的先行者，在技术创新驱动下先拔头筹，但世界其他国家在这个领域的后发优势也显露无遗。根据上述 Statista 数据（全球领先的数据统计互联网公司），2010—2020 年间，美国电子书的平均年增长率为 13.3%，英国为 18.9%，而德国则高达 45.3%（见图 1–8）。

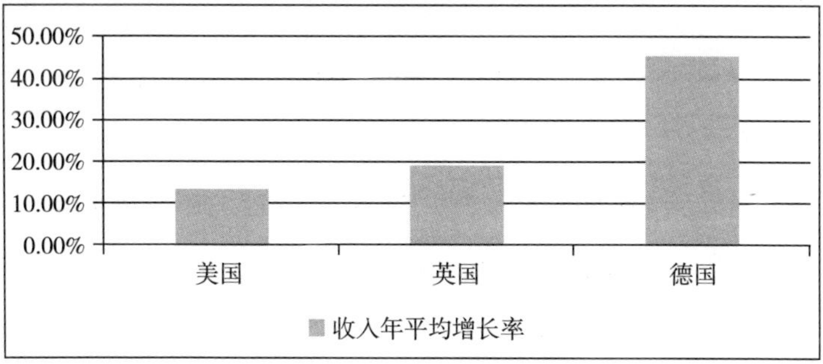

图 1–8　2010—2020 年美国、英国和德国电子书收入年增长率比较[①]

① 数据来源：Statista：https：//www.statista.com/statistics/1265481/ebook-print-book-cagr-revenue-worldwide/.

第四节
加强民族图书数字出版的重要意义

民族出版作为新中国民族工作的重要组成部分，得到党和国家的高度重视，先后成立了包括民族出版社在内的 38 家中央及地方民族出版机构，占我国出版社总数的 6.6%，其中的 32 家出版机构用 21 种少数民族的 28 种文字出版图书。全国少数民族文字图书年出版品种目前在 5000 多种，6000 多万册。[①] 这些分布在中央及地方的出版单位通过市场经营与政策扶持的配套、相互竞争与互为补充结合的形式，形成了较为完整的公共文化出版体系和发展格局。

然而，这种面向纸质书籍的相对稳定的公益文化出版体系在 20 世纪末 21 世纪初开始受到新兴数字媒体的严峻挑战。信息技术革命动摇了纸张千年来作为人类信息载体的绝对权威，新兴的数字空间和原先的纸张空间大相径庭，不能等而视之。中国出版业的数字转型刻不容缓，而加强民族图书特别是少数民族文字数字出版的工作则显得尤为紧迫和重要。

---

① 王飚、毛文思 :《“十四五”数字出版纵深推进的关键》，载《中国新闻出版广电报》，2021 年 6 月 7 日。

一、缩小语言数字鸿沟与实现我国公共文化服务均等化的目标

作为国家民族工作的重要组成部分，中央已经把少数民族文字出版纳入公益事业范畴。公共文化服务体系的建设目标是实现文化服务均等化，而当前的技术变革和产业升级给少数民族文化及文字带来的冲击是巨大的。由于缺乏市场内在力量的驱动，许多新兴技术应用到少数民族语言文字领域时已经大步滞后于主流语言。这种滞后，即便是短暂的，在大数据时代其后果也是破坏性的。据测算，当今全球每两天产生的数据是人类文明史以来到2003年的数据总和，可见时间在信息时代的不可替代性。下面这两个简单的数据实例可以印证这种紧迫性：

图1–9是2020年前3个月全球多种语言文字在互联网网页中所占比例的情况，其中英语在互联网世界占据半壁以上江山，其份额是前9名语言之外所有语言比例总和的5倍。英语不仅是全球普及最广泛的语言，更由于英语世界掌握着信息技术最关键的部分，所以能够抢占信息准入的先机，从而在大数据时代先拔头筹，并造成了和其他语言文字之间难以想象的数字鸿沟。

图1–10是2021年前3个月全球按语言划分的互联网用户规模分布，中文以中国人口居世界第一的基数，在该项统计中仅次于英语，位列第二，这也从侧面反映了数字时代信息技术介入的时间及深度在进入全球竞争体系中的权重。

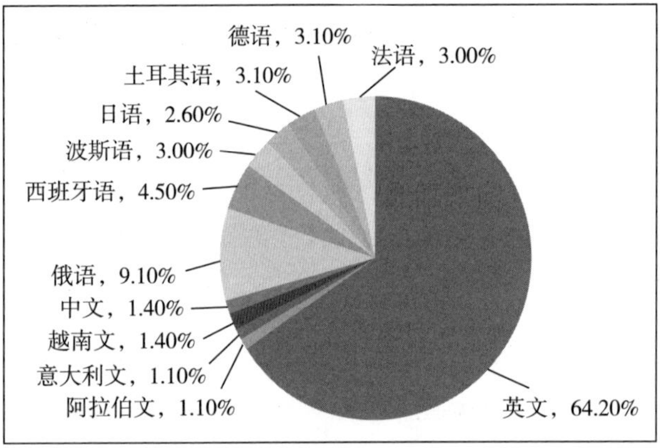

图 1-9　2020 年 1—3 月全球排名前 1000 万网站使用语言分布情况①

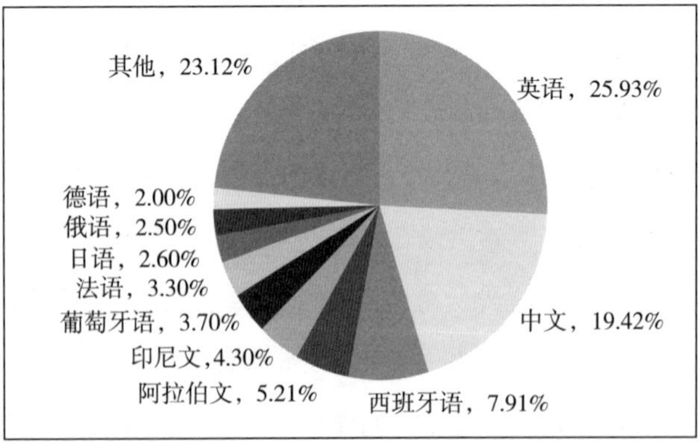

图 1-10　2020 年 1—3 月全球按使用语言划分互联网用户规模分布情况②

① 该图引自前瞻产业研究院：《2020 年全球互联网行业市场分析：用户规模超 46 亿人　非英语网页数量正快速增长》，见前瞻研究院网站 https://bg.qianzhan.com/trends/detail/506/200803-2e914d2d.html.

② 该图引自前瞻产业研究院：《2020 年全球互联网行业市场分析：用户规模超 46 亿人　非英语网页数量正快速增长》，见前瞻研究院网站 https://bg.qianzhan.com/trends/detail/506/200803-2e914d2d.html.

再以藏文为例考察少数民族文字和世界主流文字在数字时代的差距。笔者以“藏族”作为关键词，分别在 2014 年和 2021 年，用英文、汉文和藏文在谷歌浏览器进行搜索，结果如下：

同一个关键词，3 种文字，时隔 7 年，搜索两次，结果依然呈数量级对比——2014 年，英文：1.07 亿条，汉文：4360 万条，藏文：199 万条；2021 年，英文：1.29 亿条，汉文：2160 万条，藏文：276 万条。可以看出，藏文在数字时代所处的窘境，这也是其他少数民族文字在大数据世界的一个真实写照。

图 1-11　3 种文字搜索单词“藏族”的结果（2014 年 1 月 1 日）[①]

① 搜索时间：2014 年 1 月 1 日 15：00 分。

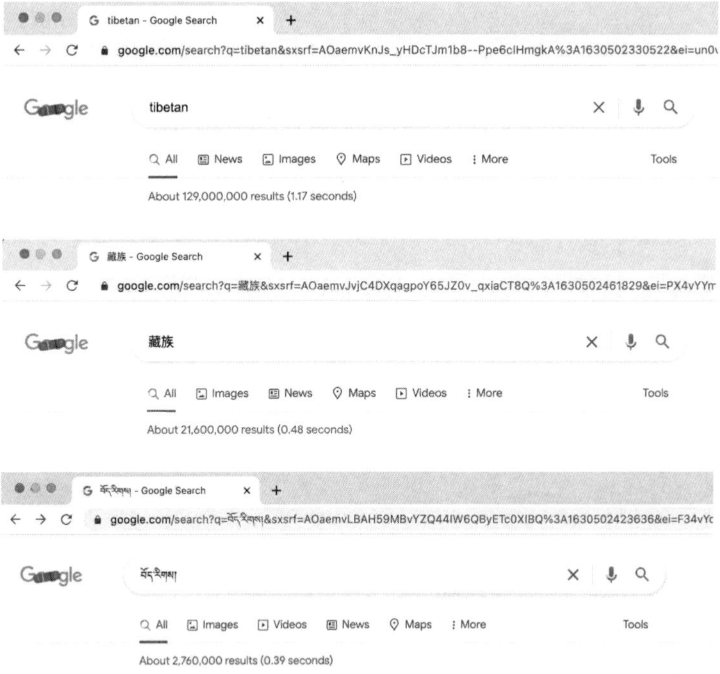

图 1–12　3 种文字搜索单词“藏族”的结果（2021 年 9 月 1 日）[①]

因此，无论世界主流语言文字在互联网的排次情况，还是我国少数民族文字与主流文字在大数据时代的信息量级差，都在提示我们从国家层面助力和加强少数民族文字工作的紧迫性，消除数字鸿沟是新媒体时代践行文化服务均等化国策的重要部分。

---

① 搜索时间：2021 年 9 月 1 日 21：45 分。

二、民族出版的数字化建设是我国出版产业发展的要求

我国民族出版工作的重点是向广大民族地区做好党和国家方针政策、法律法规的宣传工作、以民族语言文字出版物向广大使用民族文字的国内和国际读者提供信息服务、向广大民族地区做好高质量普及国家通用语言文字的工作，以增进各民族间的交往交流交融和国际社会对我国民族政策、民族地区的了解，归根结底，是为铸牢中华民族共同体意识和增进国家文化软实力服务。

受信息技术革命的影响，人类阅读方式正在发生深刻的变化意识。基于数字化内容的屏幕阅读，包括互联网、阅读器、手持移动设备等正在迅速占领读者市场，给传统的纸质印刷出版造成巨大冲击。尽管从经济发展水平来讲，民族地区较内地发达地区有一定的差距，但在基础设施建设方面，中央政府和各内地省份的大力支持使得民族地区的读者也能享受到信息高速公路及数字化技术带来的便捷。在服务对象的阅读方式发生深刻变化的当下，我们民族出版行业需从根本上提高内容产品的服务及供给能力，而从目前的情况看，尚有较大的提升空间。

以内蒙古为例，该地区数字出版平台主要有两种形式：由传统出版机构构建和开发的电子商务平台及与技术供应商合作构建的数字出版运营平台，但这些平台的内容非常有限，各类别的内

容很少，更新很慢，难以满足读者的要求，还需进一步充实和完善，电子书的市场份额也很小。[①] 数字产品产出不高，没有形成规模效应，信息化水平偏低，相当一部分出版社的网页尚在建设中，此外蒙古语的技术标准尚未统一，导致蒙古文软件之间互不兼容、格式混乱、无法建立数据库等问题。[②] 这是在民族地区里经济及技术条件相对较好的内蒙古自治区的情况。2011 年 7 月，新疆少数民族文字出版及数字新媒体基地成立，是新疆数字出版的里程碑。国家耗资 3.8 亿元，计划年度图书出版能力不低于 2000 种，音像制品、电子出版物、各类数字出版产品出版能力不低于 300 种，但“图书数字化出版的推行进程还是受到了资金、技术、市场、人才、经验等各方面的制约。目前，新疆图书出版业仍以传统出版为主……依然停留在传统的运营模式之中。资金缺少，技术及设备设施落后，人员缺乏大胆创新意识，人才缺失，市场投入与产出不成正比，因此新疆图书出版事业并未进行大规模的数字化出版改革，成效也不明显，成果也不突出。数字化出版在新疆的推行进程缓慢,遇到的困难较多”[③]。以上情况是各民族出版机构较普遍的状况，而笔者在进一步查询新疆、西藏、内蒙古、吉林等省区的国家民文出版基地的资料时，发现其相关消息均分别停

① 夏宇：《内蒙古地区数字出版管理存在问题及对策研究》，硕士论文，内蒙古师范大学，2020。

② 格根其尔：《内蒙古蒙古文数字出版研究》，载《赤峰学院学报（汉文哲学社会科学版）》，2019，40（4），19 页。

③ 陈云康:《新中国成立以来新疆图书出版事业研究》，硕士论文，新疆大学，2018。

留在2011、2016、2016、2017这几个宣布基地成立的新闻的年份和事件上，并无更新。[①]

可见，在国家对民族出版事业的大力投入下，各民族地区的数字化出版装备水平显著提升，然而资源的转化及整合的能力、内容建设水平和服务供给能力等考验软件水平的层面，还有极大努力的空间。当下，国家大力提倡“高质量的全民阅读”，而面向广大少数民族群体，我们亟须提供符合时代要求的“可供阅读”的内容资源。因此，加强少数民族文字的数字出版探索和实践工作任重而道远，这也是新时代赋予民族出版业的使命。

党的十七大时就明确提出，要积极发展公益性文化事业，大力发展文化产业，激发全民族文化创造活力，更加自觉、更加主动地推动文化大发展大繁荣。民族出版工作，尤其是少数民族文字出版工作被纳入国家公益性文化事业范畴，信息时代积极发展公益出版事业，不仅要一如既往地在选题上下足工夫，更要大力发展数字出版业态。十九大报告中，更是提出创新是引领发展的第一动力，是建设现代化经济体系的战略支撑。这正是新时代、新使命、新征程赋予出版工作者的新任务。《出版业“十四五”时期发展规划》将壮大数字出版产业，强化新一代信息技术支撑引领作用作为实现2035年远景目标的抓手，提出了一系列重大举措。民族出版工作作为我国出版工作的重要内容，亦应在国家产业规划的框架下奋力发展。

① 截至笔者最后搜索日2021年8月6日。

三、维护国家文化安全的需要

“信息”在数字技术的魔力下几乎成为超时间和空间的存在，因此各国都千方百计地投入大量精力和财力进行信息及互联网时代的文化安全网构筑，以使国家文化知识体系实现从传统纸质到数字化媒体的软着陆。少数民族文化是中国国家文化体系的重要组成部分。民族文化体系的建设、维护和完善是国家文化安全体系建设不可或缺的工作，这种重要性由于民族工作的特殊性而显得比一般文化建设更为迫切。其中，由于国际环境的原因，民族问题尤为敏感，体现在出版工作上，若民文信息处理能力不能与时代发展相匹配，包括技术水平不足及统一标准不建立，则将埋下巨大的意识形态的安全隐患。有关此问题，请参见复旦大学学者张大伟所撰《民族类出版社数字转型的理念、人才与技术因素分析——基于15家民族类出版社的深度访谈》[①]一文，该文在论及民文信息处理技术不足的问题时列举了如下实例——苗文：由于我们缺少全面涵盖全部苗文谱系的官方苗文词典，“部分出版社直接引用国外相关著作，带来意识形态安全方面的隐患”；傣文：软件开发跟不上，导致部分傣文编辑想使用相邻的缅甸和泰国的编辑软件，老编辑表示“涉及国家主权问题，不要乱用”。而相关出版单位也因技术及资金能力、职能权限的限制，无法靠自身的力量完成数字化转型、解决民文信息可达性的问题，该文精辟地指出：“民文信息处理的不规范、不完善在民文软件方面体现得尤为明显，

① 原文载《编辑之友》，2018（2），44~49页。

且相对于参考国外工具书的编校行为，出版机构或出于省事，或出于无奈而使用国外民文软件的负面影响更大。”由此可见，提升民文数字化出版的能力实际上是刻不容缓的，民族出版行业应积极主动地拥抱数字化的变革，为构筑新时期的国家文化安全作出努力。

四、增进国际交流的需要

出版是社会传播思想文化的重要渠道，是经过对所积累的各类文化信息的整合及传播，因此，它事实上是一种话语权力。在马克思所谓的“世界历史”的时代：“由于资本主义生产方式的向全球扩张，使一切国家的生产和消费都成为世界性的了……物质的生产如此，精神的生产也是如此。各民族的精神产品成了公共的财产。民族的片面性和局限性日益成为不可能，于是由许多民族的和地方的文学形成了一种世界的文学”①，此时的文学如此，文化亦应如是。当下，除了资本主义生产方式如洪流般的扩张，裹挟着全球发展的脚步，技术的力量更是颠覆式地使得世界的边界逐渐模糊，人类各族群的文化差异也日益消减。即便如此，民族精神的挺立及对自身文化不可割舍的血缘关系，使得国家、民族对其自身的优秀文化具有浓厚的感情。柳斌杰如此定义出版的意义：“从国家和民族的角度来看，出版肩负着构建民族精神谱系的重任……

---

① ［德］马克思、恩格斯著，中央编译局编译：《马克思恩格斯选集》（第一卷），254~255页，北京，人民出版社，1972。

从文化建设的角度来看，出版业是文化的基础产业和主要传播行业，在文化建设中担当着重要的责任。人类社会的发展离不开文化知识的传播和更新，出版从产生之日起便是文化的基本载体，担负着传播新知的历史重任。”[①] 因此，出版在某种程度上关乎一个国家或民族文明的保有及传承，乃至从政治、文化、经济等各方位的角度影响他国和世界，因为在这“世界是平的”的时代，数字技术已经实现信息的局域发布与全球发布无差异，出版作为话语权的权杖，其外延在扩大，其传播速度、多样性及开放性与过去不可比拟。数字技术参与出版以来，被选择和整合的信息，带着各式各样意识形态的内容，不断地以多种媒体的形式深刻、有力、高效且全方位地影响着受众。

20 世纪 90 年代以来，欧美国家的出版业整体迈入数字时代，但中国相对滞后。原国家新闻出版总署署长龙新民曾一再强调：自从数字技术的参与使得出版行业迅猛发展以来，我们目前是一个出版大国，而不是出版强国，因此我们的出版需要大力发展数字化技术。[②] 加入世贸组织以来，中国的出版业从经营理念、经营实践乃至经营技术方面全方位面临越来越国际化的市场，我们需要扭转的不仅是经济意义上的贸易逆差，更有文化产业“西强我弱”的极大落差格局。社科文献出版社 2011 年出版的《文化软

① 柳斌杰：《把出版放在文化的坐标上考察》，见聂震宁：《出版的文化守望·序》，1~2 页，北京，中国书籍出版社，2008。

② 龙新民：《新技术：对出版行业的测试》，载《中国读书周报》，2006 年 8 月 24 日。

实力蓝皮书：中国文化软实力研究报告(2010)》一书中称：我国文化产业占世界文化市场比重不足4%，我国文化产业占世界文化产业的比例不足美国的1/10。《新闻出版业“十二五”时期发展规划》指出：“国家间文化软实力的博弈使新闻出版业的地位作用日益凸显。文化软实力已成为国家间竞争战略中的重要因素。新闻出版业作为国家文化软实力的重要方面，在巩固舆论阵地、传播中华文明、增强综合国力等方面的重要作用更加突出；世界经济格局的新变化使全球新闻出版业格局面临重构。”在最新颁布的《出版业“十四五”时期发展规划》提出下一个十年，出版业实力、影响力、国际竞争力明显提高，实现出版强国的目标规划。一路走来，我们出版业面对国际间文化及观点的传递，辛勤开拓，筚路蓝缕，同时若要达到广泛参与世界文明对话，增强中华民族文化在世界上的感召力和影响力，更需付出不懈努力。这一点，除了强化民族文化内核的自身建设外，发展现代传播体系，将会为我国民族文化面向国际社会的发声，用技术的力量支撑最迅捷高效的服务。出版业，包括民族出版全面实现数字化的发展，是提高中国文化的辐射力和影响力的核心要素之一。

新中国成立70多年来，中国的民族地区在党的领导下取得了辉煌的建设成就，教育、医疗、经济、交通等各项事业的发展成绩斐然。随着对外开放政策的贯彻，中国的民族地区以其各自独特、深具魅力的文化，吸引着越来越多的国际国内关注。打造内容资源丰富、服务性能良好的数字出版系统，使民族文化得以跨国界、无障碍地展示，可以使世界接触到中国少数民族的文化本身，更可以体现其背后所支撑着的国家保护并发展民族文化的强烈意识；不仅可以使世界看到我国对民族文化的保护与发展的成就，更展示了我国为民族文化的保护与发展所做的巨大努力。

"出版"的重要目的是为了"交流"，"人类的生成在于他人的存在，在于交流。在现代通信系统和现代媒体系统发达后，'他人的存在'已扩展到全世界他人的存在。交流也必然包括国际交流"。[①]"交流"的目的并非单纯的"表达"，而是要努力使受众与自己达成一定的共识。原新闻出版总署副署长邬书林说："出版在国际文化交流中发挥着基础性的重要作用，出版人在推动文化交流、心灵沟通、消除误解等方面大有作为，将为构建和平友好的世界作出重要贡献。"[②] 这既是对出版工作在国际交流中重要作用的肯定，更是对出版人的业务能力及业务责任提出了要求。数字出版与传统出版的差异巨大，其中很重要的一条是传统出版物基本是单项传播，而数字技术却可以为用户提供多种角度的互动功能——无论是便利的检索功能和关联机制，还是内容提供者与受众之间的互动机制，这都将简单的单向传播变成了双向沟通。出版工作者应充分利用数字平台提供的交流功能，积极做好民族出版建设工作，使民族语文及民族文化内容的出版，在数字出版系统的服

---

① 朱青生：《十九札——一个北大教授给学生的信》，34页，北京，世界图书出版公司，2011。

② 冯文礼：《邬书林：出版在文化交流中发挥着重要作用》，载《中国新闻出版报》，2011年3月11日。

务下，成为与世界交流的渠道。总之，通过“有沟通”的民族出版工作，充分宣传我国的民族政策、传播各民族的优秀文化，努力增进国际社会对真实中国的了解，对更好地展现我国民族政策及建设成就，增强国家文化竞争软实力，具有重大的现实意义。

第二章
政策视域下的民文图书数字出版

党的十七届六中全会提出建设社会主义文化强国战略、十八大以“四个自信”的理论将文化建设提升到极其重要的地位，十九届五中全会更明确将建设“文化强国”纳入 2035 年的远景目标，并强调在“十四五”时期推进社会主义文化强国建设。以习近平同志为核心的党中央着眼全局制定的这一重大战略决策，对出版业提出了更高要求。深入学习领会中央精神，并结合具体实际，在行业细分领域深耕挖潜，是谋求创新发展的必由之路。

“十三五”时期是我国全面建成小康社会的决胜阶段，就出版行业来说，也是我国从新闻出版大国向强国迈进的关键时期。自“利用信息技术发展数字内容产业”被纳入我国战略性新兴产业规划以来，国家出台了一系列相关政策以扶持、引导出版行业向数字化转型，从顶层设计层面为其发展提供了强有力的政策支持。民文出版事业是民族出版事业乃至我国出版事业的重要组成部分。中华人民共和国成立 70 余年来，在中央政府的大力支持下取得不菲的成绩。数字化之于民文出版，是国家繁荣发展少数民族文化事业政策的具体实施，不仅意味着技术层面的挑战，更是民文出版产业升级换代的历史际遇。各相关省区积极响应国家总体规划，制定相关配套政策，以确保国家宏观政策落地及为作为国家公共文化服务范畴的民文出版在新媒体时期抓住机遇、实现变革保驾护航。

国家政策是行业发展进步的重要指引和保障，细化到民文数字出版，从国家的顶层设计到各地方因地制宜的一系列政策，是其得以健康发展的制度保证，是推进民文数字化事业繁荣兴盛的引路灯。了解近年来尤其是“十三五”规划以来所制定的与民文出版数字化有关的主要政策，可以为相关企事业单位及民间团体更清晰地了解政府导向，从而为其制订计划、预测及决策提供客观信息。

国家政策是数字产业发展的源动力。“十三五”以来的宏观政策，肯定了文化产业是国民经济的支柱产业，新闻出版是公共文化服务体系的重要范畴，并持续大力扶持民族地区及民族文字数字出版事业。

第一节
政策层面中的民文数字出版

一、国家宏观政策中与民族出版及数字出版相关的部分内容①

1. 在宏观政策中，新中国成立以来国务院关于少数民族文化工作的第一份文件《国务院关于进一步繁荣发展少数民族文化事业的若干意见》(2009) 中提出，到 2020 年民族地区文化基础设施相对完备，覆盖少数民族和民族地区的公共文化服务体系基本建立，主要指标接近或达到全国平均水平。繁荣发展少数民族新闻出版事业，加快设备和技术的更新改造，提高信息化水平和传播能力，扩大覆盖面和受益面。扶持民族类重点新闻网站建设，支持少数民族文字网站和新兴传播载体有序发展。明确少数民族出版事业"属公益性文化事业，中央和地方财政要加大对纳入公益性出版单位的少数民族出版社的资金投入力度，逐步增加对少数民族文字出版的财政补贴。"这一少数民族文化事业的纲领性文件，对民文出版数字化的基础设施建设水平及服务能力提出了具体要求，尤其是明确了民族出版的公益事业属性，这一方针，从制度上保障了财政对此项事业的有力支撑；将其纳入公共文化服务体系范畴，增强了相关单位的服务主体建设，从而为民族出版工作在严

---

① 政策部分按发布时间顺序排列。

酷的产业竞争环境下得以生存和发展提供了有力保障，充分体现了国家对少数民族基本文化权益的重视和维护。

2.《关于金融支持文化产业振兴和发展繁荣的指导意见》（2010）明确金融支持文化产业发展的重要意义，旨在加强和改进对文化产业的金融服务，提出扩大对图书、电子出版物、网络出版、数字出版等出版产品与服务等综合消费的信贷投放。

3.《中共中央关于全面深化改革若干重大问题的决定》（2013）提出鼓励非公有制文化企业发展，降低社会资本进入门槛，允许参与对外出版、网络出版。支持各种形式小微文化企业发展。这一举措对文化企业、技术企业参与出版提供了机会，各类型社会资源广泛参与，对资源的优化配置及繁荣出版市场，具有十分积极的意义。

4.《关于促进信息消费扩大内需的若干意见》（2013）提出增强信息产品供给能力、培育信息消费需求。意见要求丰富信息消费内容，大力发展数字出版、互动新媒体、移动多媒体等新兴文化产业，促进数字文化内容的消费。

5.《中华人民共和国国民经济和社会发展第十三个五年规划纲要》（2016）将“文化产业成为国民经济支柱性产业”列为这5年期间经济社会发展的主要目标，新闻出版被纳入现代公共文化服务体系，提出加快发展网络视听、移动多媒体、数字出版等新兴产业，推动出版发行等传统产业转型升级。鼓励文化业态创新，推动文化企业兼并重组，扶持中小微文化企业发展，扩大和引导文化消费。在规划的8个“文化重大工程”项目中，与数字出版相关的有属于“文化精品创造”的“国家重大出版工程”；属于“公共文化设施建设”的“少数民族新闻出版东风工程”“国家文献战略储备库”等设施建设等；在“传播能力建设”中，规定“加强重点新闻媒体建设，打造融媒体运行平台。加强重要网站内容建设……加快文化资源数字化建设，推动中华优秀文化网上传播”；“全民阅读”项目提出充分利用现有设施基础，统筹建设数字农家书屋、公共数字阅读终端等设施。

6.《“十三五”促进民族地区和人口较少民族发展规划》(2016) 提出到2020年的主要目标之一是繁荣发展民族文化，通过发挥科技创新对民族地区发展的引领作用，加强科技基础条件建设，推动产业创新发展，“少数民族优秀传统文化得到传承弘扬，文化事业加快发展，公共文化服务体系基本建成，文化基础设施更加完备，文化产品日益丰富，文化产业持续壮大，文化发展成果惠及各族群众”，并将“重点支持少数民族语言网站建设”列入重大基础设施建设专栏。

7.《中华人民共和国国民经济和社会发展第十四个五年规划和2035年远景目标纲要》(2021)，要求加强对习近平新时代中国特色社会主义思想的整体性系统性研究和出版传播工作；实施数字出版产业战略、壮大数字出版；在民族地区加大国家通用语言文字推广力度，并在第三十二章“深入实施区域发展战略”中，将“加大对民族地区发展支持力度，全面深入持久开展民族团结进步宣传教育和创建”，作为聚焦铸牢中华民族共同体意识、促进各民族交往交流交融的方式，以体制机制的形式予以体现。因此，民族出版工作将在针对民族地区和少数民族群体的主题出版、铸牢中华民族共同体意识，促进民族团结进步、大力推广通用语言文字的工作上，具有重大的时代赋予的使命，同时这些工作也必须建立在民族出版事业数字化发展的基础上。特别是数字内容产品制作能力的提升，才是出版数字化的真正指向所在，只有对内容进行充分的数字技术赋能，民族出版行业才能更好地发挥应有的作用。

国家“十二五”及“十三五”的“规划纲要”，均将“少数民族新闻出版东风工程”列入重大战略项目中，极大提升了新疆、西藏、青海、内蒙古、吉林等省区民文新闻出版的基础设施条件，对提升民族语文新闻出版产品能力、党报刊传播能力起到了重要作用。例如，由国家投资 4190 万元的“西藏民族文字出版基地”主体工程已于 2016 年底建设竣工，组织架构囊括西藏自治区全部 4 家出版单位，除传统出版部门外，另拟设数字出版中心编辑部，主要承担搭建电子网络出版平台、本版藏汉文图书的数字转化、构建民文数据库、搭建以民文学习类为主的产品主线及与内地知名网络运营品牌寻求商业合作模式的任务，以逐步实现传统出版向多媒体出版转型升级。新疆维吾尔自治区于 2007 年元旦始启动东风工程，当年下半年启动农家书屋工程，这些项工程的建立为新疆少数民族文字数字出版提供了丰富的内容资源。

二、国家行业政策中与数字出版和民族出版相关的部分内容

1.《关于推动传统媒体和新兴媒体融合发展的指导意见》(2014) 强调要把技术建设与内容建设摆在同等重要的位置。提出加强内容建设，优化信息服务，以内容优势赢得发展优势。

2.《关于推动新闻出版业数字化转型升级的指导意见》(2014) 在开展数字化转型升级标准化工作的主要任务下，提出“重点支持教育、少儿、少数民族语言等出版单位，推动企业从单一产品形态向多媒体、复合出版产品形态，从产品提供向内容服务的数字化转型升级。”包括研发少数民族文字阅读产品。

3.《关于推动传统出版与新兴出版融合发展的指导意见》(2015) 明确立足传统出版，发挥内容优势，运用先进技术，走向网络空间，切实推动传统出版和新兴出版在内容、渠道、平台、经营、管理等方面深度融合，实现出版内容、技术应用、平台终端、人才队伍的共享融通，形成一体化的组织结构、传播体系和管理机制。

4.《新闻出版广播影视“十三五”发展规划》(2016) 提出了11 项主要任务，从内容导向到提供内容的科技创新能力、公共文化服务体系的构建、新闻出版安全的保障能力等方面做了总体规划。以转型升级、机制创新、加大优质内容产品供给力度、实施

重大工程及数字出版品牌“走出去”作为重点布局。①

5.《新闻出版业数字出版“十三五”时期发展规划》(2016)的指标性任务中，计划传统内容资源数字化转换率达到80%，国民数字阅读率达到70%，数字化产品和服务在公共文化服务中的采购比例达到40%。在重点任务之一的“基本建成数字出版公共文化服务体系”中，特别提到加大对“少数民族地区新闻出版企业和公益性新闻出版单位的资金支持力度，开发更多更好数字化产品及针对民族地区的双语教育数字化出版物”。此规划的重大工程备受瞩目，包括数字出版产业化应用服务示范工程、全民数字阅读推广工程、少数民族文化数字出版促进工程，“支持少数民族出版单位对软硬件进行升级完善，支持少数民族文化内容资源数字化建设，丰富少数民族文化数字出版产品，提升内容供给能力，建设少数民族文化数字出版产品公共传播服务平台”②、数字出版创新促进工程和数字出版千人培训计划。此外，还有《“十三五”时期贫困地区公共文化服务体系建设规划纲要》《关于加快构建现代公共文化服务体系的意见》等，均对民族地区、民族文字的出版数字化工作做了规划和部署。

此外，在“2016年数字出版管理工作暨主流媒体融合发展经验交流座谈会”上，国家新闻出版署提出支持建设一批数字阅读服务平台，通过政府采购公共数字阅读产品和服务，满足老少边

---

① 陈香:《“十三五”数字出版产业重点部局五个方面》，载《中华读书报》，2016年7月27日，第1版。

② 王强:《数字出版“十三五”时期规划要点》(演讲稿),2016年7月19日。

穷和少数民族地区人民群众精神文化需求，助力全民阅读普及，提升数字出版在公共文化服务体系建设中的支撑能力。

6.《出版业“十四五”时期发展规划》（2022）提出“高质量”是我出版业发展的根本要求。国家新闻出版署在规划中提出在2035年达到我国成为出版强国的目标，产业数字化水平迈上新台阶，充分发挥数字技术赋能的引领作用，显著提升内容生产传播的数字化水平，而实现的重要途径，是大力发展数字出版新业态，推动数字技术赋能出版全产业链条。

国家政策是数字产业发展的源动力。“十三五”以来的宏观政策，肯定了文化产业是国民经济的支柱产业，新闻出版是公共文化服务体系的重要范畴。各项政策均强调加大对数字出版事业的投资力度及基础设施建设，继续深化数字出版供给侧结构性改革，完善财政金融环境，培育市场。坚持创新引领行业发展，有条件地降低社会资本进入行业的准入门槛，扶持小微企业。积极实施数字出版“走出去”战略。同时，持续大力扶持民族地区及民族文字数字出版事业。

产业政策明确了“十三五”时期我国数字出版的战略重点是基本完成传统出版向数字出版的转型，并从内容布局、平台搭建、渠道拓展、经营管理的优化、体制机制及科技的创新、人才培养、全民普惠、少数民族文化及文字政策落实等各方面谋篇布局，全盘关照。通过重大项目、重点工程、示范工程等方式的带动和引领，努力实现数字出版事业大发展、产业大繁荣。对民族地区的信息基础设施建设及民族文字内容产品供给等方面进行政策倾斜，特别重视双语教育数字化的出版产品。对民文加大扶持力度，提升技术装备，以提高其自我发展能力；继续实施与民族地区相关的新闻出版工程（如新闻出版东风工程、少数民族文化数字出版促进工程等），扩大实施范围，拓展实施项目，以全面落实党和国家对边疆民族地区文化保护及建设的方针。

三、以藏文为例的区域政策中的民文数字出版

（一）西藏自治区

1.《西藏自治区人民政府关于推动文化大发展大繁荣的决定》（2010）是自治区文化领域的纲领性政策，目标到2020年，全区公共文化服务能力接近全国平均水平，文化产业成为西藏支柱产业。提出通过加大财政支持力度、落实税收优惠政策、扩大投融资渠道等政策措施，推动实现自治区文化大发展、大繁荣。

2.《西藏自治区“十二五”时期文化发展规划》（2011），对藏文数字出版工作给予了高度重视，以政策的形式为其发展提供了若干具体的项目“抓手”。如在加强公共文化服务能力建设方面，提出大力推动数字文化建设，推动文化信息资源共享工程，加强藏语数字资源建设。在“数字文化建设工程”中，有数字图书馆推广工程等项目；在非遗保护的古籍保护工程中，有古籍数字化建设工作。

3.《西藏自治区“十三五”时期文化发展规划》(2016) 的指标体系项中，在文化遗产保护传承体系内，计划数字化、影印出版藏文古籍 300 函，数字化古籍数据 50 万条。该规划重点任务的 6 个专栏中有 2 个与数字出版间接相关：公共文化服务提升工程中的内容建设项，有加大公共数字文化建设，建成 7 地市共享工程支中心和数字图书馆的规划；“文化遗产保护工程”中的古籍保护工程条：建成自治区古籍数字资源库，加强理论研究和成果出版工作。

4.《西藏自治区“十三五”时期科技创新规划》(2016) 中提及数字出版的关键技术研发与示范。

5.《西藏自治区“十三五”时期新闻出版广播影视发展规划》(2018)，是出版工作的纲领性文件，提出“十三五”期间的主要任务是建立现代公共文化服务体系，提高标准化均等化水平；全面落实基础设施建设等重大项目；传统出版业向现代出版业积极转变。公共服务工程项目涉及农家和寺庙书屋数字化工程。在加快“科技创新，强化技术保障”的内容中，提到推进文化、科技融合发展，完善科技创新体系。落实国家大数据战略要求，大力推进新闻出版大数据体系建设。建设数字出版标识符体系、出版物质量检测标准、电子书内容等出版领域相关标准。

（二）其他涉藏省份

1. 青海省的 6 个民族自治州中有 5 个藏族自治州、1 个蒙古族藏族自治州，藏语应用面广，因此藏语文出版在传统出版的转型升级中占很大的比重。《青海省十三五规划纲要》《青海省丝绸之路文化产业带发展规划及行动计划的通知》均提出扩大藏文图书报刊在全国藏区及尼泊尔等国家的覆盖面和影响力，扶持数字文化产业发展。以鼓励藏文软件开发（如云藏搜索引擎）、藏文数字平台建设（省级书报刊单位的数字化建设）、适当引进市场机制（海南藏族自治州大数据产业示范基地[①]引进藏语数字出版相关产业、“云藏”藏文信息技术孵化基地）等具体措施，提升全省文化产业整体实力；《青海省“十三五”文化发展规划》在青海“文化云”建设项目中提出少数民族语言文字数字资源建设项目，依托“文化云”，加快内容数字化建设。重点支持青海民族出版社、青海日报社、青海人民出版社等单位的数字平台建设，推动融合发展。《青海省贯彻落实西部大开发“十三五”规划实施方案》（2016）提出“推动少数民族语言文字及双语出版物的出版发行、数字化传播和少数民族语言文字作品的创作”，鼓励民族原创网络出版产品，推动传统媒体与新兴媒体融合发展。

2. 甘肃有期刊领域的优势，其唯一的藏文出版机构甘肃民族出版社所在的读者出版传媒股份有限公司已经挂牌上市，该省拥有一批大型国有文化企业集团和民营数字技术公司等，出版业在

① 总投资约 20 亿元的海南藏族自治州大数据产业园将打造中国首个 100% 利用绿色能源建设和发展的大数据产业示范基地。引进云计算、藏语数字出版、电商商务、文化创意等大数据及相关产业。原文见罗云鹏：《青海打造中国首个 100% 绿色能源大数据产业示范基地》，载中国新闻网，2017 年 12 月 1 日。

全省文化产业中的优势明显，数字出版融合创新能力在全国出版行业内亦表现不俗。[①] 这与政府深入推进出版体制改革、充分发挥市场机制的作用等政策密不可分。在数字出版方面，甘肃省十分重视对骨干企业的培养和对自主知识产权的开发与保护，《甘肃省“十三五”文化产业发展规划》将“出版发行业”单独作为一项，列入“健全文化产业体系”章中，提出加快发展网络出版、数字出版，加大力度培育新兴文化产业，并对培育和引进文化数字内容生产企业、建设数字内容生产全流程、技术攻关等方面做了规划。《甘肃省“十三五”战略性新兴产业发展规划》中，从数字出版的内容开发到数字阅读终端手持阅读器生产的系统产业链，以依托骨干企业的方式进行了全面而具体的布局。特别是该规划提到支持读者集团下属的数码科技公司“充分利用读者集团的杂志、图书和音像制品资源优势，拓展数字影音……数字学习等服务”，这种形式打破了传统出版单位与民营科技企业在资源保护和技术利用上的壁垒，发挥了出版机构企业化和集团化的优势。作为读者集团下属的甘肃民族出版社势必会受益于集团市场化改制和全省宏观产业政策支持带来的积极影响。

3. 四川省《“十三五”文化发展规划》提出到 2020 年，媒体数字化率、融合率达到 100%，“建立新闻出版广播影视公共服务

---

① 2019 年，甘肃教育出版社的一项数据库与知识服务平台获得广电总局颁发的“数字渠道创新应用”奖。原文参见《甘肃教育出版社荣获中国数字出版创新论坛“数字渠道创新应用”奖》，引自读者出版传媒官网：http://www.duzhepmc.com/2019/0610/1047.shtml。

均等化工程”，搭建该省涉藏地区全媒体融合信息化传播平台、搭建文轩数字出版云平台。值得一提的是，国家教育部在 2000 年发布了《教育部办公厅关于由四川民族出版社为五省区藏族中小学出版〈藏语文〉教材的通知》，并明确版权归属为四川民族出版社。该项出版授权，使这一全省唯一一家藏文图书出版单位具备了得天独厚的资源优势，更为其打造全国中小学藏语文数字课程产品，提供了最优质的实现双效益的内容资源基础。

4. 云南省的民族文化资源优势和区位优势是出版业发展的深厚基础，其数字出版工作在民族地区走在前列，有 3 家出版机构入选国家新闻出版广电总局的“数字出版转型示范单位”。在“建设民族文化强省”的发展战略下，《云南省新闻出版（版权）业“十三五”发展规划》提出了若干与出版相关的公共文化服务建设项目和产业建设项目。重大数字出版工程中有云南数字教育服务工程、少数民族文化数字出版促进工程、云南少数民族民间文学全媒体出版工程、民文版网络宣传工程等。通过建设阅读移动平台工程落实“全民阅读”；通过迪庆日报社为主体实施“迪庆藏文语音视频手机报”项目，加快云南藏区媒体的融合发展；通过实施西南少数民族文字出版基地项目，整合省内民族文化出版资源，提高民文出版能力。依托云南民族出版社等单位开展少数民族文字出版工作，明确民文出版物以公益性出版为主，通过完成指令性项目实现双效益。实施云南出版印刷发行人才培训基地建设工程，对在校生进行专业教学，对云南省编印发行业内全流程的相关人员以政府委托的形式进行数字出版培训等。从政策层面，云南省对民族文字的数字出版工作进行了全方位的规划。

第二节
政策视域下藏文数字出版的观察及建议

一、政策视域下藏文数字出版的观察

在国家产业政策、民族优惠政策及援藏政策的框架下，民文数字出版工作有了较大的发展。如在西藏自治区人民政府 2018 年工作报告中指出 :“西藏全社会信息化建设直接投资完成 54 亿元，数字行业实现增加值 20.2 亿元，增长 25.1%。自治区还要持续推进文化惠民举措，深入推进全民阅读活动、新闻出版东风工程等项目建设，推动公共数字文化发展”。其他省区也以各项举措推进民文的数字出版工作。在取得阶段性成果的同时，也指出出版工作，特别是民文数字出版与内地同行业发展相比有巨大差距。正如《西藏自治区“十三五”时期新闻出版广播影视发展规划》中写道 :“我区新闻出版广播影视新业态发展远落后于内地，单位信息化工作水平不高，仍停留在传统生产传播模式，难以在较短时间内实现出版印刷发行数字化等新兴业态快速发展，明显滞后于思想文化主阵地建设要求，与发达地区和内地省份的差距在拉大。”这既有藏区区域性经济落后，基础设施建设有限、民文出版受众

面小，难以形成产业规模等原因，也存在着行业现阶段共性的问题：转轨时期文化体制改革机制尚待完善，数字出版作为新兴产业，其管理、运营及盈利模式、人才供给不足等共性问题正处于边实验边实践的阶段。

从政策内容看，藏文数字出版在各涉藏省份区域层面大致面临如下挑战：相关地区经济社会发展相对落后，对数字出版的支撑能力不强；部分地区数字出版的理念和持有技术相对滞后，在缺乏有效的盈利模式的情况下，发展动力不足；藏文出版的设施配套程度较低；藏文传统出版与新兴技术的融合程度低，发展较慢；复合型出版人才及民文信息技术人才严重缺乏；支持其发展的保障措施尚在不断完善中，深化体制机制改革是迫切需求。由于地方性民文出版政策制定的重心在西藏自治区和青海省，因此下文论述主要涉及这两个省区。

（一）出版的地方财政投入能力低

在《西藏自治区"十三五"时期文化发展规划》中提到："西藏文化工作起步晚、底子薄、基础差、欠账多，各项工作仍远远滞后于全国平均水平，滞后于西部地区和其他少数民族地区"，"十二五"期间自治区文化事业费占财政总支出比重低于全国平均水平 0.11%，属于较落后地区。同时提到："社会力量进入文化领域的投资渠道有限，文化设施紧缺和资金困难十分突出。优秀文化产品供给不足""数字文化资源短缺，藏语数字文化资源库建设经费、人才严重不足，文化信息资源共享工程的各级平台作用亟待有效发挥。”西藏自治区出版事业主要依靠财政投入，而自治区地方财政收入的90%来自中央财政的转移支付，重度依赖国家补助。同样，青海省属经济欠发达地区，可支配财力依靠中央的持续大力支持，公共财政预算支出集中，可用于作为上层建筑的文化产业的资金十分有限，而国家专项资金的补助，很大程度上需要应用于基础设施的建设。藏文数字出版作为新兴产业，尚在探索过程中，科研、人才、基础设施、机制建设等需要长时间投入可观的人力、物力、财力，且在一定时期内可预计的产出效益不高，因此藏区地方政府对它的配套投资积极性不高，借国家重点出版工程上马的项目，也缺乏评估机制，多数情况下停留在购置基础设施的阶段而缺乏应用层面的考量。比如上文提到的“西藏民族文字出版基地”，建筑工程竣工已近4年，但有关内设机构、人事编制的实施方案仍在申请中，即该工程只有项目，却无机构、无编制，建成后至今无法发挥其职能作用。这既是事业单位组织机构有待深化改革的内容，大量后续投入成本供给乏力也是造成这一现象的重要因素。

（二）对出版的社会投资渠道有限

虽然在2010年西藏自治区政府就出台了《西藏自治区人民政府关于推动文化大发展大繁荣的决定》，提出对区政府鼓励开办的文化企业免征3年企业所得税、搭建文化产业投融资服务平台、适当放宽信用评级标准等多项税收、金融优惠政策以鼓励和吸引社会力量多渠道对文化产业进行资金、技术、基础建设等方面进行有效补充，但从2018年的政府工作报告中，仍可以看到相关问题进展不大。财政可投入资金有限是重要的客观原因，另一方面，有关自治区文化产业政策方面，有学者分析时认为部分政策在制定过程中有生搬硬套的因素，指出为与中央保持高度一致和高效完成改革任务，在中央文件出台后在很短时间内各部门纷纷出台实施办法和意见，缺乏透彻理解和长效机制设计，造成“政策性‘消化不良’”。① 在短期内制定并下发的与中央精神相仿的地方性政策，缺乏有针对性的具体工程及项目规划，以致相关部门难寻抓手，很难让政策真正落地。

（三）体制改革进程有待加速，精准支持政策有待落地

全国有藏文出版单位8家，其中民族出版社、中国藏学出版社、西藏人民出版社、青海民族出版社、云南民族出版社、民文古籍出版社被划归公益性事业单位，甘肃民族出版社改制后成立甘肃民族出版社有限责任公司，隶属读者出版传媒，四川民族出版社转企改制后隶属党建期刊集团。出版事业以为党和国家宣传工作及公共文化服务为目标，生产资本由国家通过政策调配支付，以行政管理方式运营；出版产业是以市场为导向、盈利为目标，企

① 王文令：《西藏文化政策现状与对策建议》，载《西藏民族大学学报》（哲学社会科学版），2016，37（3），17页。

业化管理，生产资本来源渠道多元。被划归为公益性文化事业单位的出版社，也由于“事业化管理、企业化经营”的二元经济结构的矛盾，存在着管理及运营上的不畅，在财政投入不足、社会力量介入不畅等前提下实行社会效益和经济效益双重考核指标的体系，也令出版社在发展的道路上难以施展。虽然《国务院关于进一步繁荣发展少数民族文化事业的若干意见》中明确提出：“少数民族出版事业属公益性文化事业”，但藏语文出版工作分别由 2 个国家级出版单位和 5 个省区在承担，由于区域政策的差别，使得这一事业在两种不同的体制中实践。对已明确其公益事业性质的单位，应从顶层设计层面规划配套支持政策，以保障其国家公共文化服务的运营能力；同时，此类出版社的机构改革，也亟须建立科学的工作机制、公平的分配机制、合理的评估机制等，这都需要政府政策的有力引导，以保障其基本的公益服务职能。

前文已经提及，我国事业单位整体改革推进缓慢，出版业的绝大多数虽然已于多年前完成转企改制，但其业务发展尤其是涉及信息化、数字化的基础投入依然在很大程度上依赖于国家政策和资金的扶持。多年来，新闻出版领域鼓励数字出版发展的财政资金通道是较为通畅的，行业主管部门和财政部门也确实在为传统出版机构向数字型过渡努力铺路架桥。文化产业发展专项资金、数字出版转型升级项目、数字复合出版工程等都是这种努力的具体体现，也确实助力许多传统出版机构完成了数字化的一些基础性任务。然而这种助力的主导方向是转型为企业的那部分出版力量，公益性出版机构数字化转型的专项支持正处于一种真空地带，这种窘境对于中央级的民族出版机构尤为突出。以民族出版社为例，作为中央唯一的具备民族文字多语种同步出版能力的综合性机构，其民文出版品种一度占到全国的一半左右，但这样一个我国民族出版领域的“国家队”和生力军，其数字化转型工作却苦于缺乏专项资金的扶持，原因是他们处于一种“三不靠”的尴尬境地。具体来说，一是缺乏公益性出版机构的配套政策和专项事业发展资金渠道；二是产业扶持政策和专项资金专注于市场主体，对公益性出版机构鲜有问津；三是多数扶持少数民族事业的专项资金采取中央转移支付地方的模式，中央一级从事民族工作的力量得不到关照。民族出版社的这种窘境可能也是全国民族出版界的一个缩影，至少前两个情况是大家的共性所在。作为国家公益性事业的一部分，民族出版不能寄望于国家面向市场主体的产业发展政策的眷顾，但国家行业主管部门应该致力于顶层设计，将公益性出版机构作为专项，落实配套政策，帮助民族文字出版机构早日走出“几不靠”的地带，使它们能够更好地服务于国家的数字化公共文化服务事业。

（四）政策理念有待提高

部分源于涉藏地区区域资源特色的原因，有些省区在宏观政策中论述或涉及文化产业及各类政策对象时，多数情况下以文艺演出事业、广播影视事业及文化遗产保护事业等为主，出版事业占比很小。比如2018年西藏自治区政府工作报告在论述自治区文化产品、文化队伍、文化交流现状时，主要指向为文艺作品、文艺演出团体、文艺作品交流，以及文化遗产方面，基本未提到出版产品。在西藏自治区“十三五”规划中“重点支撑项目”的单项专栏“文化基础设施建设工程”中，共有6个项目，唯有“文化遗产保护利用设施”一项与民文数字化及数字出版稍微“沾边”，其他有3个为演艺场所的建设，1个为政务信息平台建设，1个为特色文化产业园区建设；“基本建成完善的文化产品供给体系”作为规划的指标体系之一，其文化产品体系提到的均为艺术门类，出版不在其列；再如“十三五”的对外文化交流方面，提出非物质文化遗产展示、文艺演出等内容，也未见出版项目，当然不排除或因其占比较小，未见诸“十三五”规划的文字中。而在产业政策中，“数字出版”的概念内涵基本是出版办公系统信息化、数字卫星电视、电子书、电子商务发行渠道、数字印刷等。如《西藏自治区“十三五”时期新闻出版广播影视发展规划》，是自治区出版行业的纲领性文件，其“新闻出版方面”的4项具体指标中，“产品规模指标”对图书、音像制品及报刊出版量做了规划，但没有数字出版物，“‘走出去’指标”是“探索建立1—2个海外电子商务发行渠道”。又如《青海省“十三五”文化发展规划》中，“推动新闻出版事业发展”内容下有6大工程项目，其中新闻出版“东风工程”的内容为青海民族出版社、青海民族印刷厂及各州报社提供业务用房建设及配套相关设施，“以数字印刷、绿色印刷为重点，支持民文印刷技术升级改造”，“书香青海”项目中，只提到建立数字卫星书屋，等等。

在中央于2015年颁布的《关于加快构建现代公共文化服务体系的意见》中，明确提到“公共文化服务与科技融合发展”，提出“推进数字出版，构建数字出版物传播平台”；在互联网时代，基于移动终端技术的各类新媒体形态日益普及，特别是习总书记在中央政治局第十二次集体学习时指出“推动媒体融合发展”，而上述“数字出版”的形式，与当今出版产品之内容、平台、技术手段等跨领域融合生产的概念有一定的差距。退一步来看，即便对基于2007年的技术和概念启动的“卫星数字农家书屋工程”等，国家在基础设施建设方面下大力气铺设，但事实上从内容供给侧的角度讲，可向广大涉藏地区提供的优质藏语文数字内容屈指可数，类似全国性工程的数据库中已有的海量文字信息，对一些偏远地区的农牧民来说存在语言阅读障碍，而民文出版暂时尚无法做到较好地利用已有的硬件条件提供差异化的知识服务。因此，在进行政策规划时，若能将有限的经费更多地投入到藏语文数字出版的项目上来，将能更好地为党的宣传工作服务、为藏语文读者提供更多的内容产品。

（五）数字化关键技术攻关亟待加强

和其他少数民族语言文字一样，发展民文出版需要关联技术的支撑。新媒体时代发展民文数字出版，关键基础信息技术支撑的重要性尤为突出。这是因为在传统纸质出版时期，内容和载体是一体的，一本书从印刷发行到读者手中后，阅读过程独立于任何设备和技术。但在数字型出版中，技术依赖贯穿于产品的设计、制作、传播和阅读所有环节，在这种内容与载体分离的新境况下，出版者采用什么样的封装标准、阅读设备是否支持某一特定的语言文字等关乎作品可读性的基础问题浮出水面，也成为一些语言文字发展新媒体出版的瓶颈。目前，得益于民文 Unicode 编码的成熟度，民文在世界主流操作系统中的输入输出问题已经得到较好的解决。然而，还有一些关乎民文数字出版发展的关键性基础技术有待启动或改善，这其中包括民文识别技术、自动校对技术、语音识别技术和机器翻译技术等一些与基础性藏语自然语言处理技术相关的课题。由于小语种的技术问题无法像大语种那样通过市场机制中的投入产出来解决关键技术攻关，政府在这个层面的政策及资金支持力度将决定一个语种在新媒体时代的走向。在解决了民文数字出版的关键技术问题之后，数字出版产品内容与载体分离、传输独立于实体物流的特性可能成为克服藏区行政服务半径大、传播成本居高不下的最有效方式。

我国少数民族语言文字信息处理技术发展进程中，除了共性的问题，一些语言文字也面临个性的挑战。比如蒙古文，可以说是其中较为典型的一个例子。1987 年，蒙古文编码字符集（GB 8045—1987）成为我国最早发布的少数民族信息技术国家标准；2000 年，蒙古文国际通用编码（Unicode）发布；2018 年和 2019

年 Unicode 联盟两次组织专题会议讨论对既定方案的修正和引入新方案的可能性。[①] 多年来，蒙古文编码标准中的同形异码问题（可能是传统蒙古文正字法中变形显现字符和名义字符在不同系统的实现过程中处理方式差异所致）似乎始终困扰着该文字数字信息在不同设备和不同系统间的无损共享，使得蒙古文数字化内容在全互联网层面的分享和搜索成为事实上的挑战；加之竖排的传统对文字显示及编辑在布局方面提出不同于多数横排语言的需求，也使得技术实现方面需要投入更多的成本。

具体到出版应用层面，这种情势极大影响了出版存量内容数字化传播和分享的积极性，不同时期不同排版软件积累的海量内容资源，因无法实现高效转化而不能在出版机构可以承受的时间、资金和技术成本的前提下，参与到如火如荼的互联网数字内容服务事业中。当然，好消息是，据了解，为了解决困扰蒙古文信息化的基础问题，过去 6 年（2016—2022 年）经过近 30 次的反复研讨，基于蒙古文编码 Unicode 标准的新国家标准已经进入测试阶段，国内一些主要蒙古文应用软件开发商正积极参与其中，相信蒙古文数字内容的共享问题将得到显著改善。[②]

① 参见确精扎布：《蒙古文编码国际和国家标准形成始末》，载《信息技术与标准化》，2015（1）。

② 根据对潍坊北大青鸟华光照排有限公司总工程师殷建民的调研采访，2022 年 9 月 21 日。

第三节
国家工程中的民族文字出版数字化实践

一、国家工程支持民族出版数字化的背景

随着互联网在全球范围的普及，信息获取和交换的成本不断降低，而计算机技术的进步，使智能设备的体积不断减小，拥有成本却在不断降低。技术的变革创新使得任意时刻、任意地方获取并阅读信息成为可能，进而演变成来自用户的强烈需求。新闻出版行业是资讯和知识内容的提供者和服务者，而资讯和知识是社会生活和社会发展最重要的信息内容。要满足社会日益增长的数字资讯及数字知识需求，传统新闻出版就需要培育并建立数字化的资讯及知识采集、加工及传播体系。发达国家的同行们对这种由于重大技术变革而导引的需求改变，表现出更为积极的改革创新姿态，无论从技术装备还是机制建设方面都进行了大刀阔斧的革新。这种改变不仅是出版机构内部的自我调整，更在新兴数字市场上得到积极的验证。

世界各国在宏观层面相继把数字出版作为行业未来加以支撑和推动。在市场的感召和政府的扶持下，主流文字数字出版事业取得显著的成效。国内许多出版社和技术公司在数字编纂、数字加工、数字管理及数字营销等方面呈现良好的发展态势。然而与此形成鲜明对比的是，民族文字及民族题材汉文数字出版工作在

全国范围内却鲜有作为。除去一些零星的、初级的民族文字数字产品（如电子词典）点缀着市场外，民族出版的数字化课题一直没有能够彰显到国家文化建设的层面上，这与新时期中央关于博采众长、铸牢多民族文化的中华民族共同体的相关精神是不相称的。严格意义来说，我国的少数民族文字数字出版事业基本还处于萌芽阶段。

二、国家数字复合出版工程支持少数民族文字出版的历程

为了应对新技术变革所带来的这种机遇与挑战，助力我国新闻出版行业的整体转型升级，原国家新闻出版广电总局（现国家新闻出版署）提出“国家数字复合出版工程”，意在为全行业提供涵盖信息采集、信息加工、信息管理、信息发布等数字出版整体流程的技术平台及标准体系，实现“一次制作，多元发布”的目标，同时在全行业树立一批典型应用示范机构。作为数字出版的重点工程，这项工作明确列入《国家“十一五”时期文化发展纲要》，2008 年起开始制定标准研制工作方案，2011 年向全国公开进行招标并开始着手实施工程方案。

这期工程包括支撑标准、业务应用标准、共性技术、采集编审技术、制作加工技术、资源管理技术等一共 16 个分包。遗憾的是，作为一个国家级行业转型重大工程，2011 年的国家数字复合工程并没有考虑到少数民族文字出版的数字转型问题。其中的原

因有可能是多方面的，但关键不外乎两点：一是工程规划团队不了解少数民族文字出版在技术变革下的特性，没有认识到工程面向少数民族文字进行本地化处理的必要性；二是民族出版行业没有把发展少数民族文字数字出版的必要性和紧迫性上达行业主管部门。总而言之，沟通成为第一期工程没有支持少数民族文字相关技术攻关的最大障碍。

基于这样的情形，2013—2014 年，作为唯一的国家级民族文字综合性出版机构，民族出版社向作为工程主管部门的国家新闻出版与广电总局信息中心进行了多次汇报，就国家数字复合出版工程支持少数民族文字的重要性、必要性和紧迫性进行说明，希望总局能够把这项工作作为工程的增补内容进行方案设计。总局信息中心相关领导高度重视此项提议，认为此事关乎我国民族政策的具体落实和民族文化传承发展大业，国家数字复合出版工程支持少数民族文字当仁不让，必须推进。2014 年，时值工程根据业界发展对整体方案进行重新规划，国家新闻出版广电总局重大工程管理办公室（以下简称“重大工程办”）把支持少数民族文字作为专门需求纳入工程方案规划工作中。

在确立工程方案规划纳入少数民族文字相关支持后，重大工程办组织相关专家团队开始就新课题进行需求调研。2014 年 7 月，工程规划专家团队前往民族出版社进行实地考察调研，并和民族出版社蒙古文编辑室、藏文编辑室、维吾尔文编辑室、哈萨克文编辑室及朝鲜文编辑室各民族文字专家代表进行座谈，就传统图书排版民族文字处理、民族文字编辑辅助软件、数字内容编码体系、民族文字输入输出以及少数民族文字新媒体应用等方面进行了深入了解；之后，重大工程办专家团队前往中国民族语文翻译中心，了解少数民族文字及汉语双语语料库建设情况和未来工程可资利用的数字内容资源情况；其间，内蒙古出版集团来京向重大工程办汇报情况，重大工程办专家组和该集团相关人员就蒙古文数字出版存在的问题和蒙古文信息技术处理等问题广泛交换了意见及想法。

经过以上的实地考察调研，并与其他民族出版机构的多次电话调研工作后，重大工程办最终在国家数字复合出版工程中加入特别面向少数民族文字数字出版的“少数民族出版资源管理系统及辅助工具集”。

三、国家数字复合出版工程支持少数民族文字出版的内容及意义

重新规划后的“国家数字复合出版工程”于2014年10月向社会公开进行招标。2015年4月9日，工程启动大会在北京召开，标志着工程进入全面启动和建设实施阶段。工程涵盖面广，技术体系及架构复杂，一共有34个分包，其中的第16分包是“少数民族出版资源管理系统及辅助工具集”。从分包的名称可以看出，这一分包涉及了工程总体技术架构的两个组成部分，“少数民族出版资源管理系统”课题位于工程核心的“全媒体资源管理系统”

部分，而“辅助工具集”课题则属“公共技术支撑”范畴。

（一）少数民族出版资源管理系统及辅助工具集的主要内容

少数民族出版资源管理系统是工程另一核心分包“全媒体资源管理系统”的延伸，系统除了需要具备常规数字资源管理系统面向文字、图片、音频、视频、动画、动漫等各类型知识资源的入库标引、高级检索、资源下载、资源导出、权限管理等功能外，在编码体系统一于 Unicode 的前提下，还应该至少支持少数民族文字标引、少数民族文字检索及少数民族文字操作界面等三个方面的功能。

1. 标引。标引的实质就是对某资源的各种属性进行描述，目的是为了能够在海量内容资源中更加精准地定位该资源，向用户提供快捷的信息检索服务。为了能够使少数民族文字用户快捷地定位所需要的少数民族文字知识资源，对特定文字内容资源用该文字进行标引是必要的。这种必要性不仅表现在单文字种类的标引上，在多语言环境中，甚至有对同一种知识资源（资源本身是单语言文字的）进行多语言文字标引的需求（比如对一个藏文资源用藏文、汉文和英文标引）。

2. 检索。检索是对数字知识资源进行标引的目的之一，只要标引阶段支持少数民族文字，基于已有数据库属性的资源检索是可行的。“少数民族文字出版资源管理系统”需要解决的关键技术问题是如何提高面向各少数民族文字的全文检索效率。检索技术牵涉语言文字信息技术处理的很多方面，比如分词技术、排序规范、语义分析，等等。从语言文字的维度看，这一课题需要支持蒙古文、藏文、维吾尔文、哈萨克文、朝鲜文、彝文、壮文及傣文等 8 种语言文字，汉文检索技术的相关基础课题研究目前尚在完善中，可想同时攻关这 8 种少数民族文字检索技术的复杂度。

3. 民文操作界面。目前国内从事少数民族文字新闻出版工作的编辑人员都具备使用双语的能力，在系统中提供民族文字操作界面的支持彰显了国家在语言文字平等方面的考量，同时也体现了面向少数民族文字用户以人为本的理念。在用户系统支持特定民族文字基于 Unicode 编码的字体显示前提下，提供应用系统操作界面的少数民族文字支持，从技术层面不是问题，其中涉及的主要工作将是如何提供基于汉文界面的规范化的民族文字界面词条及语句。

项目第二个课题“辅助工具集”是工程专家组在前期调研过程中了解到少数民族文字传统出版流程中的翻译及审校等环节缺乏可资利用的软件工具情况后，加入工程总体框架的。辅助工具集将提供少数民族文字智能检校、辅助翻译、编码转换及输入法四个工具。

1. 智能检校工具将基于各少数民族文字的语言特性和语料库辅助实现对少数民族文字文本的自动查错及纠正功能，借此提高文本校对的效率。

2. 辅助翻译工具主要通过建设双语电子词典来提高不同语言文本内容之间的翻译效率。

3. 编码转换软件主要解决不同时期形成的基于不同编码的文本内容向 Unicode 文本内容的高可靠转换的需求。

4. 输入法工具必须基于 Unicode 编码体系，主要目标是向不具备处理少数民族文字输入能力的系统提供输入解决方案。

（二）少数民族出版资源管理系统及辅助工具集项目的意义

1984 年 10 月，我国首届少数民族语言文字信息技术处理研讨会在内蒙古自治区呼和浩特市召开，这次会议标志着国家层面的少数民族语言文字信息化正式拉开序幕。此后在政府的大力支持下，全国各地相关专家致力于制定各类信息处理用少数民族语言文字标准规范，尤其解决了编码、输入输出等关键领域的标准问题，为软件开发厂商提供了可供遵循的权威性规范。前面已述，由于少数民族人口及少数民族文字使用者规模的现实情况，即便国家制定出了面向少数民族文字信息处理的各项标准，应用软件的开发始终缺乏市场的驱动力，难以通过市场自动调适机制实现良性发展的局面。这种困境尤其对处于铅印时代向计算机排版过渡的民族出版行业产生了深刻影响。基于这样的情况，我国政府屡次拨付专项资金扶持与出版行业有关的技术公司就通用排版系统支持少数民族文字进行技术攻关，并将研发成果应用于全国少数民族文字出版领域，帮助行业成功实现向光与电的技术升级。

数字化转型是出版业的又一次深刻变革，单从技术角度看也较之铅印时代向光电时代的技术升级来得更加彻底。由铅印技术向计算机技术的转变主要影响了出版流程的印前部分，纸介质作为内容和传播载体的地位并没有改变。而数字化则关乎出版流程的所有环节，不仅包括了传统的内容采集和产品制作等，更涉及了产品的传播环节。因此，少数民族文字出版的数字化转型需要解决的技术范畴将会更广泛，技术难度更趋复杂。20 世纪的光电技术升级仅仅需要解决出版机构内部的技术革新问题，而此项工程还需要攻克内容传播的技术问题以及产品形态的技术问题。

国内出版行业的数字化转型工作已经持续多年，而如光电技术升级时期的少数民族文字数字出版技术全局性升级改造时期尚未来临，这无疑正在加剧少数民族文字和主流文字之间的数字鸿沟。在这样的关键时期，“国家数字复合出版工程”探索少数民族文字支持可以视为是国家层面支持发展少数民族文字数字出版的前奏，体现了国家意志在新技术环境下发展少数民族文化的自信。

四、国家工程层面未来支持民族出版数字化的几点构想

该项国家数字复合出版工程把全媒体资源管理系统和公共技术支撑作为支持少数民族文字的切入点，是基于少数民族语言文

字信息技术处理发展现状，考量项目可实现性的结果。前面已经提及，这是国家重大工程之于少数民族文字数字出版的初步探索性工作，从实际应用的需求来看，工程应该逐步将支持民族文字的范围扩展到关乎内容采集、加工、管理及分发的所有分包。其中，以下几个方面应该成为工程为未来支持少数民族文字的重点方向。

（一）公共技术支撑方面，增加少数民族文字识别和语音识别技术

任何出版机构推进数字化转型的过程中，不可避免地要对也已形成的纸质出版资源进行批量数字化，主流文字如英文、汉文的自动识别技术非常成熟并且已经很好地应用于海量资源数字化识别工作中。严格来讲，文字识别和语音识别属于基础研究范畴，纳入工程的公共技术支撑部分似乎有些牵强。目前国内各少数民族语言文字信息技术处理研究机构也已经有相应的研究成果，有些机构甚至还研发出了识别软件产品。但这些产品大多处于实验室阶段，很难直接进入实际工作应用。另外这些研究和产品尚缺乏具体的工程应用驱动和持续的项目支持，因此产品的更新优化乏力。如果能够通过此类国家工程将优秀的科研成果或实验室级别的软件产品直接转换为面向行业的标准软件产品，将极大地推动少数民族出版机构的数字内容体系建设进程。

（二）基于 Unicode 的 XML 内容编辑及协同加工平台

识别技术等公共技术支撑应用场景主要是对历史资源的数字化加工，而对处于现今新媒体环境下的民族文字出版机构来说，如何将当下正在生成的数据以最有利于二次开发及传播为考量因素进行整理并加入资源管理总库，并提供一套能够面向不同终端和传播渠道制作数字产品的统一平台成为当务之急。少数民族文字的内容排版即便是在传统纸质主导的年代也是落后于主流文字的，因此在多年来业界为主流文字致力打造“一次制作，多元发布”的排版软件时期，面向少数民族文字数字出版的编辑排版软件凤毛麟角，极大地阻碍了民族文字世界的数字内容生产，因此笔者认为基于国际标准，支持少数民族文字排版布局规范的 XML 内容编辑软件及协调编纂系统应该成为工程下一步的支持方向。

（三）工程驱动国内主流智能设备支持少数民族文字阅读

如前所述，数字出版不再以纸质作为内容载体，智能设备如计算机、电纸书阅读器、平板电脑、移动电话等成为新的内容载体，5G 时代更号称是传统出版向数字出版 3.0 版本的转型期，VR/AR 技术早就在主流文字中应用于生产实践，并已经在产生广泛的社会效益和经济效益。如何在这些智能终端设备上显示不同的语言文字也成为民族出版机构不得不考虑的问题。关于数字产品的阅读机制可能已经超出常规数字出版范畴，但对大多数没有操作系统层面支持的少数民族语言文字来说，这是必须面对的课题，否则生产再多的民族文字数字内容，都没有地方能够传播。数字复合出版工程应该将这一课题纳入进来，从政策层面推动解决这一重要问题。建议国家出台相关政策，鼓励国内主要智能终端厂商支持基于 Unicode 的少数民族文字字体与输入法，这将不仅是自技术层面贯彻统一的多民族国家的语言文字平等的政策，也将为下游少数民族语言文字数字内容的开发及传播营造良好的技术环境。

第四节
民文数字出版政策支撑层面的思考及建议

一、以藏文为例的区域性数字化政策实践及优化策略

（一）资金政策实践

为了解决基础投入问题，国家从总体发展规划、中央财政、金融、税收调控等层面进行了重要的布局，如鼓励多元资金支持文化产业发展，扩大对数字出版等出版产品与服务的消费信贷投放等；市场化程度较高的数字出版企业，可申报国家高新技术企业税收减免 10% 的优惠政策，数字出版技术创新研发费用可申请税前扣除减免等；同时通过实施各类重大工程、重点项目等举措大力

扶持数字化基础建设，如中华字库工程、数字复合出版工程、新闻出版东风工程等。从内地其他省份的地方财政层面看，2017年中央文化产业发展专项资金取消直接支持地方性数字出版产业后，许多地方企业一度陷入困境，或中止数字出版业务，或积极推行企业化体制创新，而北京、广州、陕西等多省份财政部门出台了“一系列鼓励、支持和引导数字出版发展的专项政策资金措施。这对中央财政中止了直接扶持的地方数字出版企业而言，是一种有效的补充和转换”。[①] 在吸引社会资源投资数字出版行业的问题上，在国家“十三五”发展规划纲要、《中共中央关于全面深化改革若干重大问题的决定》《关于金融支持文化产业振兴和发展繁荣的指导意见》等重要政策中，均有鼓励非公有制文化企业参与数字出版、降低社会资本准入门槛、支持各种形式小微数字文化企业发展的条款。

（二）人才政策实践

针对人才短缺的问题，《新闻出版业数字出版十三五时期发展规划》提出的“重点任务”之一是人才培养和人才队伍建设，并制定了“数字出版千人计划”等系列措施。2015年开始，北京市率先出台数字编辑专业技术资格评价试行办法，2016年正式启动

① 张新新：《传统出版与新兴出版深度融合，推进数字出版高质量发展——2019年度数字出版盘点》，载《科技与出版》，2019，网络首发。

数字编辑专业领域职称评价工作，并与津冀地区互通共享经验。[①]此外，“十三五”以来，出版学界对将出版学设置成一级学科，数字出版作为其下属的二级学科的呼吁强烈，中央有关部门在2019年组织召开了出版学一级学科专家论证会，积极听取各方意见。[②]有关数字出版人才的问题，有望在不远的将来从根本性的学科建设的层面得到解决。也有一些企事业单位通过一体化建设寻求解决人才问题的路径，如地质出版社与北京印刷学院共同成立融合发展基地、与中国科学技术信息研究所签订战略合作协议等，[③]从专业数字编辑人才的培养到使用、高级科研人才对技术攻关的保障等方面做了积极有效的探索。民文数字出版的人才培养，也可以考虑参照政产学研一体化建设的思路，在各地方政府政策的引导下，积极促成本地民族语文出版社、报纸期刊社与该地区综合性大学及科研单位的合作，以定向委培、合作办学等多样化形式，根据民文数字出版事业发展的需要，对该语言文学专业、信息情报专业、计算机工程专业等学科部门的智力资源进行整合，进行系统化的数字出版人才的培养。

---

① 北京日报：《北京市数字编辑专业首评职称》，摘自中央政府门户网站：http://www.gov.cn/xinwen/2015-12/29/content_5028690.htm，2015年12月29日。

② 张新新：《传统出版与新兴出版深度融合，推进数字出版高质量发展——2019年度数字出版盘点》，载《科技与出版》，2019，网络首发。

③ 张新新：《“十三五”的数字出版人才政策与实践研究——以政产学研一体化为视角》，载《出版广角》，2016（10），20页。

（三）区域性政策谋划的改善空间

涉藏地区有关民文数字出版产业的政策制定，应该还有更多利用国家相关政策的空间，同时也可以更积极地借鉴其他省市较成功的经验和做法，以及充分利用对口支援城市和单位的智力资源。比如北京地区与数字出版产业相关的机构数量、规模和影响力居全国之首，且在财政、金融、体制机制等各方面连续出台系列政策以扶持数字出版并显见成效，作为北京市的对口支援城市拉萨，民文数字出版基地及西藏自治区的4家出版单位均集于此，这是获得北京出版行业发展、智力人才支持的先天优势。这一方面，作为党报的《西藏日报》领先求学，先后5次接受对口支援单位人民日报社组团式的技术援藏帮扶，积极学习人民日报社新媒体应用领域及传统媒体与新兴媒体融合发展的先进经验，在人民日报社的技术帮助下，制订出媒体融合发展项目可行性研究报告，对报社的相关建设进行了全面的规划布局和实施安排，经过几年的努力，初步形成了媒体矩阵的形态，[①] 在民文出版媒体数字化转型和融合发展方面迈出了坚实的步伐。《西藏自治区“十二五”时期文化发展规划》将“建立健全文化援助机制”写入规划保障措施中，提出“将文化援藏纳入援藏工作的重要内容，通过建设文化设施、援赠文化设备和文化产品、共享文化资源、开展人才培训、指导文化工作等多种方式，进一步加大全国各省市区对西藏文化

① 高沁、吴冰、郝冠南：《掌握媒体融合发展的主动权——西藏日报社媒体融合现状和趋势研究》，载《中国传媒科技》，2018（6）。

设施建设、队伍建设、活动建设的援助力度，有力助推西藏文化繁荣发展。”就民文数字出版这一以科技作为先导，并需要大量财力智力投入的新兴业态而言，更需要依靠此类政策获得多方面的帮助。

二、发展民文数字出版政策层面的建议

上文对国家宏观政策、产业政策及以涉藏省区为例的民族地方出版数字化情况进行了简要的梳理，可以看出无论是中央还是地方，党和政府一以贯之的对民族地区出版工作的重视。下文针对细节优化的层面，提出几点思考和建议。

（一）将民文数字出版政策提升到意识形态工作高度

出版业是国家意识形态工作的重要组成部分，是党的重要舆论宣传阵地和我国文化事业与文化产业的重要内容，被誉为文化强国的“排头兵”，而数字出版是出版业未来方向上的重中之重。早在 2010 年印发的《关于加快我国数字出版产业发展的若干意见》，就提出要把数字出版产业打造成出版业的支柱产业，具体规划是到 2020 年，传统出版单位基本完成数字化转型，其数字化产品和服务的运营份额在总份额中占有明显优势。于民族地区而言，虽然民文出版产业规模小、集约化程度低，但作为公共文化服务体系的重要组成部分，民文的文化产品生产供给能力应得到进一步加强：从出版事业的角度，无论是在宣传党的大政方针、发挥以正

确的舆论引导人的作用，传承和发扬优秀民族文化、促进族际及国际间的交流与理解等方面，它担当着重大的政治责任和社会使命；从出版产业看，数字出版总体规模持续增长，民文出版通过发挥数字技术的特长，除传统书报刊领域的数字出版业务外，在线教育、移动阅读、古籍文献复现、专业知识服务等新兴领域极有望成为新的经济增长点。因此，就民文数字出版工作的政策而言，从加大资金投入、强化规划落实、深化机构体制改革，强化技术、人才、法治保障等方面，着力于长远发展，以更加完善的政策支撑保障机制，构建更富效率的文化供给体系，民文数字出版工作则必将为民族地区贡献科技创新带来的社会及经济的双重效益。

（二）出版发展扶持资金的重点转移到数字出版领域

我国的少数民族文字由于读者规模小，加之民族地区经济发展水平普遍较低，因此发展新型媒体、实现技术升级和产业转型所需要的大量资金无法通过市场手段来解决。在某些历史惯性和人为观念的影响下，多数扶持资金的重点仍然还在纸质图书。在数字鸿沟日趋加大的今天，笔者建议进一步调整财政资助的关注点，把更多的扶持资金转移到数字出版工作上来。

1. 国家财政对文化产业中转企的出版机构给予了大力扶持，而公益性出版机构的数字转型也亟待获得更多的关注和支持。如果目前设立的文化产业发展基金在政策层面不适用于公益性机构，那么尽快设立单独的公益文化发展基金，着重推动公共文化从业机构的数字化转型事业是公益性文化出版单位的迫切所需。

2. 国家设立的少数民族发展资金应该着力关注数字化这样的全球性的趋势，提高投向如何运用新技术帮助民族地区发展方面的资助比例。工欲善其事，必先利其器，如果说民族文化是“事”，那么数字化就是“器”，往长远看，民族文化出版事业的发展，无法脱离技术发展必然趋势的轨道而生存。

3. 国家出版基金一直以来对少数民族文字的纸质出版方面资助力度很大，面对新媒体的迅猛发展态势，建议对数字出版项目，尤其是我国少数民族文字内容资源的数据库建设方面给予特别的支持。建议国家出版基金设立数字出版专项，建议国家少数民族文字专项资金设立数字专项资金，鼓励和支持全国民族出版机构进行民族文字数字产品研发和创新工作。

以笔者 2021 年的亲历为例：在申报某一高原农牧业科技类出版项目（国家级科技助农课题，藏汉双语版）的国家出版基金时，由于没有数字出版专项，只得转向申报电子音像项目。而该课题是国家组织全国 40 多个优秀科研、教学单位，400 多位优秀专家，安排了 5 个专项，分别在 5 个涉藏省份建立了 8 个国家级应用示范基地，进行了历时 5 年的农牧业科研实验的成果，该研究的规模在青藏高原畜牧业研究及实验历史上史无前例。课题服务现实需求，力求破解青藏高原草地生态保护与牧民增收相矛盾的瓶颈问题，旨在解决环境保护与农牧业发展方面的难题，探索出环保与生计协同的新模式，提出了本土文化支持的一系列社区特色生态型增产安全的实用性技术，同时回应群众关切。青藏高原生态环境保护与农牧民增收的矛盾日益突出，草地畜牧业科技含量低，尤其缺乏成熟实用的配套技术和设施。而该项目立足于国家最高级别研究团队的实验成果，落地性强、针对性强、实用性强、操作性强，对青藏高原农牧业生产发展、农牧民生计水平的提高，均有重大助益，获得了科技部、农业部、财政部等多部委的高度好评，其中一些研究成果被中央电视台农业频道、农业部、科技部、国家民委、统战部的宣传单位报道，产生了显著的社会影响，被中国现代草原科学奠基人之一、中科院院士任继周评价："完全是新的里程碑，新的文化的促成。"[①] 对这样一套汉藏双语的纸质图书进行深度数字化加工，从理论上讲原本是必需的。纸质图书和电子音像出版物，由于载体的限制，所收录的图片、视频、数据、表现形式有限，对农牧劳作操作具体方法的传授只能靠文字的简练叙述或单向的视频输出，阅读理解的门槛较高，接收知识亦受场地的局限，因此对广大农牧民的帮助有限。但若加工成知识服务型的深度数字产品，不仅可以大量补充 5 年来该项目各类形式的试验及成果资料，甚至可以扩充加入该社历史以来相关图书的内容资源，出版机构可以以此项目为基础，建立系统性的青藏高原畜牧科技数据库乃至中国民族地区农牧科技数据库，将本机构几十年来出版的各民族文种及汉文民族地区农牧科技图

① 任先生在该课题鉴定报告中语。

书的内容资源进行深度的数字加工，并将以往点对点的单一“渠道”，“改装”成多元路径到达用户的、复合生态的平台，[①]以跨媒体的形式，为各民族农牧民的需求提供实时的、精准的、按需发放的帮助，并为更多的科研工作者提供智能型知识服务。更重要的是，其交互功能可以让出版机构作为平台，让农牧民群众、科技工作者与参与科研的专家实现交流，从根本意义上实现民族出版为少数民族读者提供知识服务的功能，也是民族出版机构践行国家科技兴农方略、将总书记“农业专家的成果就是要体现在广阔的土地上，把科研创新转化为实践成果”的指示转化为实际行动的使命。同时，这更可能是民族出版机构通过品牌数字项目的制作，逐步建立自有知识产权的智能化数据库，提升内容建设水平和服务供给能力的契机。然而在目前的项目框架下，却无申报路径。

从民族文字和民族类汉文图书出版的类别比例来看，农牧业科技类图书的占比相对较低，如马凌珊在其文中写到，“(新疆)少数民族文字图书中，教材出版超过半数，其余大多为抢救和整理民族文化类的图书。从民文的整体看，‘三农’科技类图书较少”[②]，而农牧业科技知识服务是乡村振兴战略实施的阶梯，属于国家科技兴农及缩小城乡出版公共服务差距的政策层面大力扶持的范畴；从需求层面看，民族地区多处于以农牧业为主要生计的地

---

① 彭兰:《智能时代的新内容革命》，载《国际新闻界》，2018 (6)，106 页。

② 马凌珊 :《数字环境下的新疆少数民族文字出版研究》，硕士论文，北京印刷学院，2011。

区，因此“三农”科技图书及相关的知识服务有着广大的市场，民族出版机构如能围绕此类紧扣国家战略方向的选题，积极争取政策性支持或财政补贴，结合自身的资源储备及特色优势努力打造高质量的数字产品，将是出版服务大局，发挥民族出版责任主体之责任意识担当的抓手，也是谋求自身发展的良好契机。海外许多出版转型的成功案例，就是利用本机构经年累积的内容资源，通过大数据的形式为相关行业提供数据支持和参考，获得了商业性的成功。比如诞生于 1903 年的《汽车》（MOTOR）杂志、诞生于 1980 年代的《美国药师》（American Druggist）杂志同属于赫斯特集团（Hearst Corporation），集团通过收购数据公司并将这些期刊进行内容的数字转化，成为“全球范围内为金融、医疗和汽车领域提供专业的数据支持与信息服务”[①] 的著名的出版巨头。毕竟，出版机构的必然发展趋势是以各自擅长的专题知识领域的服务为中心，为客户提供定制化的解决方案，即“内容服务为王”。国家新闻出版总署原署长柳斌杰指出 :“智能化出版服务新业态，整个改变了出版服务的传统和方式，以出书、卖书为核心构成的市场体系已经难以为继。怎么把知识开放、供给、服务与数字化、智能化的共享环境结合起来，发展新的出版业态和服务方式，这是出版图为的方向……主流出版业必须在服务方式上有根本性

① 吴雷 :《美国出版业融合发展现状调研与思考》，载《出版科学》，2019，27（4），97 页。

转变。”①

因此，在国家出版基金等国家级的重大出版项目上，笔者建议成立数字出版专项；在少数民族文字专项资金上，建议设立数字出版基金。此外，出版机构自身的主观能动性，尤其是决策层对数字出版工作重要性的认知程度，决定了该机构在即便有国家相关扶助政策的情况下能否抓住机遇、将本单位带入“从图书盈利向信息盈利转变的大趋势”② 的问题，如果只是一味地畏缩、观望，只会“捧着金饭碗要饭”，则终将会被行业和时代淘汰。

（三）支持关键技术和创新性技术攻关

以应用为驱动，联动科研机构，鼓励行业头部机构参与共同突破技术瓶颈。

数字出版在技术领域需要关注的主要有两方面的工作：一是海量内容的加工与存储，二是用户端的呈现技术。这两方面通过技术标准实现统一。国家在少数民族文字的信息技术标准建设方面倾注了许多努力，也获得了不少的成果，许多少数民族文字已经顺利通过诸如 Unicode 之类的国际性技术标准。然而目前最大的问题是，单靠社会和市场力量来推动这些既定标准在产品中的实现显得动力不足，因为市场是靠利润驱动的，而开发基于

① 柳斌杰：《开启出版强国建设的新征程——2021 年中国出版业的机遇与挑战》，载《中国出版传媒商报》，2021 年 3 月 31 日。

② 闵祥鹏：《文化遗产数字化及其产业价值分析——基于新媒介载体下出版模式的思考》，载《中国出版》，2015（11），30 页。

少数民族文字信息技术标准的各类系统一般不具有利润方面的回报。

建议相关部门通过不同的渠道引导和支持民族出版机构、民族文字信息技术研究机构以及新媒体头部公司共同突破少数民族文字内容资源数字化和用户端呈现等技术难题。《出版业“十四五”时期发展规划》中，也特别提到“鼓励出版单位与高等院校、科研机构、科技企业等加强合作，建设高水平行业重点实验室、协同创新平台、技术研发中心，促进相关科技成果高效转化。强化出版企业创新主体地位，促进各类创新要素整合集聚，形成以企业为主体、市场为导向、产学研用相衔接的技术创新体系。”在实施中，首先，民族出版机构应该致力于解决海量民族文字内容资源数字化、碎片化及结构化等应用级别的技术问题，海量内容数字化的许多技术问题是与语言文字无关的，重点在于甄选出需要本地化的部分，通过融合外部技术公司技术专长和出版机构多语言人才结构的优势，共同破解语言文字关联技术问题；其次，民族文字出版机构应该加强和全国各民族语言信息技术研究机构的合作，以数字出版的各类应用为驱动，鼓励各科研单位有的放矢地加大对民族文字数字技术相关基础理论和应用技术的研究，并将民族文字数字出版作为科研成果转换为最终应用的试验田；最后，为了解决少数民族文字在用户设备端的呈现问题，建议有关部门通过出台相关的优惠政策，鼓励国内信息及互联网产业的龙头企业积极参与到民族文字公益事业中。同时，建议国家工业与信息产业部组织各民族语言信息技术队伍研发基于主流操作系统（Windows，LINUX，Android，iOS 等）的各语种输入输出包，并将这些语言包免费提供给各类信息设备厂商，使其成为各类设备的标准配置。学者张大伟在对 15 家民族类出版社进行深度访谈时，新疆人民出版社的负责人就表示目前最需要的是民族文字信息技术的提升，希望国家能出台相关条约，要求搜狗、微软等输入法加入民文输入。[①]

① 张大伟：《民族类出版社数字转型的理念、人才与技术因素分析——基于 15 家民族类出版社的深度访谈》，载《编辑之友》，2018（2），46 页。

第三章
应用视角下的民族图书数字出版问题分析

作为我国出版事业的重要组成部分，现代意义上的民族出版工作自开局迄今已走过近70年的历程，一直承担着宣传党和国家的方针政策，继承和弘扬本民族的优秀文化、维护民族团结和边疆稳定的特殊使命，为党的宣传事业及民族文化的传承与保护工作作出了不菲的成绩。

随着数字时代的到来，我国的图书出版量在“十二五”时期已居世界首位，数字出版规模居世界第二，成为名副其实的出版大国。“十三五”规划，从增强舆论传播力、全面升级公共文化服务力、显著增强经济拉动力等方面，对数字出版提出了发展目标。2018年，我国大众及专业数字阅读产业规模达到254.5亿元，其中电子书收入达56亿元，互联网期刊收入达21.38亿元，数字报纸（不含手机报）达8.3亿元，人均数字阅读量达12.4本，[①] 反映出我国数字出版业的良好发展态势。在这样的情况下，民族出版迎来了巨大的机遇与挑战并存的时期。

---

① 张立主编：《2018—2019中国数字出版产业年度报告》，17~18页，北京，中国书籍出版社，2019。

党的十九大以来，习总书记多次对舆论宣传工作提出增强“传播力、引导力、影响力、公信力”的要求，这也正是对民族出版，特别是少数民族文字出版工作跟进技术变迁、推进融合发展，尤其是面向民族地区和少数民族群众做好新时代党的文化宣传工作、提升服务大局能力的具体要求。然而在经济基础薄弱、技术相对落后、读者受众面小，难以形成产业规模、相关人才紧缺等条件下，民族出版真正实现数字化亦面临诸多挑战。

本章基于对30余家藏文出版相关机构的调研为基础，从出版力量分布、出版理念转型、生产资金、产品供应能力、人才、知识产权保护等六个维度，特别就内容供需问题，着力分析目前藏文图书出版业数字化转型的特点及面临的困境，以期以此藏文的调研案例，及对某民族类出版社出版业务的跨时跟踪调研结果，为民族出版单位的机制设计及政策制定者提供一定的参考。

第一节 民文出版数字化调研

一、背景与目的

信息技术的发展和互联网的普及深刻改变了人类的生产生活方式，数字化渗透到了社会的方方面面。这其中首当其冲的是知识传播和获取方式的改变，因为作为知识和信息内容主要载体的文字、图片、音频及视频都已经能够用二进制数字形式进行存储和传播，如果我们把知识与信息也作为一种实体来考量，它相较其他多数实体具有特殊性，这种特殊性主要表现于其在数字应用中的彻底性。多数实体的生产和运输无法脱离物理空间进行，但知识和信息的生产与传播完全可能在虚拟空间开展。

知识和信息之于数字及网络的这种特殊适应性导致需求层面产生空前的革新动力，这种力量传导至知识和信息的服务者那里，便催生了数字化转型的强大压力。出版和新闻机构是传统意义上知识与信息服务的主要参与者，因此也成为应对这种压力的前沿阵地。事实上，这种变革不是一种主动的尝试，而确乎是一种被动的接受。多年以来，中国出版业在这个技术革新潮流的冲击下，固有城池中的读者群体纷纷出走，转投入那些横空而来的互联网知识服务商怀里。如何扭转这种不利的局面从而在数字网络空间建立话语权和拓展阵地，已经成为新时代我国出版机构的当务之急。

民族出版除了传播功能外，还是一种国家公益行为及政治理念的体现，政治属性很强，因此其读者群体，必须达到一定的到达率，因为流量和用户规模是互联网时代话语权的硬指标。

国内出版业整体的数字化转型已经启程多年，甚至有些专业出版社已经在数字产品和数字营销方面取得可观的成效。然而对于民族文字出版来讲，信息化尤其是数字化工作尚处于襁褓中。本调研力图以藏文出版的数字化作为一个样例，管窥发展我国民族文字数字出版的资源禀赋、主要问题和关键应对策略。

二、调研对象

相对产业的迅猛发展，我国的数字出版研究尚处于起步阶段，同时国家层面还未建立专业的研究机构致力于少数民族出版事业的科研工作，做藏文数字出版方面的研究几无基础数据可依据，也极少有可资借鉴的前人研究成果。这也就意味着此次调查研究需要从大量一手资料入手，调研范围必须基本涵盖行业生态的各方面。为了能够基本归集藏文数字出版业态，笔者确立的调研对象包括：行业管理机构、藏文出版机构、藏文内容运营企业、藏文信息技术研究机构、藏文信息技术企业、藏文图书馆、藏文新媒体机构及平台。本章力图通过对覆盖北京及5个涉藏省区、与藏文数字出版生态相关的出版机构、内容运营企业、内容运营公益机构、技术外包企业、图书馆和新媒体机构等6类对象进行问卷式调研，通过实地及微观层面的一手材料分析，管窥藏文图书出版数字化的概况，以期为新媒体时期民族文字数字出版的管理及政策制定工作提供一定的参考依据。

1. 行业管理机构

行业管理机构是我国发展数字出版等新兴业态的倡导者、政策制定者和财政支持者。通过调研学习这些机构的政策性文件、行政性通知及行业性数据，能够较好地把握发展民族文字数字出版的宏观环境以及政策驱动下的全局成果。这些对象包括但不限于国家新闻出版署、中央宣传部出版物数据中心、国家民族事务委员会、西藏自治区语委及五省涉藏地区新闻出版局等部门。

2. 藏文出版机构

藏文出版机构是我国藏文知识内容最重要的供应者，拥有着最庞大的藏文内容编辑团队和藏文图书阅读群体。发展藏文数字出版的主要任务就是推动传统出版机构的数字化转型，这种转型的成效直接决定党和政府主导的民族文字公益出版事业在互联网领域的话语权。开展对出版机构的调研将帮助我们厘清传统的藏文内容生产力量在面临新的生产和传播方式冲击时期存在的主要问题和所应采取的应对策略。这一部分的对象包括全国 8 家权威的藏文出版机构，它们是民族出版社、中国藏学出版社、西藏人民出版社、西藏古籍出版社、青海民族出版社、甘肃民族出版社、四川民族出版社和云南民族出版社。除此之外还有近些年来屡屡涉足藏文出版的四川人民出版社。

3. 藏文内容运营企业

这里所说的内容运营企业是有别于传统出版机构的社会性或者商业性的数字藏文内容运营机构。尽管少数民族文字的数字经营可能不是一个蓝海市场，但创业型的民营企业还是努力在做一些尝试。面向这类机构调研的难点是对象样本稀缺，尽管如此，笔者认为他们的实践确乎就是藏文数字出版难能可贵的前车之鉴。这类项目包括非营利性的喜马拉雅文库、云藏搜索以及商业性的诺诺童书等。

4. 藏文信息技术研究机构

由于藏文出版数字化实质是由技术驱动的，因此藏文信息技术的发展现状及关乎出版数字化的关键技术趋势也成为此次调研的一个重要方向。目前国内该领域的主要参与者主要来自涉藏地区各高校、中科院软件所以及北大方正和科大讯飞这样的企业。笔者的调研对象聚焦在西藏大学信息科学技术学院这样致力于基础理论、算法和语料研究的科研团队，以期能够勾勒出开展藏文数字出版的技术可行性。

5. 藏文信息技术企业

技术的应用贯穿了数字出版的所有环节，从成本角度考虑，内容运营企业一般不可能自己建立技术团队进行软件及平台研发。这就需要市场能够提供一些外包技术实体的选项，藏文信息化与数字化技术商的服务能力将决定传统出版机构及社会企业的数字化转型效率。我们的调研对象既包括诸如西藏高驰这样的国资技术企业，也包括像成都联图、洛藏科技、艾玛虎科技及拉萨尘劫科技这样的民营技术企业。

6. 藏文图书馆

图书馆是直接面向读者提供阅读服务的机构，近些年来国内各类图书馆的数字读物不断增多，意味着数字阅读需求的不断增长。全国藏文图书馆的数字化现状在一定程度上反映藏文数字内容的可供能力及规模，因此我们将其作为反映数字内容供应能力和市场需求的一个侧面加以调研。此次列入计划的有西藏图书馆、西藏大学图书馆、中央民族大学图书馆、西藏民族大学少数民族古籍文献研究中心、中国民族图书馆、中国藏学研究中心图书馆等6家涉藏文图书馆。

7. 藏文新媒体机构及平台

新闻媒体是最先受到网络化和数字化浪潮冲击的领域，因此新闻业的数字化转型先于出版业。加之新闻资讯有着更高频次的传播和阅读，因此藏文新媒体机构的用户积累和流量规模较出版机构有明显优势。虽然新闻和出版分属不同行业，但从传播信息和知识的角度看，有着异曲同工之处，笔者力图通过藏文新媒体运营的现状分析藏文数字阅读需求的张力，以期能够从用户需求层面为出版数字化的紧迫性找寻客观的佐证。本次的调研对象包括西藏日报、藏地阳光全媒体中心、康巴卫视、甘南日报藏文新媒体中心等官办媒体以及一些社会化的藏文自媒体平台，如羊兄乐园、藏区防艾服务中心等。

三、调研方法

除行业管理机构外，针对以上6类调查对象，笔者主要通过3种方法开展调查工作。

1. 在线调查问卷形式

2020年由于新冠疫情防控的要求，现场调研遇到前所未有的阻力，因此通过互联网以问卷形式开展在线调查成为一项难以替代的工作方法。面向藏文传统出版机构、藏文内容运营企业、藏文信息技术企业、藏文图书馆、藏文新媒体机构等 5 类对象，笔者分别设计了 5 个类别的调查问卷。其中，针对藏文传统出版机构的问卷共设 45 个问题；针对藏文内容运营企业共设 26 个问题；针对藏文信息技术企业共设 27 个问题；针对藏文图书馆共设 15 个问题；针对藏文新媒体机构共设 30 个问题。这些问题涵盖了被调查对象面向数字出版工作的人才队伍、内容资源、技术装备、数字产品、数字营销、政策扶持、财政支撑等内容。问卷旨在通过对这些问题反馈的归集、学习和分析，基本勾勒出国内藏文数字出版生态圈的现状及发展新业态的挑战。①

2. 基于互联网的在线调查形式

这部分的调查研究对象主要针对两个方面：行业宏观环境和政策以及头部在线藏文内容服务。宏观政策环境的考察包括国家及地方层面出台的面向数字出版发展的各类规划、政策、项目和成果报告等，这类信息见诸于出版及文化行业各级政府、研究机构及媒体网站，用于归纳发展藏文数字出版宏观层面的资源禀赋基本是充分的。互联网藏文内容服务者在全国尽管还是凤毛麟角，但近些年来不乏民营机构的大胆尝试。由于可能涉及商业秘密事项，问卷调查方式不适用于此类机构。笔者考虑通过在线调研的方式可能更加有益于捕捉其资源规模、用户积累甚至商业模式。

3. 现场调研

作为前两种的互补，现场方式能够捕捉更多非量化的一手信

① 其中调查问卷详见附录二：藏文数字出版机构调研问卷。

息，这些内容往往是感性的、具体的、原生的，没有被加工、分析和格式化的信息，包含着更多贴近客观状态的内容，对于准确捕捉整个藏文数字出版生态当下的情绪和状态是不可或缺的。尽管面临疫情的阻力，笔者努力在不同的涉藏省区面向不同的调研类别对象开展现场调查，其中包括行业管理机构、藏文出版机构、藏文内容运营企业、藏文信息技术研究机构、藏文信息技术企业等。

第二节
藏文图书出版数字化概况及挑战①

在概念层面，由于藏文属于小语种文字，使用面窄，加之涉藏地区经济社会发展落后于全国平均水平，因此藏文出版以产业的形式参与市场性竞争并达成大规模的盈利几无可能。因此，本章所探讨的藏文数字出版，不采用现行通用的广义“数字出版”的范畴，即不包括广告、游戏、动漫、手机短信、数字印刷等以市场调节为主要手段的内容，而专注于对传统出版形式，主要是针对图书出版物的数字化现状的研究。

---

① 2019—2020年，笔者通过实地访问、问卷调查、电话采访及数据分析等方式，对全国9家涉藏文出版机构、3家藏文数字内容运营机构、4家藏文数字技术服务企业、6家涉藏文图书馆、4家藏文数字媒体、一些藏文社交媒体，以及西藏大学信息工程学院等科研教学机构进行调研，文中数据基于调研结果。

一、藏文数字出版的概况与机遇

我国蒸蒸日上的数字出版的宏观环境，为藏文出版的数字化转型提供了良好的机遇，工作也取得了阶段性的进展。

（一）政策层面

近年来，我国出台了一系列如《国务院关于进一步繁荣发展少数民族文化事业的若干意见》《新闻出版业数字出版“十三五”时期发展规划》等政策，不断加大对民族出版事业的支持力度。获益于此，藏文出版呈现生机勃勃的局面：传统出版的图书品种不断丰富，出版能力显著增强，出版规模稳步增长；同时，随着社会信息化进程的加快和国家公共服务体系建设的不断升级，藏文出版也具备了与数字技术基本接轨的可行性。在国家对民族语文出版工作的大力支持及中央对西藏工作的高度关心下，通过新闻出版东风工程、民族文字出版专项资金、少数民族文化数字出版促进工程、全民数字阅读推广工程等各类重大项目，使藏文数字出版具备了基础的设施条件，技术装备和信息化水平也得到较好的提升，藏文数字产品公共传播服务平台和资源库建设方兴未艾，使藏文数字出版呈现出产品从无到有、从有到逐渐丰富的态势；技术从简单的扫描处理到基础性的编码、文字输入输出，再到文字识别、语音识别及藏文搜索引擎等，已经具备较高数字处理能力和开展大规模融合出版的条件。

（二）信息处理技术的优势

众所周知，信息处理技术是任何一种语言文字出版数字化的最基本要素。纵观国内各少数民族文字，藏文信息处理技术的发展处于相对较好的态势。这种相对优势主要表现在三个方面。其一，藏文是我国少数民族文字中第一个通过国际编码（Unicode）的语言文字，这为数字藏文内容的可流通性提供了保障；其二，藏文输入输出在 Windows、Apple 和 Android 等全球三大操作系统中均已得到系统级别的实现，为各类应用软件处理藏文内容奠定了基础；其三，涉及人工智能领域的一些基础技术及应用有了长足的进步，如藏语文自然语言处理研究、藏文文字识别、藏语语音识别等，甚至在藏文互联网内容检索领域出现了诸如"云藏"这样的搜索引擎，使得藏文大数据研究及应用成为可能。

（三）区域性特点

西藏自治区和青海省，作为藏语文使用人口的集中地区，使其得以在省级文化发展规划中将藏文数字出版单独列入发展目标及主要任务当中，为藏文数字出版提供了得天独厚的发展环境。

协同保障机制方面，四川省是我国的经济大省，提出到 2020 年，全省媒体数字化率、融合率达到 100%，在这一总体目标驱动下，其对藏文数字出版项目有关的地方性投入及专项配套资金投入的能力较其他省份更具优势。在藏文图书出版物的数字化加工、储存等基础工作方面迈出了坚实的步伐，比如四川民族出版社的藏彝羌数字出版中心网络平台项目的运营。

市场化转型方面，甘肃省民族出版社作为该省唯一一家民族出版单位，也是目前全国唯一没有享受国家或省级财政补贴的民族出版社，在转企改革后，积极探索市场化生存的道路，依靠“以汉养民”的方式，以企业之身秉承公益性出版单位的宗旨，出版了大量藏文图书，这种情况在藏文出版单位中绝无仅有。

此外，云南省民族众多，藏文出版是其约18种民文出版文种之一，因此藏语文出版对于与3个东南亚国家接壤、有16个跨境民族的云南省，并非主要的发展对象。2019年其藏文图书品种仅8种，建社以来至今累计出版品种约600种。藏文图书储备尚不具备进行系统化数字建设的规模。

（四）内容资源优势

1. 丰富的古籍资源

古籍文献的出版是藏文出版的一大品类和特色。由于数字技术对古籍文献的再生性保护作用、对文本深度挖掘的性能、对构建数据资源库以飨共享的平台优势等，古籍出版是数字技术可发挥巨大作用的优势领域。国家高度重视藏文古籍数字化保护及相关成果的出版工作，西藏自治区政府也不断将古籍数字化出版工作写入各项规划中，如连续两期的“五年规划”、文化产业发展规划等。国际方面，以美国的藏传佛教资源中心TBRC（Tibetan Buddhism Resource Center）为例，收藏了1.2万余函藏文珍本和孤本文献[①]，每一页已数字化并建立了共享数据库，被称为“世界上最大的藏文数字图书馆”，每年有12万人次下载文本，并被哈佛大学图书馆收入其数据库[②]，可见藏文古籍数字文献在国际范围内也具有较高的关注度和需求度。因此，通过数字技术对内容的多元开发做好藏文古籍数字出版工作，使优质的产品成为参与全球出版产品供给的一部分，加强对外推介平台建设，是我国“边疆地区新闻出版‘走出去’”方针的具体落实，是我国民族政策及文化输出实力的具体展现。

2. 藏学学科的优势

藏学作为显学受到世界性的关注，海外对藏学数字文献的搜集、对文本数字化的加工处理等工作也取得了不小的成绩。尤其是诸多世界知名大学设立藏学学科研究部门或者培育藏学研究力量，如美国的哈佛大学、弗吉尼亚大学、哥伦比亚大学、加州大学等都设有专门的藏学研究机构并配备有相当的研究力量。美国国会图书馆及许多名牌大学的图书馆都设立了专门的藏文或者西藏图书分部。两年一届的国际藏学大会已经持续开展到了第20届，藏学的学科分支已经包涵了藏文信息技术处理等新兴的范畴。互联网在全球普及以来，为了利用新的技术手段更好地辅助方兴未艾的国际藏学研究工作，许多个人和机构付诸艰辛的努力试图建

① 创建人金·史密斯先生生前将该中心全部纸质文献1.2万函捐赠给了西南民族大学民族文献中心，后西南民族大学成立“金·史密斯藏学文献馆”，并与TBRC联合建立中国民族文献数据库及网络共享平台。

② 引自沈诞琦：《最漫长的博士》，载《三联生活周刊》，2014（11）。

立基于 WEB 的数字化研究环境。其中包括德国波恩大学的藏文文献数据库项目、美国弗吉尼亚大学的喜马拉雅数字图书馆（THL，Tibetan and Himalayan Library）及前文所提 TBRC 等。这些项目应该归类为藏文数字出版的互联网和数据库出版范畴，已经在实际应用领域得到普遍好评。

二、藏文数字出版的困境

我国的藏文出版单位，就地理空间而言分布在北京和西藏、青海、甘肃、四川及云南五省区，从媒体类别而言依然集中在新闻出版单位传统主营业务，即书报刊领域。其中藏文出版社 8 家，藏文刊物 39 家，藏文学术期刊 19 家，藏文报社约 30 家。随着“十一五”将数字出版明确为我国新闻出版业发展战略重点以来，在国家及地方财政的扶持下，各单位都不同程度地尝试与数字技术接轨。同时，技术服务、内容运营等多种类别的本土民营企业也在逐渐兴起。

根据《2018—2019 中国数字出版行业研究报告》的信息显示，2018 年，我国互联网期刊、电子图书、数字报纸的总收入为 85.68 亿元，“中国数字出版产业已经形成了完整的产业链”。相比较之下，藏文的数字出版综合能力与行业总体水平有极大差距。《西藏自治区“十三五”时期新闻出版广播影视发展规划》中，对这种差距作了如是概括：“新闻出版业发展基础薄弱、缺乏市场支撑，体制机制不活，发展动力不足，‘小、散、弱’等累积的问题长期存在，自身造血功能严重不足，丰富的文化资源不能得到充分发掘、不能转化为新闻出版产品，资源优势、特色优势还未形成发展优势”“新业态发展远落后于内地，单位信息化工作水平不高，仍停留在传统生产传播模式，难以在较短时间内实现出版印刷发行数字化……与发达地区和内地省份的差距在拉大。”即经济基础、市场环境、体制机制、基础设施、经营理念、技术水平等各方面都落后于同类发展水平。下文将从六大方面，分析藏文数字出版的困境。

（一）出版力量分散，政策资金支持缺乏统一的着力点

藏文数字出版与其他主要民文文种相比，也存在一定的差距。以国家于 2013 年、2015 年分两批选定 170 家出版机构为数字出版转型示范单位之事为例。在 10 家出版集团、46 家图书出版单位（含电子音像出版社）中，民族地区或民文图书出版单位仅入选 5 家，涵盖地区为内蒙古、新疆、云南以及吉林延边，涵盖民族文字有蒙古文、维吾尔文、哈萨克文、锡伯文、柯尔克孜文、朝鲜文等，而涉藏省份及藏文出版单位没有一家入选。由此可知，民文出版单位作为小语种的生产者，在数字产品的内容设计、模式开拓创新等方面，也是可以通过发挥自身特质，走在行业前列的。

对于这样的结果，笔者认为一个很重要的原因是，藏文使用区域分散，出版难以形成合力。

蒙古文、维吾尔文、哈萨克文、朝鲜文的使用情况，使得其

民文出版力量主要集中在一省区或一州，对于本民族文字的数字出版工作，可以统一规划，集中力量办大事。而藏文由于使用区域的分散性，其基本靠政策性补给的出版资金也相应分散，各单位各自为营，集约化程度低，同时也存在内容重复建设的情况。又由于存在一定的同质资源的竞争关系，使有限的人力、财力、物力资源无法达到最优化的配置，甚至可能存在资源耗损的风险，进而影响发展。同时，虽然国家层面一直在倡导出版的惠民工程，并要求去差异化，但各涉藏省区受藏语文使用人口差异的影响，在数字出版建设上无法取得相同的政策，普惠程度有待提高，这种不平衡性，在我国少数民族文字出版工作中是比较特殊的现象。

因此，藏文出版的行业协调力量，应积极发挥自身的服务功能，进行产业调研，为政府将全国藏文数字出版工作作为统一的整体制定政策、规划顶层设计提出吁请，并提供充分的信息；同时，促进各单位的交流与合作，为寻求藏文数字出版形成合力、共谋发展之路而发挥更大的主动性。

（二）理念错位："数字化转型"的重点不在"数字化"，而在"转型"

国家通过各类项目，在各涉藏省份进行数字出版基地建设和基础设施建设等。这些投入，有一定比例用于引进信息化办公系统，部分用于生产设备技术改造，在藏文数字转型的基础物质方面，提供了较强的保障。但是，在购置或升级生产设备后，是否真正将其投入到了数字生产过程，还是认为引进数字化工具后就完成了数字化转型，从而陷入了“工具陷阱”之中，这一点值得反思。具体到藏文数字出版，几乎所有的文献都在众口一词地将经济基础、设施及技术的落后归结为其不能发展的根本原因，实际是不完全成立的。

就经济基础及设施的问题，以被列入“十二五”少数民族新闻出版“东风工程”的西藏民族文字出版基地为例：此项国家投资4190万元、于2016年竣工的重点工程，至今由于机构改革的“三定方案”未能确定而尚未启动；基地规划组建的数字出版中心，虽已有设备及主要职能设定，但由于缺乏数字化转型的具体指标体系及专业人才队伍，故而至今未能实质性地启动数字化进程。其次，技术方面，藏文的数字出版技术虽不能与汉文等大语种相提并论，但在民文中亦数较先进之列。除前文提及的编码、输入输出、文字语音识别及搜索引擎等技术外，2016年西藏大学开发的“藏文图书期刊数据库及资源管理及检索平台”，就研发完成了藏文文献数字化加工、管理、发布、统计、多文种全文检索等多功能为一体的数字平台管理系统。① 事实上，在新媒体环境下，藏文技术适应性已经具备充分条件。因此，不能总是笼统地、惯性地说：“藏文数字出版技术落后”。

因此，在设施及技术已有基本保障的前提下，为何未能利用

---

① 赵越：《西藏图书期刊数据库及资源管理与检索平台获奖》，载《西藏商报》，2017年6月10日，第3版。

已积累了60余年的内容资源制作出具备基本规模的数字图书产品？从各出版社的数字出版业务至今只是行政职能部门的“附加职能”这一现象可以看出，藏文图书数字出版的转型甚至尚未实质性地开启。数字化转型是战略化的调整，需要建立对自身数字资源系统性的管理及全流程的改造，如果没有全新的战略目标，并基于此进行产品、资金、团队的调度及配套的制度安排，“转型”将无从谈起。

（三）生产资金短缺，难以为生产提供持续动力

多年来，在国家的相关政策及财政支持下，藏文出版机构在信息化方面打下了良好的基础，为数字化转型提供了信息网络层面的硬件条件，但批量生产数字产品及研发工作，仍需要大量资金支撑。在产品输出渠道非常狭窄（市场渠道和政府采购渠道）的情况下，藏文出版社基本没有能力依靠自身的力量完成上述工作。

例如：2011年，四川民族出版社“藏彝羌数字出版”网络平台项目获批，加之本省的配套资金支持，相较于其他藏文出版单位，该社具备了较好的数字化建设条件，在数字资源管理平台、数据库建设、数据加工等方面，为转型打下了良好的基础。然而即便如此，他们也同样面临着诸多困境。由于财政资金大部分要用于基础设施建设及软硬件技术，真正可投入数字资源加工及产

品研发的经费捉襟见肘，主要体现在以下两个方面：[①]

1. 技术更新速度跟不上大环境的技术更迭

经过 2012—2019 年 7 年的建设，该社已建有一个数据库和一个网站，一个 APP 计划于 2020 年上线。然而由于资金所限，无法在物力和人力上持续保障以跟进行业技术更迭的步伐，项目启动时的平台技术体系等虽然在当时比较先进，时至今日已然有些过时，数字出版的最终产品形态，也难以迎合当下诸如 H5（网页便于手机阅读）等阅读方式。

2. 数字资源难以转化成数字资产

该社计划 2020 年实现简单的在线阅读，但由于书籍数字化的前端制作费用昂贵，特别是有价值的书往往年代比较久远，而此类书因需要重新排制，费用更加高昂，原先制作千种规模的规划，目前只实现了数百种，因未能见到经济效益，故不敢继续投入，最后可能将以制作几百本精品电子图书为预期，相当于规模比规划减少近一半。数字中心的负责人坦言：“内容加工如果没有持续的资金注入，就开展不下去了。”

以上两个由于生产资金短缺所造成的结果，一是使生产工具在经历研发、投入生产，最终产生财务成果的过程滞后，一定程度上造成前期投入成本的沉没；一是无力支撑规模化的生产，无法实现效益。项目财政支撑相对较好的出版社尚且如此，其他藏

① 根据笔者对四川民族出版社信息中心负责人的访谈整理。访谈时间：2019 年 12 月 10 日；访谈地点：成都。

文出版单位的数字生产能力更可想而知。

（四）产品供应能力弱，难以满足藏文数字阅读需求

据调研结果显示，新媒体环境下的藏文阅读具有很强的需求（详细数据见本章第三节）。然而，作为内容资源最丰富的图书资源，其数字化产品却“捉襟见肘”。《西藏自治区“十三五”时期文化发展规划》中提到：“各级图书馆藏书量不丰富（2015 年自治区人均拥有图书馆藏量仅为 0.39 本），数字文化资源短缺，藏语数字文化资源库建设经费、人才严重不足，文化信息资源共享工程的各级平台作用亟待有效发挥。”[①] 以“西藏数字文化网”为例，该网为“全国文化信息资源共享工程”西藏自治区分中心的主站，于 2006 年在自治区图书馆设立并由图书馆负责运营，2016 年投入使用。据报道，自治区图书馆现有电子图书 14 万余册，然而在“西藏数字文化网”（http://www.tdcn.org.cn/）的用户端，可收看视频资源近 700 部，在其“精品数字图书 / 期刊”栏目下，截至笔者查询日[②] 尚无一本数字出版物，相当于该栏目设置为空。而更新到 2018 年的数据显示，西藏全区已建成此类文化共享工程服务站点地市级支中心 3 个、县级支中心 74 个、乡镇基层服务点 692 个。[③] 作为全国文化信息资源共享工程西藏分中心的

---

① 参见《西藏自治区“十三五”时期文化发展规划》，2017。

② 2020 年 9 月 28 日。

③ 网信西藏：《西藏大力推进数字文化建设》。

主站尚且如此，下属网点的状况更不容乐观。可见藏语文图书数字内容资源供给的极度匮乏与活跃且富张力的阅读需求是不相匹配的。

（五）专业技术人才极度匮乏，亟须建立培养机制

复合型出版人才的匮乏是全行业面临的困难。在民文出版领域，有技术背景又懂双语的专业技术人才更少。本次调研显示，全国 8 家藏文出版机构中，掌握藏汉双语并具备藏文编辑能力的约 160 人，从事信息技术及新媒体岗位的平均只占 3%；从事数字资源及产品岗位的平均只有 1%，所有双语人才中没有获数字编辑资格证书的人，没有一家机构成立独立数字出版部门。以这样的人才现状去开展藏文图书的数字化事业是难以想象的。

在行业领域，数字出版平台的搭建主要有两种形式，一是以出版社自身为主体，构建强大的专业技术人才班底；二是与技术公司合作，技术乃至数字发行外包，共享利益。虽然业内目前仍以后者为主，且就藏文数字出版人才奇缺的现实状况，这种方式更具操作性，但笔者在调研过程中发现，对于出版社与技术公司存在的天然矛盾，即内容保护与资源采集之间的博弈，在藏文出版社数字资源管理者的理念中，普遍持较强的防范态度，合作案例也极为少见。资源保护与技术壁垒之间的矛盾产生的发展瓶颈，很大程度上是由于人才问题造成的。由于数十年所累积的内容资源是出版社最重要的核心竞争力和立足之本，一旦出让，或将面

临获得短暂变现收益后，对内容资源的永久失控，因此出于资源保护的考虑，藏文出版社与技术服务商或互联网经销商合作的意向普遍不高。而多数藏文出版社由于技术储备及投资能力的巨大局限，距离自身具备规模化、精细化加工数字产品、构建数据库的能力为时尚远；营销方面，由于缺乏数字产品的加工能力，可供给的产品寥寥无几，少数出版社如四川民族出版社在自建平台销售少量 PDF 版的产品，销量甚至可以忽略不计，基本谈不上数字图书的互联网销售渠道建设，而没有渠道又反过来制约制作数字产品的积极性。因此，受自身经济、人才技术等条件的制约，藏文出版社无法独立打造数字产业链，但又由于资源保护的需求，极大限制了其与其他媒介的资源整合、共同发展的机会。因此，出版社自身的人才队伍培养是亟须以及必须建立的机制。

一些企事业单位通过产学研一体化建设寻求解决人才问题的路径，如地质出版社与北京印刷学院共同成立融合发展基地、与中国科学技术信息研究所签订战略合作协议等，① 从专业数字编辑人才的培养到使用、高级科研人才对技术攻关的保障等方面做了积极有效的探索。在藏文数字技术领域，以联图科技为例，试图通过如下方式探寻某种路径：公司于 2018 年开始与西藏职业技术学院及第二职业技术学院合作，结合学校的创新任务，公司派驻管理人员监督现场教学，入校进行藏文数字化出版方面的培训，

① 张新新：《“十三五”的数字出版人才政策与实践研究——以政产学研一体化为视角》，载《出版广角》，2016（10），20 页。

优秀学生毕业后被选入公司进行实习实践，比直接招聘代价小、效果好，同时受到学校和家长的欢迎。

（六）版权保护不力，出版社制作数字产品的积极性受挫

在2018年举办的第二十届全国藏文图书出版发行协作会上，全国8家藏文出版单位一致表示关于藏文出版的突出问题之一，是“盗版异常猖獗，严重破坏了图书出版生态，威胁国家文化安全，挑战出版社的生存”[①]。事实上，这一严重现象不只存在于纸质图书的生产销售环节，对数字产品的盗版，或以数字产品的形式盗版藏文纸质图书的现象同样严峻。

数字出版归根结底是以内容为王，为内容服务。传统出版单位在前期的内容加工方面付出了巨大的经济和时间成本，包括作者稿酬、编审、设计、排印等诸多环节，最终以成品书的形式上架，但或被市场上的不良商家捷足先登牟利，或被缺乏知识产权法律意识的民间机构以“公益”的形式随意“分享”，在客观上侵犯作者著作权和出版社版权的现象屡见不鲜。此类盗版多属于简单的扫描上线，以辞书、典籍作品居多。例如，2022年突然风靡的在线《×泊佛学词典》，号称“汇集20多部古今中外，藏、中、英佛学词典”，涉及民族出版社、中国藏学出版社、西藏人民出版

① 康巴卫视网：《全国所有藏文图书出版单位汇聚在此》，2018年4月22日。

社、青海民族出版社、甘肃民族出版社、四川民族出版社等单位的多部辞书，全国总共8家藏文出版机构，全部被网罗殆尽。几十年来、几代学者和出版人辛苦积累的辞书资源被群欢似地侵权，网络上却赞誉一片，争相下载。众所周知，一部辞书，很可能是一家出版机构最主要的盈利产品，特别是民族文字的收益率很低，因此甚至一些该文种其他图书产品的投入成本，需要从辞书的盈收中寻求补贴，但这样的核心价值产品，可以毫无成本和“代价”地被任意使用，并被使用者作为获取“捐资”的来源。而所有涉事出版机构，由于维权成本过高而基本放弃维权，甚至这些单位的出版人自己也在下载使用，互相分享。这就是目前典型的藏文图书内容产品可被随意侵犯的现状。曾有读者问笔者：既然如此，为什么正规出版机构自己不做在线词典呢？一个重要原因其实众所周知：正规出版机构做在线产品之前必须要解决一系列知识产权问题，特别是此类跨单位的综合型辞书，更需探索多家机构的合作模式，这并不容易。因此正规出版机构的线上产品永远比盗版滞后，获利者则总是捷足先登的侵权人。因此，这种简单粗暴然而高效的盗版行为，很大程度上冲击了正规出版物原本有限的市场，打击了出版社本就不高的利润空间乃至回收成本的机会，最终挫伤了出版社深加工数字产品的积极性，甚至断绝了其必要性。因此，对藏文出版物的版权保护问题，无论是从法律普及还是加强技术保障方面，都需要做更多的努力。

综上，人类在信息记录和传播领域的颠覆性技术变革，加之国家层面面向新兴产业的宏观政策支持，给诸如藏文这样的少数民族语言文字内容生产及传播营造了积极的基础环境，尽管其总体进程相较于主流语言文字的数字化探索不可比拟，但毕竟已经扬帆起航。藏文数字出版产品供应能力无法满足新媒体空间客户需求的这种矛盾，究其原因，主要受到地域分散、理念错位、资金短缺、数字转换能力不足、人才匮乏及知识产权保护不力等六个方面的掣肘。因此，与其说这种供需矛盾是藏文数字出版困境中呈现的原因，不如说这就是六个掣肘因素形成的一种必然结果。发展藏文数字出版事业，只要能够认真分析和逐一破解这六个维度的问题，解决供需之间的矛盾将未来可期。

第三节 内容供需问题根源初探

民族出版作为公益事业，其效能主要是以文化传播行为的到达率为体现，具体表现在用户规模和流量大小上，因为这两个数据是新媒体影响力的关键，它们决定话语权重。

本节力图以上文所述 6 类调研对象的调研结果为依据，具体探讨藏文出版生态链中非常重要的内容供需问题及其根源。

一、藏文数字内容的需求张力明显

调研结果显示，新媒体环境中藏文应用的需求是非常旺盛的。比如西藏日报藏文微信公众平台关注用户超过 10 万人，阅读总量近 5000 万次，APP 客户端下载量达 6 万次。四川党建期刊集团主办的藏地阳光全媒体中心，其藏文网站注册用户约 10 万人，总点击量超过 1000 万次；该机构藏文微信公众号单篇文章最高阅读量曾达到 12 万次以上，累计阅读次数近 7000 万次；藏地阳光客户端 APP 安装次数超过 100 万，注册用户达 80 万人。康巴卫视藏文网站日点击量 4 万余次，微信公众号关注量 21 万人，藏文客户端 APP 安装量超过 30 万次，注册用户近 27 万人。以上是官方属性藏文新媒体平台的一些数据。一些企业和个人运营的藏文自媒体的传播力亦是非常可观。比如西藏个人微信公众号羊兄乐园颇受藏文移动用户的青睐，根据西瓜数据的分析结果，预估活跃粉丝近 8 万人；长期在涉藏地区致力于合法提供符合科学和民族文化防艾藏汉双语知识信息的“藏区防艾服务中心”微信公众号，其西瓜数据预估活跃粉丝甚至达到 11 万之多。以上是藏文新媒体传播需求的部分个体平台例证。更为直观和全面的印证来自藏文搜索引擎的开路人“云藏搜索”的相关数据。2017 年 8 月，该网站总访问量超过 1.2 亿人次，手机 APP 下载 21 万次。2018 年 12 月，总访问量超过 3 亿次。而到 2020 年 3 月，其日均访问量超过 1000 万次，累计访问量突破 35 亿次。值得一提的是，根据第六次全国人口普查数据，藏族人口 6282187 人，据此估计，全球使用藏文的人口不应超过600万，与汉族人口12.26亿，即1：200等比换算，其在新媒体环境下潜在的用户群体峰值是非常有限的，因此上述数据清晰地体现出藏文数字阅读需求的张力。然而，当我们在评估上述新媒体环境下藏文信息传播用户需求的相关数据时，若将其置入汉语新媒体传播体量中，将会看到一个关于数字藏文信息传播需求和传播力的可观局面（藏文微信公众平台预估活跃粉丝1万即相当于汉文总用户体量中的相应预估值200万）。藏文数字内容在市场运营层面的参与者尽管凤毛麟角，笔者依然发现如西藏诺诺教育科技有限公司这样的探索者，2019年，其平台注册用户已经超过2万人，经营收入的20%来自于藏语数字内容服务（有声读物）。毋庸置疑，在国家政策支持、技术发展水平和用户使用习惯等因素的保障下，数字化的藏文信息传播已经在用户层面形成强大的需求张力。

二、藏文数字内容供应不足

纵观国内的数字出版，无论互联网原生的网络文学抑或基于传统出版物的数字产品，在国家政策驱动和市场资源配置的综合效用中，焕发出勃勃生机的景象。致力于网络文学的阅文集团2019年的财报显示，平台入驻作家810万位，作品数量达到1220万部，其中文学作品94.3%是阅文集团的自有原创内容，数量高达1150万部。月活跃用户达2.2亿人。高品质电子书运营商掌阅科技的数字阅读平台注册用户超过6亿，2019年月活跃用户1.2

亿人，已经与国内外600多家出版机构达成版权合作协议。在汉语互联网空间，类似掌阅科技的数字内容阅读平台不在少数，传统出版机构尽管拥有大量的优质内容资源，但其固有的机制难以迅速感触市场力量并做出迅捷反应，这些崛起于资本和市场的平台连接了传统出版机构内容资源和互联网的数字读者。

令人遗憾的是，笔者在前面提及的数字化藏文信息在用户端产生的强大需求，没有能够从供应端得到好的呼应和满足。这种供给端的缺位现象尤其体现在正规数字化出版产品的乏善可陈。笔者在调研中发现一些权威藏文搜索引擎搜索结果来源单一化的问题，也能够从一个侧面印证这种现状。很多藏文关键词搜索结果的指向集中于新闻资讯类网站及页面，一些有学术研究和深度阅读倾向的搜索需求目前尚不能得到预期的满足。作为一种相对少数人群使用的语言文字，面对显而易见的天花板，藏文的数字出版及传播断难通过市场经济资源配置的能动性来实现。离开市场动力，只有依靠社会公益及政府力量才有可能使其得以启动和发展。前文提及的喜马拉雅文库网站及云藏搜索文库即社会公益和政府力量在藏文数字化及传播方面的典型例证，前者专注于藏文典籍文献数字化及分享，后者致力于藏文文档数字化及分享，尽管相较于纸质藏文文献保有量规模而言，两个项目尚有非常大的努力空间，但依据目前的财力、人力及技术水平，他们所取得的成果已经难能可贵。尤其是云藏搜索，其着力点本应是基于搜索引擎的大数据相关服务，但互联网藏文内容资源的匮乏使其不得不在优化搜索技术的同时自行建设诸如文库及百科之类的知识资源库，自身也在努力参与藏文数字内容建设过程，以弥补互联网藏文信息服务的内容短板。

三、藏文数字内容供应问题的关键在于出版机构

那么，在技术水平成熟、市场需求旺盛的境况下，藏文数字内容供应严重缺失的主要原因究竟在何处？笔者的结论指向传统藏文出版机构的数字化内容供给能力问题。这个结论的依据来自以下三个方面的现实：

其一，根据笔者 2022 年 3 月 25 日从中央宣传部出版数据中心获取的数据，中华人民共和国成立以来正规出版的藏文图书总品种为 14972 种[①]，这部分内容在互联网空间基本缺失。

其二，全国 8 家藏文出版机构进入销售市场或者公益用途的藏文电子书品种总数不超过 500 种，也就是说可供藏文数字出版品种只占藏文图书出版品种的 2.5%。

其三，受访的各地藏文馆藏图书馆有超过 83% 的比例表示采购藏文电子书最突出的问题是可供资源不足，显然这里所说的电子书来源地就是出版机构。

除了以上所述的现代出版物，藏文的文献保有量在我国仅次

---

① 此数据为该数据中心馆藏数据与 CIP 数据的总和。该机构负责人表示，2000 年前因样书送缴率的原因，实际出版物数据或许略有出入，但此信息依然为最权威统计数据。

于汉文。据不完全统计，藏量在200万部（函）左右[①]。传统藏文出版机构是藏文典籍出版的主要力量，其数字化水平直接影响了数字化藏文文献的供应能力。可见藏文出版机构无论在现代出版内容，还是典籍内容供应方面，都是藏文正规化内容供应的决定性力量。因此笔者可以推论，互联网空间高品质藏文数字内容这种杯水车薪的现状，其根源就在于传统藏文出版机构整体性的数字化转型不利。那么，是哪些原因导致了这种整体性转型进程与宏观预期的差距？

四、传统藏文出版机构数字化转型的症结分析

根据新闻出版总署发布的《关于加快我国数字出版产业发展的若干意见》及新闻出版行业“十三五”规划总体目标要求，到2020年，传统出版单位基本完成数字化转型，传统内容资源的数字化转化率达到80%。遗憾的是，就笔者此次主要调研的全国8家藏文出版机构（2000—2020年，这8个出版机构出版的藏文图书品种占同一时期全国藏文图书总品种的92%）来说，完成这一目标的可能性不大。笔者将在下文简要分析造成传统藏文出版机构数字化转型不畅的几个主要原因。笔者的调研及分析显示，传统藏文出版机构的数字化转型主要受制于理念、平衡、资金、人才和技术等主观及客观因素。

① 《中国藏学研究中心成立藏文文献资源数据中心》，载国家民委官网：https://www.neac.gov.cn/seac/mzjy/201709/1015382.shtml?ivk_sa=1024320u，2017年9月1日。

（一）理念问题

发展藏文数字出版固然有诸多的客观牵制因素，但传统出版机构的理念问题是首当其冲的，也是决定性的。在很多关于现状和困境的文章中，理念问题似乎是不可回避且必须要谈及的话题，而要触及其实质部分并非易事。笔者将藏文出版机构的理念问题分解到三个方面进行阐述。

第一，出版机构对发展数字出版的紧迫性认识不足，即为什么发展数字出版问题。除整个传统出版业共性的因素，藏文出版机构在数字化工作紧迫性方面的"慢热"，主要可能源于其公益属性导致的市场参与程度低，用户在数字内容和数字产品方面的需求压力无法经由市场这个传感器及时传送到出版机构，从而形成发展新业态的压力和动力，这客观上影响其发展数字出版的积极性。

第二，出版机构对数字出版生态缺乏认知，即到底什么是数字出版问题。任何领域的产品和服务都是为用户设计并生产的。出版机构研发什么样的数字产品取决于新媒体用户群的需求，而要确认这种需求以及未来如何分发产品等问题，就必须去接近和了解这些用户群活动的新空间。但传统藏文出版机构因为纸质图书生态的强大基因所控制，和这个新空间新生态处于一种近似绝缘的关系。

第三，出版机构数字化发展的思路不明，即怎样做数字出版的问题。尚不能洞悉新事物的生态，也就无法从理念层面引导其发展。笔者面向藏文传统出版机构数字化现状的调查显示，75%的机构尚未制定过数字化发展战略，即大部分藏文出版内容供应者尚不明了如何发展新业态，或者甚至未将其列入机构未来的发展框架中。

（二）平衡协调问题

如前文所述，和其他民族文字出版的数字化相比较，藏文出版数字化工作在全国层面的平衡协调具有一定的挑战性。这种挑战主要来自藏文出版机构的主管类别、体制属性和区域政策等方面的多样性。

首先，全国 8 家主要藏文出版机构分别属于 4 种不同类别的上级主管机构，其中 2 家机构为宣传部门所属（西藏人民出版社、青海民族出版社），2 家为民委部门所属（民族出版社、云南民族出版社），2 家为科研机构所属（中国藏学出版社、西藏古籍出版社），还有 2 家为企业集团所属（四川民族出版社，属四川党建集团；甘肃民族出版社，属读者集团）。

其次，从体制属性维度来看，8 个机构中有 1 个属于公益事业一类（西藏人民出版社），5 个属于公益事业二类（民族出版社、藏学出版社、青海民族出版社、云南民族出版社、西藏古籍出版社），1 个属于企业（甘肃民族出版社），还有 1 个不明确（四川民族出版社）。经费渠道又有不同，全额拨款 3 个，差额拨款 3 个，按品种拨款 1 个（四川民族出版社），还有 1 个没有拨款渠道（甘肃民族出版社)。

最后，8家藏文出版机构分布于不同的行政级别和行政区域，其中中央一级2个，西藏自治区2个，青海省1个，四川省1个，甘肃省1个，云南省1个。由于以上3个方面差异化的存在，使得藏文出版的数字化在协调、均衡发展方面势必存在各种障碍。

(三) 资金问题

在上述平衡协调问题中经费渠道不一的境况下，全国各藏文出版机构近年来通过各种渠道积极申报信息化、数字化项目，多数机构或多或少都争取到了一些支持资金，但仍然在资金体量、使用方向和可持续性等方面面临挑战。首先，8个藏文出版机构中的4个，即50%的机构年度得到资助的额度在100万元以下，其中2个中央单位的项目资助额度低于90万，1个地方单位没有任何项目资金。其次，申请成功的项目资金绝大部分用于基础硬件、软件设备及平台建设，已经建设数字资源管理平台的只有1个机构，已经开始批量数字化加工的只有2个机构，除即有电子排版外的历史本版藏文图书已经完成数字化扫描的品种总数不超过500种。[①] 也就是说，各种项目资金真正能够落实到内容资源数字化和产品研发方面的只占非常少的份额。最后，由于无法从市场回报中追加投入进行再生产，财政项目资金又没有持续性的保障，致使藏文出版机构在最好的情形下也只能驻足于资源管理平台和

① 根据笔者本次调研数据统计。

少量的数字化资源，而无法继续将批量数字化和数字产品研发及传播提上日程。

（四）人才问题

作为全行业面临的共性问题，数字出版的人才问题在全国藏文出版机构也尤为突出。笔者在调查中发现，8 家藏文出版机构员工总数约 700 人，其中掌握藏汉双语并具备藏文编辑能力的 155 人，从事信息技术及新媒体岗位的平均只占 3%，在情况最好的机构中这个数据是 7.8%；从事数字资源及产品岗位的平均只有 1%，最高比例的机构中这个数据为 3%。8 家机构藏汉双语人才中获取数字编辑资格证书的人数为 0，成立独立的专门的数字出版部门的机构数量为 0。笔者从这些数据中可以肯定，全国藏文出版机构的人才结构绝无可能支撑行业的数字化发展，更无法满足日益增长的数字内容需求。诚然，另一个更为现实的挑战来自于全国藏文数字化人才资源的极度缺乏，这也是所有小语种发展互联网事业需要克服的一大困难。笔者在资金问题中已经提及，藏文出版的数字化经费无法通过常规的市场机制得到保障，这种投入能力不足甚至枯竭导致市场自身无法培育出可供传统出版机构数字化转型亟须的新业态人才。

（五）技术瓶颈

数字出版有别于纸质出版，对技术的依赖是贯穿于整个生产链的。从出版者的角度看，内容数字化、资源管理、产品设计、产品制作和产品分发等都离不开技术支撑。少数民族文字发展数字出版相较于大语种面临更多的技术挑战，主要表现在两个方面：

1. 可供选择的外包技术服务力量非常单薄。由于市场驱动力不足，企业在藏文信息技术服务领域参与度很低，更遑论更加专业的藏文出版数字化领域。藏区本地企业受困于资金和技术，内地许多企业又止步于语言文字障碍，终使藏文数字化技术服务处于青黄不接的境地。

2. 一些关键技术成为掣肘。从基础的文字输入输出支持方面看，全球主流操作系统对藏文都有很好的配适性。然而在涉及高效率、自动化批量加工藏文内容资源、制作高品质藏文数字产品和研发高可靠性藏文资源全文检索系统等方面，诸如文字识别、语音识别、智能校对、机器翻译、自动标引、智能知识发现等一系列关键技术亟待攻关或优化。这些技术关系到出版机构和其他藏文内容从业者能在多长的时间窗口期内将多大体量的可靠数字内容输送到数字空间的用户，并给他们带来符合期望的阅读体验。

伴随信息技术的长足发展和互联网的不断普及，少数民族语言文字诸如藏语文数字内容在新媒体空间的需求张力开始显现，这种需求从初期的数字形态新闻资讯向体系化内容和深度阅读延伸。遗憾的是，由于作为国内藏文数字出版产品供应主要力量的传统藏文出版机构数字化转型尚处于非常初期的阶段，来自用户方面的需求增长不能及时得到满足，产生了供需层面的矛盾。

如果希望系统性、整体性地推进藏文数字出版事业，需要全盘地或者逐一地破解理念、平衡协调、资金、人才、技术等掣肘发展的问题。

第四节
民族类出版机构的个案研究[①]

2019—2020 年发布的“中国出版蓝皮书”中，将我国的图书选题分为五大板块：主题图书、大型出版工程、教育出版、专业与学术出版、大众出版。[②] 其中，前三大类板块选题的立项、制作及发行，很大程度上与各类政策及项目性规划紧密相关。由于本节主要探讨一般意义上民族类出版社在普通选题领域的能动性问题，在此，只涉及专业与学术出版；大众出版板块主要包括的儿童读物及文学作品，的确是民族出版工作的一大重点和亮点，并且有相对良好的市场表现，但根据笔者对所调研的某民族类出版社的情况表明，无论是其民文出版还是民族类题材的汉文出版，专业与学术类图书的出版占更大的比例。以该社 2021 年度 6 个语种（蒙、藏、维、哈、朝、汉）合计销售前 100 位的书目为例，

① 出于对调研单位商业信息的保护，本书隐去部分图表坐标轴的具体参考数据，仅以显示数据比例或趋势的方式呈现，供读者参考。

② 范军主编：《2019—2020 中国出版业发展报告》，33~38 页，北京，中国书籍出版社，2020。

学术书 73 本，占 73%（含主题类学术作品 20 种、词典 2 部），其余的 27 种图书中，含民族文字的《中国共产党章程》及民法典的翻译本，共 9 部，另 18 种属大众图书范畴。2021 年入库的 6 种文字图书中，学术图书占总比 59.32%；以单文种为例，朝文学术书占该文种入库总量的 31.11%，蒙古文占 44%，而藏文和汉文的占比更高，其学术书分别占其各自文种总量的 65.56% 和 84.61%，其余图书，主题出版占绝大多数。可见，学术图书的比例在其出版总量中占绝对优势。因此，本书的调研工作也专注于此部分内容，即民族学术图书（含民族文字及汉文的民族类图书）领域。

本节以笔者对某民族出版社在 2009 年、2021 年分别所做调研材料为基础，试图从一个具体的点来探讨民族类学术图书出版的困境，以及出版单位在初步利用数字技术提高民族类学术图书使用价值方面所做的努力。

一、学术出版的困境及其数字化的意义

民族出版，包括民族文字出版和民族题材出版两大类形式，学术出版作为图书出版的一大类别，是民文图书出版与民族类图书出版的重要内容。这一出版的重要领域所面临的很大难题是，学术出版物是针对特定学术研究群体的图书，其市场容量小、分销渠道狭窄、销售周期长、利润率低，这些特点阻碍了学术出版的发展。书往往被人们称为“特殊的商品”，因为它既承载着知识信息，具有精神文化属性，同时又有需要盈利的商品自然属性，这

两种属性既具有一致性，有时又具有不可调和的矛盾。一部好的专业技术或学术图书，因为经费短缺或缺乏可预期的市场回报而被迫放弃出版的情况，在学术出版工作中并不鲜见；如果只生产少量副本，则单品种所需付出的人力物力成本过高，出版方与作者方都难以承担；同时，由于副本过少，真正有需求的读者还往往不易获取。这种普遍印数低、获取渠道有限的生产，造成了与实际效益不符的资源浪费。民族类学术图书，从学科领域及文字应用领域而言市场更加狭窄，因此，如何提高出版效率，是民族学术图书出版工作面临的一大挑战。

从宏观角度来看，学术出版不仅是衡量出版行业是否成熟的重要尺度之一，它还代表一个国家的科学水平和学术氛围[①]。虽然学术图书不能像商业书籍那样创造巨额利润，但大多数作者都是处于学科前沿的专家或学者，他们的作品不仅影响着学科的发展，而且对社会的发展起着重要的作用。因此，学术出版的重要性是任何一个国家发展科学文化事业不可推卸的责任。可以说，学术出版是出版业中最辉煌的部分。

在美国和欧洲，大学出版社承担了向社会传播高质量学术书籍的责任。正如美国学者 Robin 指出的："大学出版社对书稿实施正式的审查程序，而商业出版社可能会加以简化。两类出版社的主要区别在于，大学出版社将所有盈利用于再投资；商业出版社则只

---

① Zang Yanxin. *A Casual Talk about The Academic Publishing.* Technology and Publishing,（2005）4，p.22.

用部分盈余做再投资，而将其余部分作为利润分配。”[①] 在我国，业界并没有像欧美国家那样严格区分商业图书市场和学术图书市场，学术书缺乏相应的成系统的销售体系，因此，我国学术图书一方面销售滞缓，另一方面读者对短版书、断版书的需求相对更加明显[②]，这也在一定程度上造成了学术成果的呈现不足。

一般来说，无论国内外，学术图书的市场不大，销量也较低，特别是在21世纪初，如英国学者Thompson指出的："学术出版正处于困难时期”“许多大学出版社正在经历他们几十年来所知的最困难的情况……说今天的学术出版处在危机时刻可能言过其实，但毫无疑问，它正处于严重的压力之下”[③]；澳大利亚南昆士兰大学研究院的任翔博士甚至以“鸡肋”形容专著出版，他说："近20年，英文学术专著的市场发行量下滑了90%。目前，平均每本学术专著图书的印刷数低于200本；在人文社会科学及一些小众学科，专著图书的发行量更是惨不忍睹。学术专著出版已经陷入了恶性循环：印数越来越少，价格越来越高，图书馆购买力越来越弱，读者范围越来越小，学术影响越来越低。”[④]

---

① Robin M. Perricourt. *An Author's Guide to Scholarly Publishing.* New Jersey : Princeton University Press，1996.

② Chow，Kai-Wing. *Publishing，Culture，and Power in Early Modern China.* Stanford : Stanford University Press，2007.

③ John B. Thompson. *Books in the Digital Age : The Transformation of Academic and Higher Education Publishing in Britain and the United States.* Cambridge : Polity，2005.

④ 任翔：《开放获取能否拯救学术专著出版？》，载《出版广角》，2013（12），20页。

“高库存、周转慢、退货多、报废量大，学术类、专业类图书出书难、再版难、生命周期短”[①]，对于学术出版机构而言，积极介入数字出版领域已然迫在眉睫——20 世纪 90 年代末，整个出版行业因大幅度转向了数字时代而与传统环境产生了巨大差异，[②] 因数字出版的“全球即时可用”[③] 的特征，使得其与传统图书相比在“影响力领域”有了巨大的区别。

众所周知，学术图书的目标用户除了该领域的个体读者外，主要是各类图书馆。但直到 21 世纪初，即使是在欧美国家，无论是图书馆还是电子书市场都无法解决内容不足的问题，[④]“图书供应不足被广泛认为是电子书终端用户市场的一个主要问题”，这是业界的普遍共识。[⑤] 北京大学图书馆原馆长戴龙基先生也在 2006 年指出，优秀的电子书是稀缺的，情况远没有达到读者的预期。从这个角度来看，学术图书与数字技术的整合是必然趋势。

事实上，即便到现在，在我国虽然数字出版物（广义）的产值已达万亿，但主要收入是由电游、动漫、网络文学等娱乐消费类及广告领域产生，数字图书的收益很低。2018 年，全国新华

① 韩寒：《传统出版如何更好数字化转型》，载《光明日报》，2018 年 8 月 10 日，第 10 版。

② Sharon Tahirkheli. *Becoming Digital.* Geotimes，2001，46（1），p.5.

③ David Bergsland. *Introduction to Digital Publishing.* Florence：Cengage Learning，Inc.，2002.

④ Rogers M. *E-books Struggling to Find a Niche.* Library Journal，2006，15（6），p.25.

⑤ Peter Just. *Electronic Books in the USA-Their Numbers and Development and a Comparison to Germany.* Library Hi Tech，2007，25（1），pp.157~164.

书店系统、出版社自办发行单位出版物总销售 3213.37 亿元，其中“数字出版物（电子书等，不包含电子阅读器等硬件）15.70 亿元，占零售金额 1.63%”。[①] 新闻出版研究院发布的数字出版产业年报中，将互联网期刊、电子书（含网络原创出版物）、博客、数字音乐、网络动漫、移动出版、网络游戏、在线教育、互联网广告等均纳入统计。其中，已含网络原创出版物的“电子书”项的营业收入统计中，还包含了电子书阅读器的营收，即便如此，该项收入仅占九大类别总收入的 0.67%。[②] 同时数据还显示，电子书（含阅读器）收入增速逐年下降，从 2013 年的 22.58% 降至 2018 年的 3.7%，断崖式的下降显示了传统书业数字化转型动力不足。[③]2020 年，受新冠疫情的影响，数字出版产业逆市上长，电子书销售收入达 62 亿元，增速达到 6.89%，[④] 但其体量也仅占总产业收入的 0.53%，就机构收入而言，中国最领先的出版社的数字出版收入占总收入的比重达不到 20%，而发达国家这一比例大多在 60% 以上，以英国大型出版集团的数字出版收益为例，爱思唯尔集团 70%、

---

① 国家新闻出版署编：《2019 中国新闻出版统计资料汇编》，8~9 页，北京，中国书籍出版社，2019。

② 根据李蕊：《我国数字出版产业发展现状及态势》，一文数据计算得出。该文载《全球化》，2020（3）。

③ 李蕊：《我国数字出版产业发展现状及态势》，载《全球化》，2020（3），94~95 页。

④ 张立主编：《2020—2021 中国数字出版产业年度报告》，20 页，北京，中国书籍出版社，2021。

Pirson 教育集团 50% 以上的收益来自数字出版及网络相关业务[①]，全球出版巨头麦格劳 – 希尔集团 2019 年的数字业务收入占比达到 74%[②]。2020 年，我国“数字出版产业收入 11781.67 亿元，其中与传统出版相关的仅 94 亿元，只占 0.8%”[③]，笔者未查到将学术图书单独分类的数字出版物的数据，据此也可以推测其比重之低。而以民族出版的类别来看，数字出版的占比更是微乎其微。以在五个少数民族自治区中新闻出版业整体实力排名第三的内蒙古自治区为例，“2019 年内蒙古地区新闻出版业的生产总值达到 270 亿元，其中数字出版只占到不足 10%……与传统书籍相比，电子书数量很少，电子书籍的出版尚未形成。数据库的建设，其内容资源尚未供应市场，对用户不开放，仅为发布者本身提供服务，且更多的信息检索和资源共享服务没有提供。”[④]

回顾本世纪初期，我国国民阅读率持续走低，2007 年全国传统出版物的阅读率更是急剧下降，而与传统出版物阅读率的下降趋势形成鲜明对比的是，网络作为一种新媒体，网络出版物的阅读率快速攀升，并部分取代了传统阅读，这种现象在年轻一代中

① 秦绪军 :《国外出版商发展数字出版的特点及给我们的启示》，载《科技与出版》，2007（12），11 页。

② 中国外文局数字出版转型课题组 :《中国对外出版的数字化转型——以中国外文局局属出版单位为例》，载《对外传播》，2021（2），34 页。

③ 左志红 :《五问头部科技出版单位深度融合“深”在何处？》，见《中国新闻出版广电报》，2021 年 11 月 29 日。

④ 夏宇 :《内蒙古地区数字出版管理存在问题及对策研究》，硕士论文，内蒙古师范大学，2020。

尤为明显。这一时期较大的事件是贝塔斯曼在中国的全线撤出。

2008 年，世界第四大出版商贝塔斯曼传媒集团在当年 7 月 31 日，关闭了遍布中国 18 个大中城市的 36 家零售商店，解散拥有 150 万会员的书友会，停止旗下集团的所有业务，而它们曾创造过约 1.5 亿人民币 / 年的年度收入。以当时已具有 170 年历史的贝塔斯曼在图书生产及销售领域的代表性而言，这无论是在实体形式还是营销模式方面，很大程度上意味着传统图书市场的崩溃。虽然这在一定程度上也与受中国特有出版体制的影响有关，如我国的政策和法律禁止外商独资创办出版公司、开展图书出版业务，但另一个主要原因是未能及时开展电子商务，而其传统的分销模式无法降低成本，竞争力较弱。[①] 另外，这一时期网络出版物的高速扩张在快速地改变着人们的阅读习惯和信息获取方式，并进而对传统出版物从内容形式到销售形式，都造成了巨大的冲击。

另一方面，同年 10 月，德国法兰克福以“数字出版”为主题迎来了全球规模最大的出版行业展会。当年，7052 家参展商中共有 361 家带来了自己的数字出版产品，占参展产品的 19.53%。与前一年相比，这个数字增加了近 9 倍，可见发展之迅猛。时任法兰克福书展委员会负责人的于尔根 · 博斯 (Juergen Boos) 说，2007 年，法兰克福书展只有 2% 的参展商涉及数字出版产品，仅过一年就有了显著的增长。随着新一代的阅读器如 Kindle，iLiad 和索尼阅读器的发明和推广，市场对数字出版的需求产生了更多

① 杨樱：《贝塔斯曼之死》，载《中国财经周刊》，2008，25（4），30 页。

的空间。他还建议，出版业仍然是文化创意产业中最强大的力量，出版人需要尽快利用数字化手段扩大出版的优势。

我国方面，根据国家新闻出版总署公布的信息，2009 年我国的年数字出版产值首次超过了传统图书出版业的产值，超过 750 亿元——据我国数字出版事业的起步之年 2005 年，仅过去 4 年的时间。如今，我们的数字出版经过近 20 年的磨砺，已经来到了融媒体时代，且在往高质量发展的道路上前行，但我们也可以看到，与数字出版的其他类别（指按中国新闻出版研究院的九大类分类，见第一章第一节）相比，传统书业的数字化进程迟缓，增长缓慢，且在全行业占比持续下降[①]，中国新闻出版研究院院长魏玉山分析："这说明，传统出版单位近年来虽然加快实施了数字出版业务，但与其他新兴业态相比增长较缓，需要加大数字化转型的力度，加快推进融合发展的进程。"[②]

Thomas Friedman 认为，全球化最根本的力量源自新技术的信息革命，[③] 出版即如此：以新技术驱动传统出版产业的革命，以数字介质承载传统书籍的内容。作为文化创新产业的前沿，出版业是资源整合的源头，数字出版产业对一个国家在信息技术方面的竞争力起着关键作用，因此，在传统出版与数字技术的融合

① 参见历年《中国数字出版产业报告》数据，及李蕊：《我国数字出版产业发展现状及态势》一文。

② 韩寒：《传统出版如何更好数字化转型》，载《光明日报》，2018 年 8 月 10 日，第 10 版。

③ Thomas L. Friedman. *The World is Flat*，New York：Picador/Farrar，Straus and Ciroux，2005.

势在必行的趋势下，学术图书的数字化出版也是其内外在因素总和的必然需求。

二、对某民族类出版社的个案研究①

截至2021年，我国共有出版社585家（其中24个副牌社），其中中央级出版社219家，少数民族出版社38家。本章所调研机构为中央级单位，成立于20世纪50年代，是新中国建立的最早的民族出版单位之一。该社下设蒙古、藏、维吾尔、哈萨克、朝鲜文编辑部和汉文编辑部，所出版的民族文字图书品种在全国相应文字领域占相当重要的比重。建社以来，出版图书总品种近3万种，累计出版2.2亿余册。2003年以来，出版社年均出版品种约为450种。

2001年，该社启动了具有内容服务意义的民族文化网站项目，开始在网上刊出本社图书的精选内容，并搭建网络发行渠道，试图在互联网方兴未艾之时先拔头筹，建立新媒体空间话语权。这种面向数字出版工作的努力吸引了不少互联网用户，扩大了学术出版物的读者范围。2009年时，该网站在当时全国570余家出版单位中排名第13位，是当时中国少数民族文化领域领先的在线内容提供机构。

为了加深对民族学术类图书出版工作的了解，笔者曾于2009年通过越洋电话访谈汉文编辑部编辑、财务部负责人及发行人员，

① 此个案研究部分的表格及图片均为笔者根据调研数据绘制，不再逐一注明。

收集了该单位编辑、财物、销售 3 个部门近 5 年的数据。此外，为获取当时数字出版实践的最新数据，笔者还采访了出版社负责编务系统、网络系统的负责人。

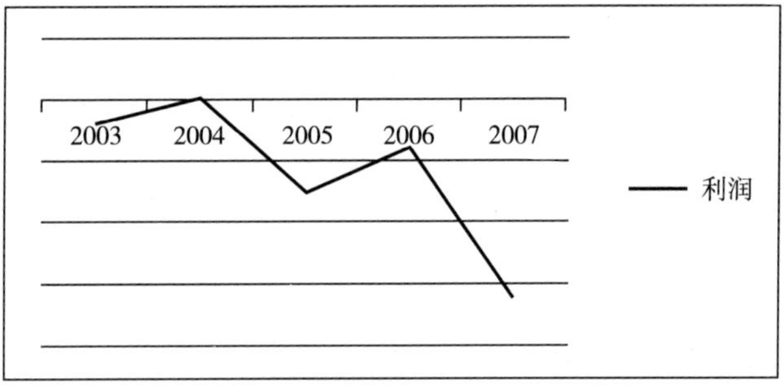

图 3–1　2003—2007 年盈利情况（单位：万元）

这些来自不同部门的信息都反映了一个共同的问题：几年来，出版物的种类在减少，盈利持续乏力。财务部负责人表示，若不采取有效措施改变这种局面，想办法扩大销售，一旦国家出台调整政策，如果政府决定降低或取消补贴，将难以为继。

发行部门数据显示的 2003—2007 年销售状况的梗概：

笔者据当时该社提供的可供书目统计，学术出版物占该社总出版物的 70% 以上。而该出版社的图书品种、销售数额（册数）、销售码洋、印数均呈总体下降趋势，2007 年的上述数值分别仅占 2003 年的 74.37%、24.22%、47.82%、44.70%。这些数据即印证了该时间阶段“我国国民图书阅读率持续下降”的情况，同时也可看出已搭建的网络平台尚未能发挥拉动销售的显著作用。

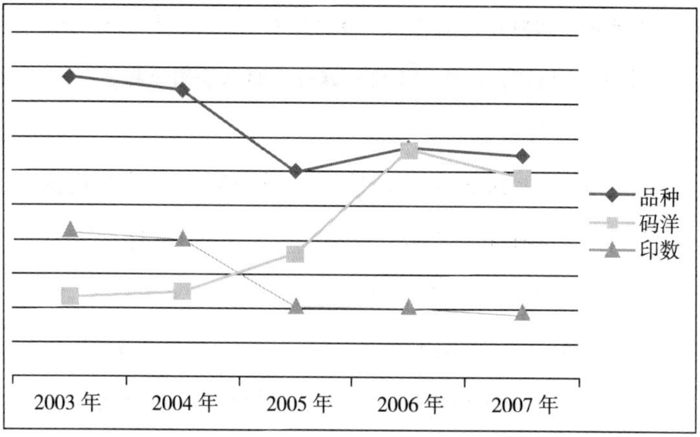

图 3-2　2003—2007 年传统模式出版发行情况

面对外部出版环境突飞猛进的行业性技术革新，以及本社固守传统生产销售模式及销售收入逐年下滑的严峻形势，传导到核心业务时加强了编辑人员的迷茫感。以 2008 年 10 月 18 日笔者对汉文编辑室某资深编辑 B 的电话采访为例：

问：您在出版社工作多久了？您第一次遇到数字出版问题是什么时候？

B：我在这家出版社已经 9 年了。第一次遇到有关数字出版的问题是在今年 9 月。我的一位韩国作者专程从首尔来到北京，讨论签订两本电子出版物的版权合同。这是两本有关中国古代哲学的书，分别在 2003 年和 2004 年出版。我觉得办理相关手续的过程不是很顺利。相关部门告诉我，这是我们第一次处理这种情况，即在纸质书出版多年后，面对作者制作电子书的主动要求，没有现成的合同样本可以提供，我们需要创建一个新的合同模板。

问：进展如何？

B：在单位管理部门的合作下，我们拟订了一个新的合同，但是和作者的谈判以失败告终：作者要求支付50%的版税，但我们最多只能支付8%。双方的期望都太高了。作者告诉我，电子书在韩国已经流行了两年，并问我在中国的情况，但我缺乏相关知识。作者还告诉我，在来我社之前，她和北京另一家出版社有过接触，但发现对方根本没有做电子书，因为对方担心电子书会影响纸质书的销售。

问：这件事对您有什么影响？

B：首先，我认为无论是作者还是出版社，依靠学术出版物来创造利润都是很困难的。事实上，根据我对发行结果的理解，也许出版对作者的意义更大，因为不是很多人能看到这些书，也不是每个人都能赚很多钱。目前，一些出版单位正试图推广学术类图书，以迎合市场口味，促进销量增长，其中有一些取得很大成功的案例。然而，我认为学术出版是非常严肃的。高质量的出版社不应该为了迎合市场而以书籍的学术内容为代价。出版精品学术图书是打造学术出版社品牌的唯一保障。不仅如此，对于一个社会来说，拥有一个思想家比拥有一本畅销书更有意义。

其次，我觉得我们在数字出版方面的知识匮乏。数字出版模式可以帮助我们为作者和读者提供更有效的服务，促进发挥学术图书的更大价值。在传统的出版中，我们通常在售书一段时间后就把它们当做废品销毁，这是对知识资源的极大浪费。

为适应市场的需要，2004 年底，该出版社即开始与中国最大的数字出版技术提供商、方正科技集团成员 Apabi 公司合作，委托其销售扫描版本版电子图书。

Apabi 公司于 2001 年起进入数字出版领域以来，致力于研发数字出版技术及其全流程的整体解决方案，公司定位从其名称上即可一目了然："Apabi 分别代表着 Author（作者）、Publisher（出版者）、Artery（流通渠道）、Buyer（读者，即购买者）以及 Internet（网络）。作者、出版社、发行商和读者是传统出版产业链的有机组成部分，也就是说，Apabi 是以因特网为纽带，将传统出版的供应链有机地联结起来，实现完全数字化的出版。"[①] 当时，它拥有约 25 万种正版电子书，种类在全球处于领先。超过 400 家出版机构与 Apabi 合作开发数字出版。此期，在中国国内，Apabi 拥有 2900 多家图书馆客户以及 50 余家海外用户，包括牛津大学图书馆、纽约皇后图书馆、德国国家图书馆、新加坡国家图书馆等。

出于内容保护的考虑，截至 2007 年，该出版社仅向 Apabi

---

① 参见 Apabi 公司官网主页：http://www.apabi.cn/about/1/.

提供了约 900 种电子书（具有电子版权授权）。合作初期虽然授权图书不多，但在当时，民族出版机构主动进行这一尝试，与整体出版行业的探索是同步的。

销售效果方面，将同期发行的电子书和纸质出版物进行对比，笔者发现以下特点：

首先，从销量看，民族学类图书、销量好的纸质出版物与电子书表现出成呈正比的销售业绩。如 2003 年该社销量排名前五位的图书，均为学术类。其中，纸质版销售首位的书籍，其电子版在近 900 本给技术公司提供授权的书中亦位居榜首。

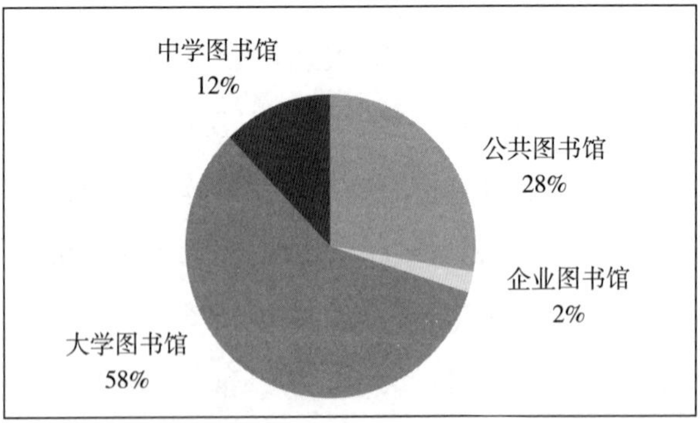

图 3–3　该出版社图书馆客户端结构图

其次，从电子书销售的用户数据来看，图书馆是主要目标客户。2003 年，该社共销售了 5000 余份电子副本，数据显示，大多数流向了高校图书馆，即高校图书馆是其主要的销售渠道。此外，公共图书馆和企业图书馆也是该社重要的消费者。这也的确证实了数字手段参与民族类图书的出版，对提高其使用价值及促进纸质图书的销售具有积极意义。

因此从2007年底开始，该机构又加大了与Apabi的合作力度，次年授予其超过5000种电子书的销售授权。

在双方合作的一段时间内，网络分销表现尚好。笔者将2007—2008年数字发行与传统发行销量排行榜前25名的图书进行比较：学术图书的入选占比一致，均为21本；网络销售远超传统销售的有4本，超出比例分别为1655.75%、573.95%、381.34%、233.86%。其他电子图书的销售增长速度也表现不俗。

以上数据是数字内容加工技术和网络营销系统的发展对推广图书的销售具有积极意义的有力佐证。

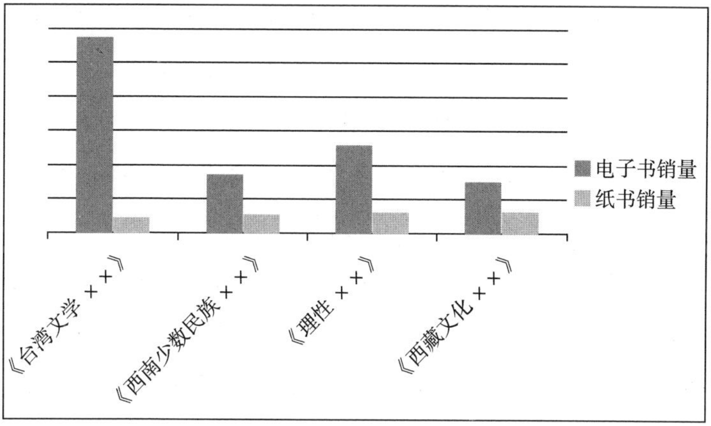

图3-4　4本图书的电子版与纸质版的销量比较

当时该社信息中心负责人表示："我们需要考虑我社电子销售的特殊因素，即我们的主要学科是民族学和语言学，但中国少数民族仍欠发达地区的网络建设水平远低于其他地区。因此，在很长一段时间内，我们的网络分销量和在线阅读率不会有明显的提高。数字化是出版业发展的必然趋势，我们应该积极参与。电子书是传统出版体系的重要补充。”并表示正在积极探索推进学术图书电子化的有效途径。

据笔者了解，2005 年左右，该社领导层就有建设中国少数民族数字出版图书馆的构思。即利用自身所拥有十分明显的民族文化资源优势，建成中国最大的少数民族文化和民族学出版物的数字资源库，然而至今尚未能实现。

信息部门负责人表示，对本社发展数字出版有充分的信心，但学术出版的数字化工作还存在不少问题，还有很长的路要走：

首先是投资经费不足、复合型人才不足。编辑们很少甚至没有数字出版意识。因此，数字出版很少能参与到学术图书生产的源头及工作流程中。例如，在签订合同时，很少有编辑会考虑与作者同时签订电子书合同。即使他们有这个考虑，大多数也因为缺乏数字出版的系统知识而放弃。比如，传统图书编辑对电子出版物的版权保护及应用等问题无法做较妥善的约定，版税等条款也因尚缺网络销售经验而无章可循。其次，民族学、语言学类图书的市场非常狭窄，同时还必须考虑民族地区网络建设滞后的情况。因此，在线资源的利用和网络销售情况无法期待得到显著改善。

截至 2015 年，该社与 Apabi 的合作基本终止。在双方合作的 11 年里，出版社总计授权 8000 余册图书的电子版权。但最终合作的解体，根据调研情况，笔者认为有如下几点原因：

其一，出版社基于内容保护的顾虑，对将电子书授权给代理机构的合作方式存有顾虑。出版社虽可以利用代理机构所提供的后台实时跟踪销量，但由于此类公司并非第三方机构，后台系统本身即属于该类公司所有，结构上不够透明，所以出版社所见的销售副本数据从理论上讲也并非客观。因此，在销量并不显著的前提下，出版社更倾向于守住自己的核心资产——内容。

事实上，这也是整个出版行业与版权或内容代理机构合作的最大顾虑，即对电子销售渠道的全部流失以及版权保护方面的隐忧。国内一些大型出版机构为此也进行了相应的探索，如中国出版集团在2011年创立了“中国数字出版网（大佳网）”（http://www.dajianet.com/），是面向全行业出版机构提供的电子书营销平台，向出版社同行提供“自主宣传自助经营”专区，旨在聚合全国出版资源、建构本行业全产业链主体的自主经营平台；中信出版集团在2017年做了面向数字群体的、“基于移动互联网和智能科技的全形态、系统性多媒体知识服务平台”中信书院[①]等，但运营下来的实际效益如何，尚需时日观察。同时，由于数字书的防盗技术尚未达到可以有效保障的程度，因此一旦数字内容流出，将面临核心资产流失的极大风险。传统出版机构在数字内容生产，或与第三方机构就数字内容合作方面显得“不主动”的主要原因之一，就是数字版权的安全问题。毕竟，纸书的盗版至少有印制成本，而数字书的盗版成本几乎为零。

① 见中信出版集团官网：https：//www.press.citic/xmt_detail/191.html.

笔者在2019年底采访以做民文数字信息服务见长的联图科技公司时，这家国内图情领域知名高新技术企业之一的负责人表示，就文献方面与出版社打交道时常令人困惑，因为出版社“特别在意版权问题”。他以“打擦边球”形容公司给各个单位数字化处理其自用文献的工作，表示公司帮忙做服务可以，但做多了以后，出版社又会顾虑做出来的数字产品会影响其纸质图书的销售，因此很排斥，“可如果实现电子出版（一次制作多元发布），用区块链技术搭建平台销售，这时出版社会接受。”[①] 因为出版机构与外部公司原来的合作模式主要有两种：一是将书授权给如当当、亚马逊之类经销商搭建平台，授权并付费；二是与如中文在线、方正Apabi等技术公司合作建立电子书平台（如本节个案的模式），但缺点是不透明。然而在区块链中，作者、出版社、平台，交易是多方透明的，彼此可以寻找更好的合作模式，前提是四者之间要沟通好供需利益分配的问题。联图科技构想用区块链技术搭建少数民族图书文献平台，通过大的流量和好的信誉带动销售的实现。这当然也是民族图书数字出版未来可以探讨的方向之一。

国外一些出版机构在数字出版初兴之时做了一些开创性的尝试，本书在海外数字出版实践的相关章节中有个案描述，这些尝试为其在后来的市场中抢占先机奠定了坚实的基础。虽然这些老牌出版巨头的财力、影响力及其出版环境与我国的出版机构有不小的差异，但其探索的路径为我们提供了宝贵的参考经验。

---

① 采访时间：2019年12月9日；采访地点：成都。

其二，销售情况不理想。该社图书因民族类的内容题材所限，在 Apabi 的销量并不大：10 年累计销售副本约 30 万册，销售总额年均约 6 万余元，对出版社而言显得似乎“可有可无”，对一个大型技术服务公司而言效益更是微乎其微。这一结果印证了张大伟教授剖析的：“（与民族类出版社合作的技术企业）由于资本的逐利性，一般也不愿意与出版社建立长期的合作模式与利益分配模式，往往是项目制合作。……其开发过程缺少与传统出版业，尤其是民族类出版社的沟通协调，也没有建立双方认可、民族类出版社欢迎的利益分配机制”“民族类出版社在与社外企业合作项目时，经常因缺少资金或利益回报率低而遭到拒绝”。①

回到行业来看，就数字书的销售来说，我们源于内容性的收入实际上绝大多数来自类似阅文集团、中文在线等机构生产的一批原生态网络文学作品，其作者规模庞大，写手边写边发边收益，按点击量和字数提成，效益可观，真正实现了与网络的对接（中文在线和掌阅在 2019 年实现的营业收入分别达到 7.1 亿元和 18.8 亿元）。这样的题材和形式，甚至将部分曾更多地进行深度阅读的年轻群体，拉到了消遣类的阅读中。似乎只有“特定题材”+“网络即时”两个要素的结合，才是目前数字出版盈利的“法门”，而传统出版则是写一本出一本，专业图书对读者要求的阅读门槛、制作过程中所消耗的时间、管理、人力、物料等成本，难以与网

---

① 张大伟：《民族类出版社数字转型的理念、人才与技术因素分析——基于 15 家民族类出版社的深度访谈》，载《编辑之友》，2018（2），47 页。

络文学的短平快模式匹敌。传统出版机构的数字书占比极低，如2018年全国出版图书247108种，比上年降低3.14%，[①] 电子出版物8403种，比上年降低9.06%；数字出版物（含电子书等）的销售额为15.7亿元，占总体零售金额的1.63%。[②] 传统出版社用国家扶持的文化产业发展基金等资金进行数字化转型升级，但除了购置设备外，鲜有在盈利模式上找到真正出路者，在没有经济效益驱动的前提下，数字出版的工作往往只是徒增劳动，因此在纸质图书尚可满足生存需求，且没有市场倒逼的情况下，多数出版机构维持审慎的观望态度，即所谓的"不积极"，也是不难理解的。国家通用语言文字的出版社尚且如此，民族类出版社的艰难更可想而知。

其三，出版社缺乏相应体制机制。该社一直未能明确数字图书销售的内部分配方案，缺乏激励机制，无法调动本社的发行潜能。比如，一些出版社的数字出版部门有销售指标，但该部门同时会被赋予数字出版运营权；即"权"与"责"具有一定的统一性。然而，该社至今尚未成立数字出版部门，也未将网络传播权的系列职能明确地指定给任何一个部门，数字版权的基础信息成为"孤岛"，形成在需要数字内容或版权进行价值转换时极为不便的局面。因此，若体制机制不进行与数字出版发展方向一致的深刻

---

① 指只读光盘、高密度只读光盘、交互式光盘。数据出自国家新闻出版署编：《2019中国新闻出版统计资料汇编》，该书未作数字出版物品种数统计，这或许也从一个侧面反映了数字出版物的占比体量。

② 国家新闻出版署编：《2019中国新闻出版统计资料汇编》，1页，7页，9页，北京，中国书籍出版社，2019。

升级，这一局面断难改变。

综上，笔者认为，我们并不能将该社与 Apabi 的合作归结为“失败的尝试”：其建立合作关系之初（2004 年），正是我国数字出版产业的酝酿之始，其时具有清晰的数字资产的概念并主动寻求将其转化为市场价值的单位为数不多，而作为民族出版单位，该社的这一尝试在当时已然与行业的萌动同步；十余年的合作阶段，亦是我国出版业探索如何建立数字资产盈利模式的过程。将内容托管于数字产品的渠道供应商，是重要的尝试主线之一，因此，这是民族类出版社在数字出版领域的一次具有时代意识的、充满意义的探索。

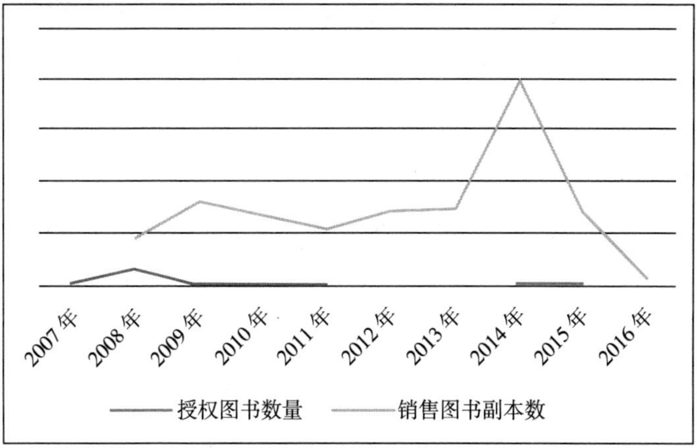

图 3-5　2007—2016 年的授权及 Apabi 销售情况

近年来，国家为强化质量意识、保证图书质量，不断推动出版单位提质增效，我国书业近年持续延续选题量减少的态势，“表明高质量发展促进选题规模调控战略正在持续取得成效”。[①] 所谓“提质增效”对于出版业，简单地理解是指提高图书产品质量，增强社会和经济双效益。2019 年举行的中国出版发展报告会上，中宣部出版局副局长许正明提出要正确处理和把握当前出版工作的 8 种关系，根本上是要持续优化图书出版结构，即管理部门对图书品种数和规模进行调控，[②] 解决产能过剩和粗制滥造等突出问题。这事实上是对以往规模数量增加带动效益增长的错误模式的纠正，是向以质量提升带动效益提升的转型，即通过提升每个单品种的质量实现规模效益的增长——也就是说，减少选题的目的是提高质量，效果是实现效益的增长。

随着全国出版业坚持高质量发展促进图书出版选题规模调控战略的实施，全国核发书号持续收紧。与此同步，该社各文室的出版选题品种逐年减缩。2020 年，全社总选题、民文选题、汉文选题分别占 2017 年选题品种的 60.6%、48.2%、93.4%。

2018—2019 年，2019—2020 年，在新书品种数及其码洋贡献率下降的情况下，全社实洋总收入有所增长，其中两个重要原因，一是民文版反映习近平新时代中国特色社会主义思想等主题图书的统一策划与制作，二是政府对农家书屋、寺庙书屋等采购项目的持续投入，很大程度上帮助民文图书维持了销售。当然，各

---

① 范军主编 :《2019—2020 中国出版业发展报告》，137 页，北京，中国书籍出版社，2020

② 刘蓓蓓 :《2019 年出版业 : 聚焦高质量管理上台阶》，载《中国新闻出版广电报》，2019 年 12 月 23 日。

文室在指令性、指导性选题之外，也在积极深耕自主选题的开发，其占有率在出版物类别及收入总比重中也相当可观。

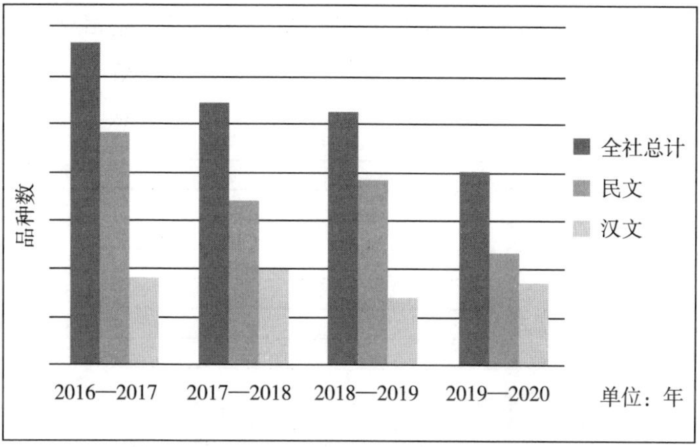

图 3-6　2016—2020 年图书生产品种持续缩减

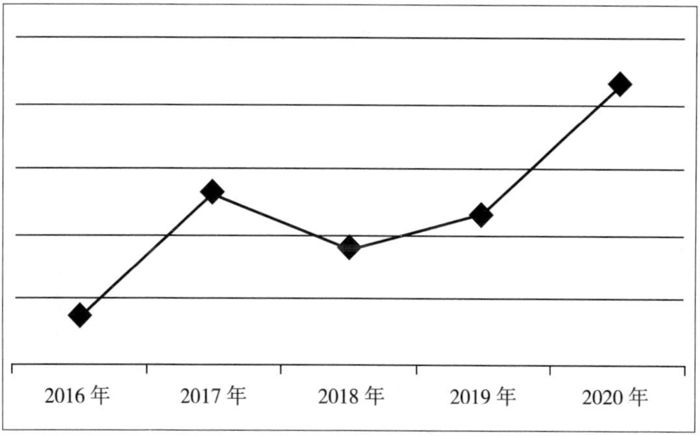

图 3-7　2016—2020 年全社总销售收入趋势

同时我们应看到，随着国家对书号管控、图书质量管理等方面工作的进一步加强，以及近年来印刷及各类制作成本的持续上涨，图中显示的销售收入的涨幅并不一定能反映该社的实际盈利水平，比如2021年，全社民文和汉文图书发行数，分别占2017年的62.2%和64.6%。事实上，其生产经营的状况是相当值得重视的。

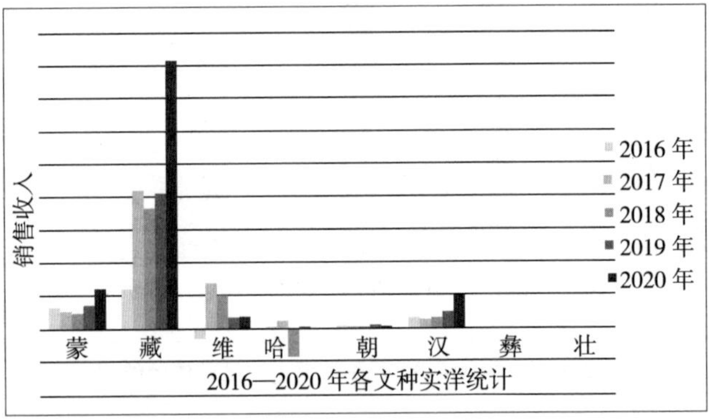

图3-8 各文种销售情况

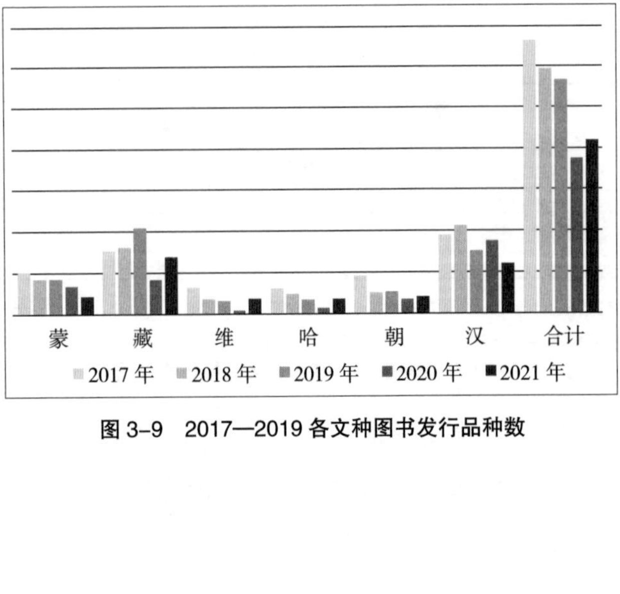

图3-9 2017—2019各文种图书发行品种数

将对比的时间跨度再拉宽一些，以 2009 年和 2021 年度的数据进行对比，可见该社年出版品种数和总印数所呈的几乎断崖式的下降（见图 3–10）。

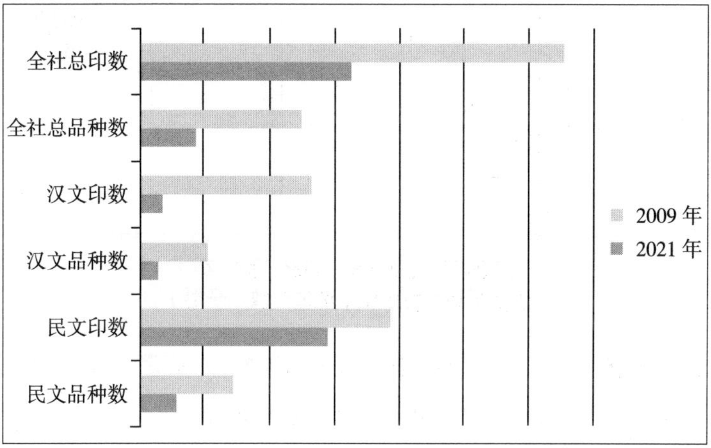

图 3–10　2009 年、2021 年出版品种数及印数对比
（单位品种数：种　印数：千册）

而就可以反映单本图书效益的平均印数而言，民文图书 2021 年的表现与汉文反差极大（见图 3–11）：前者比 2009 年增长了 190.4%，汉文则下降了 45.04%，而 2021 年民文的增幅主要是主题出版物的一套政府项目所带动，其他常规出版物的平均印数与往年相比，蒙古文、藏文有所增长，其他文种均在呈不同程度的下降趋势。可见，缩减品种规模尚未实现以质量提升带动效益提高的目标。

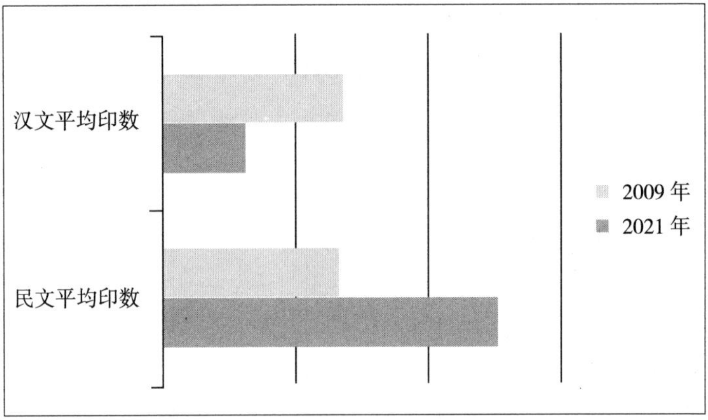

图 3–11　2009 年、2021 年民文、汉文平均印数对比（单位印数：千册）

笔者认为，除了总量控制带来的暂时性的“阵痛”、选题结构有待进一步优化调整等因素外，传统发行渠道增长萎缩乏力、自身不积极开展互联网思维的线上业务以及因体制机制所限无法顺利与京东、当当等主流平台顺利开展第三方合作伙伴关系，即便是纸书的销售，目前也似乎面临着与头部网络经销商难以衔接的尴尬处境，造成了实体书店不好卖、线上渠道买不到书的怪象。不仅对作者和读者无法提供良好的服务，亦对自身造成了很大的经济损失。经年累积，产能逐年萎缩。前文提到的 2009 年搭建的在当时全国出版社范畴内位列前茅的网站，因该社无力负担持续性投入进行建设，以及不同阶段决策层的理念差异，早已在不断缩减资金乃至停止投入和人员流失的过程中基本停办，前期成本和积累的流量资源也告沉没。而在传统纸书艰难前行的情况下，民族类图书如何寻求提质增效的有效路径，是一个重大且急迫的问题。

以该社为例，它在成立近一甲子的漫长时间里，累积了大量的民文及汉文民族类的内容资源，其中许多精品内容尚未能转化成数字产品，已有的成品电子书的商业价值亦严重转化不足。事实上，该出版社已完成建设以来出版总品种数约 44.54% 的图书扫描工作；2008 年以来开始收集电子文档，这部分占总品种数的 23.06%；此外，2000—2008 年期间的约 3200 种图书基本是以软盘和光盘形式进行的存储，约占总品种数的 12.05%。即全社约 80% 的品种、22000 种左右的图书，已实现了电子转化，在总电子文档中，蒙古文占 16.25%，藏文占 20.27%，维吾尔文占 16.73%，哈萨克文占 11.77%，朝鲜文占 18.11%，汉文占 16.87%[①]。但是，这些资源尚未实现商业价值。而一个出版机构对于存量资源的数

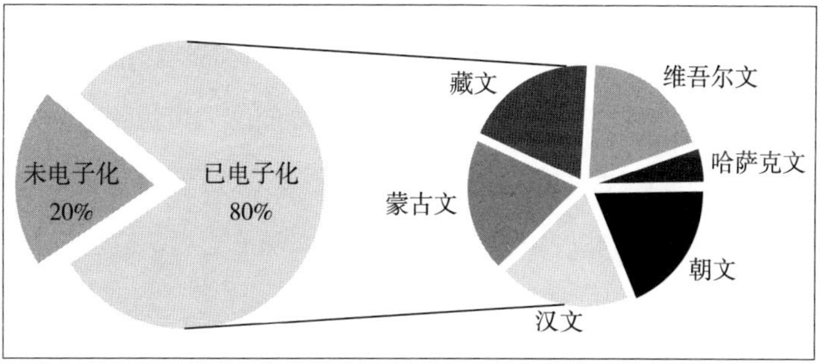

图 3-12　该机构已完成建社以来所出版图书电子转化的情况

① 该机构 2000—2008 年的文件分类工作正在进行中，因此未能计入统计数据，故其后各文种占比是估值。

字化利用及其可以创造的价值，笔者将在第五章“海外数字出版实践的启发”中做进一步探讨。

环顾我国的出版大环境，就政策而言，少数民族优惠政策、产业扶持政策、国家发展规划，等等，给足了制度性的保障；就抓手而言，东风工程、数字农家书屋、“一带一路”建设、全民阅读活动等进行得如火如荼。据2019年的数据显示，我国“开展数字化建设的农家书屋已达12.5万家”[①]，发展势头良好，并与83个“一带一路”相关国家开展了图书、电子出版物等方面的版权贸易，其中若干国家涉及该社可出版的少数民族语种；此外，全民阅读活动专门开办了“少数民族阅读”的阅读推广项目，等等，这些都是民族出版转向融合发展的有利契机，可以帮助民族类出版单位在实现社会效益的同时，兼顾经济效益，实现多方共赢。

正如《2019—2020中国出版业发展报告》中指出的：“图书出版机构在推动图书出版与新兴技术融合发展过程中，还可能面临着收益转化慢甚至收不抵支的困境。但不及时地吸纳和应用新兴技术，传统图书出版业又会在日趋激烈的阅读市场竞争中，越来越多地受到新媒体的冲击。”[②] 民族出版单位是否能忍住手术的剧痛，接受时代的挑战和召唤？在我们陷入深思之时，应想一想一位外国学者曾说的：“在一个被结构性变化重新定义的行业，没有

① 范军主编：《2019—2020中国出版业发展报告》，11页，北京，中国书籍出版社，2020。

② 范军主编：《2019—2020中国出版业发展报告》，43页，北京，中国书籍出版社，2020。

什么比什么都不做风险更大(in an industry being redefined by structural changes, no risk is greater than doing nothing)。”

第四章
民族图书出版数字化发展路径探索
——以藏文为例

伴随信息技术的长足发展和互联网的不断普及，少数民族语言文字诸如藏语文数字内容在新媒体空间的需求张力开始显现，这种需求从初期的数字形态新闻资讯向体系化内容和深度阅读延伸。遗憾的是，由于作为国内民族图书数字出版产品供应主要力量的传统民族出版机构数字化转型尚处于非常初期的阶段，来自用户方面的需求增长不能及时得到满足，产生了供需层面的矛盾。笔者依据面向全国藏文数字出版生态，尤其是对传统藏文出版机构开展的调研和学习成果，经过认真分析，在前文有关民文数字出版内容供需问题的内容中提出：传统民文出版机构数字化转型主要受制于理念、平衡、资金、人才和技术等主观及客观因素。如果希望系统性、整体性地推进民文数字出版事业，需要全盘地或者逐一地破解这些掣肘发展的问题。

纵观民族图书出版数字化转型进程所面临的这些关键问题，和全国出版业整体数字化进程所面临的挑战有共性之处，也有个性之点。共性主要体现在理念和人才层面，而不同之处则表现于平衡、资金和技术等方面。笔者之所以将行业共性问题也纳入民文数字出版领域进行探究，是考虑到这些普遍存在的挑战在特殊领域显得更加严峻，解决的途径可能更加迂回，花费可能更甚于行业平均成本。在前期现状调研和问题溯源的基础上，本章旨在将全国藏文数字出版作为一个整体考量，初步提出解决传统藏文出版机构数字化转型问题的几点思考，以期为少数民族文字传统出版机构的数字化转型提供一些参考。

第一节
转型对策思考

传统民文出版机构是我国民文内容供应的中坚力量，解决我国民文数字出版生态主要矛盾的关键，在于这个机构群体的数字化转型成效。本节以藏文为例，从理念、平衡、资金、人才和技术等五个维度，探究整体性发展我国藏文数字出版的解决之道。

一、行政外力和自我革新提升藏文数字化发展理念

处于某个时期的行业群体，其整体理念深受既有传统惯性所影响，自觉地在短时间内做出改变非常困难。前文已多次提及，藏文出版作为一种国家公益行为，由于体制因素，其在原生市场的传导性趋弱，要借助市场外力促成理念创新，较之一般的出版

力量会更具挑战。然而，这种体制属性所带来的禀赋也可能在行政压力和自我革新方面促成藏文出版机构面向数字化转型的创新尝试。

（一）行政外力干预

鉴于行业所面临的变革形势，传统藏文出版机构的行政上级在对下属单位的考核指标体系中增加新媒体影响力维度，且其权重必须是显要的。新媒体影响力指标应该成为衡量一个公益性出版机构工作成就的重要方面。如果传统藏文纸质出版当下的规模及收益掩盖了机构对新媒体用户需求紧迫性的感知，市场变化已经无法成为内容供应者的晴雨表，那只有通过行政力量强制引导国家出版力量参与到新媒体市场中去。

（二）知识结构优化

出版机构决策层的知识结构必须通过行政压力或者自我学习得到深层的优化。相较于完全成长于市场环境的民营企业，传统出版机构决策层的形成大多不是市场力量所致，而往往是行政擘画的结果。长期以来，决策层知识结构的调整无法通过用户及市场反馈完成，因此也就很难产生面向新兴业务自上向下的战略谋划。互联网、新媒体用户及市场对于产品适应性的渴望，要求产品供应方决策层具备与之相匹配的知识结构，这种知识结构能够引导整个机构进行资源配置调适，从而为新媒体用户架构稳定的、可持续的数字产品体系。

（三）年龄结构调整

理念的形成除了借助外力因素，出版机构内部应该通过优化年龄结构造成对传统保守意识的冲击，进而影响执行层及决策层的理念升级。“Z”世代被称为互联网时代的“原生民”，他们是互联网各种生活方式的最热情的拥抱者和实践者。机构自我更新、自我提升数字出版理念的方式的选择之一是在短期内加大“互联网原生民”的占比，让这个年龄群体在机构内形成能够独立孵化新产品、新管理模式的力量，从而在机构内部产生对传统惯性的挑战，营造自我革新甚至革命的可能性。

二、政策支持、标准制定和平台建设协调藏文出版数字化进程

按照主流经济学观点，解决供需平衡的资源配置问题，通过市场自身的调节机制是最为合理的。如果我们把藏文出版放在纯市场的维度，那发展民文数字出版在平衡协调方面存在的问题交由市场自身的调节机制即可。不过事实上，少数民族语言文字，其读者数量和市场规模无法支撑起可持续的商业模式。正因如此，国家将少数民族出版纳入公益性范畴，通过国家力量介入来保障民族文字及民族文化在传承和传播方面的均等性。而发展藏文数

字出版在行政范畴和区域分布维度存在的不平衡、不协调问题主要应该通过政府及行业力量，分别从政策统筹、标准制定及平台建设三个方面推动解决。

前面在《藏文数字出版问题溯源》一文中已经提及，藏文出版机构分布于中央及5个涉藏省区。中央所属的2个出版机构分属于2个不同部委，地方所属的6个出版机构分属5个涉藏省区。由于从行政层面不具备垂直属性，要统筹协调不同层级、不同区域的藏文出版力量缺乏抓手。新中国成立以来，涉藏省区协调发展问题在国内各民族区域发展问题中是比较突出的，因此自1980年起，中央已经不定期召开七次西藏工作座谈会，研判并部署涉藏省区面临的任务及解决这些任务的方针政策。随着全国及涉藏省区经济工作的长足进步，文化发展及繁荣日益成为社会主义现代化强国建设的重要内容。藏文出版作为涉藏省区文化发展繁荣的重要组成部分，其在新媒体方向的发展问题如果能成为中央西藏工作座谈会的关切，将有望从中央层面对全国的藏文数字出版进行谋划布局。这是藏文数字出版工作在政策调配方面的行政依靠力量。从行业维度看，始于20世纪80年代中期的全国藏文图书出版发行协作会议至今已经举办20届，这个会议及其领导小组是我国藏文出版工作垂直领域唯一的、全国性的行业协调力量。在传统纸质出版不断萎缩，数字出版势不可挡的当下，如何共同应对来自新媒体空间的挑战应该成为全国藏文图书出版发行协作会议新的关切。这是发展藏文数字出版工作的自身行业依靠力量。

依靠以上两个力量，我们需要从政策设计、标准制定及平台建设三个方面助力全国藏文数字出版事业。

（一）政策制定的着力点

藏文数字出版的政策设计应该由行业力量发起，然后经由行政力量进行政策制定并督促落实。政策目标需关注三点：其一是行政外力督促藏文出版机构决策层理念升级或者实现团队知识结构的完善；其二是加大人才培养，推动现有藏文出版机构新媒体人才队伍团队的构建；其三是从资金层面解决数字化转型基础设施及存量内容资源数字化的投入问题。通过以上政策支持，着力解决传统藏文出版机构发展数字出版事业的理念革新、团队建设及资金保障等问题，推动各级各地区出版机构及社会相关力量数字化转型的平衡协调发展。

（二）标准建设的关键点

藏文数字出版标准最为重要的目标是确保藏文数字资源传播最大化，为了实现这个目标，行业力量需要从三个方面入手推进标准化、规范化进程。其一是藏文数字资源的编码规范化。信息处理技术领域，在藏文 Unicode 编码被三大操作系统（Windows，MAC，Android）认可并最终实现系统级别的藏文输入输出支持之前，数字形态的藏文资源编码方式五花八门，这种差异的存在严重影响了信息传播的效率。时至今日，仍然还有一些非国际标准编码的藏文编辑软件活跃在藏文内容生产领域。藏文出版行业必须将 Unicode 作为数字资源存储的唯一编码标准，以确保内容资源在数字空间高效、自由传播。其二是藏文数字资源的存储规范化。我们在这里关注的是每一单元数字内容的结构化存储问题。对于文字内容来讲，具备统一编码属性后，结构的规范性将决定检索、交互和传播的效率。XML（可扩展标记语言）是全世界范围内最受欢迎的内容结构标记语言，目前电子书开放格式先锋 EPUB 也正是采用的该标记规范。藏文出版行业应该确立基于 XML 的数字内容资源加工及存储标准，在藏文内容结构层面形成合纵连横的局面，使资源的传播利用具备基础适配性。其三是数字资源的元数据规范化。数字内容本身的结构化完成后，需要建立描述这些资源的规范，也就是元数据规范。元数据（mata data）也被称为数据的数据，其主要目标是提高每一个资源单元的可发现性。藏文数字出版调查研究中发现的资源不可发现问题，在基础工作的层面，元数据是其重要的成因。藏文出版行业必须建立统一的藏文内容资源元数据标准，使得所有沉淀在各个机构的藏文资源可见于数字资源渠道商，可见于互联网藏文数字用户群体间。

（三）藏文出版数字平台建设

在国家政策和行业规范的保障下，我国的藏文出版机构需要联合协作，建立全国统一的藏文数字产品信息发布和交易平台。

由于协调难度，大语种出版要建立统一的数字平台几无可能，反观藏文出版力量，国家认可的具有正式出版资质的一共只有 8 家，根据对国家版本图书馆的调研数据，2000—2020 年，这 8 家出版机构出版的藏文图书品种数占全国总品种的 94.22%。如果协调 8 家机构，在前文提及的内容资源编码、结构标记及元数据等规范化的前提下，建立全国统一的藏文图书及数字资源中心，同时直接开展线上资源交易，面向藏文图书及数字产品销售渠道及最终用户提供便捷的服务，是可以预期的。与此同时，将公益性选题直接转化为数字产品，作为公共文化服务的一部分，直接在平台上向全网空间提供在线服务，更是可以树立藏文数字出版国家公益服务的良好形象。

三、建设多渠道资金支持藏文出版数字化的体系

资金掣肘是国内很多出版机构在数字化转型升级过程中遇到的普遍问题。数字化出版的趋势不待质疑，但数字出版的盈利模式还在试探中。那些先行的出版机构，其来自数字产品的市场收益尚无法应对试水初期的巨大投入，事实上，多年来国内许多出版机构的数字化投入得益于国家财政在这一领域的专项支持。比如“文化产业发展基金”“新闻出版数字化转型升级项目”“数字出版精品遴选推荐计划”等一系列支撑项目。当然还有一批民营企业完全白手起家，通过资本市场进行资金筹措，按照互联网流量思路进行产品设计、制作及分发，其中的一些成功案例已经为业界津

津乐道。然而前文已述及，少数民族文字的用户规模及其应用场景无法支撑其数字出版可持续的商业模式，因此发展藏文数字出版事业，在资金维度，笔者认为应该从财政专项支持、政府采购保障及社会资本联动三个方面入手。

（一）藏文数字出版财政专项支持

一般来说，国家助推产业发展主要体现在两个维度。其一是国家垂直领域的支撑政策，主要来自中央各大部委；其二是区域行政方面的自主政策，主要来自各省市自治区。显然，按照现行模式，中央面向垂直领域安排的资金无法聚焦到某单一文字的数字出版方向，藏文出版机构在全国新闻出版数字转型的各类支撑项目的争取中鲜有所获。再看地方性产业发展扶持能力，涉藏5省区经济实力在全国排名不变，可以用于发展新型业态的资金可谓捉襟见肘。藏文出版数字化转型及发展依靠地方财政支持存在现实困难。由于国家层面尚无针对具体语言文字数字化出版的政策规划，各文字主要应用地的经济发展情况和财政能力各不相同，可能导致各民族文字出版数字化转型及发展不平衡、不充分。党中央和国务院历来对涉藏省区稳定及发展重视有加，文化安全和文化发展在新时代更作为重中之重得到关切。文化安全和发展的根基是阵地，建立藏文数字出版阵地是建立和拓展藏文数字空间话语权的基础性工作。中央及国务院统筹西藏及其他涉藏省份工作的相关部门如若能在未来相关规划中设立藏文数字出版财政专项扶持资金，帮助藏文出版机构为主的各方参与者全面完成数字化转型，完成新媒体阵地建设，则将对多元一体的中华文化在网络空间的广泛传播产生巨大的助益。

（二）政府采购保障政策

可持续的发展往往需要依靠市场机制来实现。关于资金问题，在前文已提出设立藏文数字出版财政专项扶持资金，是在新媒体转型这一特定时期的权宜之计，它解决的是藏文出版机构阶段性的数字化转型问题。而藏文数字出版发展的驱动力离不开市场，但有别于常规意义的市场概念，这里所指是公共文化服务市场。笔者反复强调，无论是藏文还是其他民族文字用户规模及应用场景不足以支撑一个完整的出版商业模式，无论在传统纸质出版主导的时期，还是未来数字出版大行其道之时，这都是必须面对的现实。藏文出版作为国家公共文化服务的一部分，其数字产品应该作为公共文化数字服务的重要组成部分。为引导藏文出版数字化的可持续发展，建议国家建立长期的政府采购机制，将藏文数字产品作为公益文化服务的内容组成部分，设立科学的年度采购计划，一方面将产品源源不断输送到各个藏文新媒体聚集的网络空间，另一方面鼓励内容设计和生产机构向新媒体产品配置更多资源，加大投入，开拓新媒体阵地，筑牢藏文网络空间话语权。

（三）鼓励社会资本联动

藏文数字出版缺乏基于自由市场的收益回报投入再生产的机制可能，因此无法吸纳自由市场的资本进行创新或者扩大再生产，最终实现资本回报。但是如果上文所憧憬的政府采购的保障政策能够稳定，让藏文数字出版行业培育出一定体量的规模，并释放出良好的社会传播效益，就有可能吸引一些市场资本和社会公益资本加入。

市场资本参与藏文数字出版可能出于两个方面的动力，其一是通过持续的政府采购保障使其得以实现长线的收益回报；其二是其经营的其他市场业务能够借由这种公益性公共文化服务的参与得到隐性的或者间接性的回报。随着我国经济社会发展的不断推进，公益事业必然会牵动各方力量的加入。少数民族文字在新时代、新媒体环境下的发展必将受到社会各方的关注与参与，藏文数字出版的主流力量应该抓住这个机遇，深化体制机制改革，优化内部管理体系，积极联动市场资本及社会公益资本，共同打造和经营数字化的藏文公共文化服务矩阵。同时，政府方面应该制定相关优惠政策，鼓励市场资本和社会资本加入到藏文数字化公共文化服务体系中来，发挥传统出版机构的内容和人才资源优势，培育出一个良性的、可持续的藏文数字出版发展模式，为国家公共文化服务添砖加瓦。

四、探索多维度的人才培养机制

要探究如何解决藏文数字出版的人才队伍问题，首先需要分析一下发展数字化藏文出版需要什么样的人才。传统纸质出版的人才结构非常成熟，围绕图书产品不外乎编务、印制和发行。数字时代，出版的载体、呈现和传播都发生了变化，传统出版机构现有的人才结构无法应对这种技术进步带来的全方位挑战。新的产品形态和传播方式要求传统机构组织新的人才队伍进行创新探索。尽管如此，对于提供服务或者具体产品的实体来讲，无论形态和渠道如何变化，产品和营销一直是主题。藏文数字出版人才队伍的构建自然也需要围绕这两个主题进行。产品维度涉及产品设计和产品制作，前者需要对藏文知识界、藏文读者群体和藏文互联网有较好的触感，后者需要熟悉文字、音频、视频各类处理软件及藏文信息处理技术，能够把前者的设计思路落实到具体数字产品中。

数字产品设计、制作和营销岗位对人才的任职资格要求是有差异的。显然，设计和营销需要具备较为丰富的从业经历，是业态经验型的工种；而制作则是仰仗特定工具的技术型工种。传统藏文出版机构应该依据这种不同岗位任职资格的特性来制定数字化人才团队的培养计划，通过社会人才转化和学校联合培养等方式逐渐丰富藏文数字化人才群体。但我们也应该清醒地认识到，就当下情况而言，要立即建立覆盖数字出版生态的人才团队，对于藏文出版机构来讲是一个不现实的目标，因为市场没有这样的人力资源供应能力。前文提及学校联合培养的模式，需要时间成本，适合作为中长期的计划。而短期的人才需求只有通过具体数字化项目的实施进行动态、实时的转化。这种过程将促进内容、技术和市场人员之间的不断磨合，逐渐形成目标一致性的数字化团队，并且从其中培养出能够通晓产品和营销的复合型人才，而这种人才将成为未来藏文数字出版的中坚力量。

五、政府主导支持关键技术攻关

我国少数民族文字基础性的信息化工作历来受到党和国家的高度重视。这种关照和支持尤其体现在出版行业中，曾经助力少数民族文字出版脱离“铅与火”的轨道而顺利迈入“光与电”的时代。藏文数字出版事业的开启与发展依然离不开国家在信息化、数字化方面的关键技术支持，这些关键技术事关藏文数字化的效率、应用和传播问题。

（一）藏文文字识别技术

藏文文字识别技术在过去一些年来有了长足的进步，在基础研究层面，目前印刷体的识别率已经接近理想的状态，手写体也取得比较可观的成效。一些企业基于研究机构的成果参与产品层面的研发和推广，但是参与的热情因为市场的局限得不到持续的保障，从而使一些零星的产品在应用层面无法持续得到优化。文字识别技术关乎历史纸质藏文内容的批量数字化的效率问题，更涉及藏文在移动设备上的各类识别应用的可行性问题。建议有关机构充分地利用“产学研”模式取得的经验，支持研究团队和高校学者持续优化藏文 OCR 识别的效率，并将这些基础成果通过企业转化为产品，让产品用户的反馈成为下一轮基础研究的动力。

（二）藏语语音识别技术

近年来，主流语言的语音识别的广泛应用似乎使其成为人工智能领域的排头兵，无论是语音转文字还是逆向转换都找到了非常生活化的使用场景。各类应用的不断拓展和深入又反哺了语音识别的准确率。藏语语音识别的试验性应用偶尔有所“出没”，但还完全没有达到普及的可能，加之方言差别因素，产品级的解决方案尚未能落地。语音识别是一项对语料有着重度依赖的研究，语料建设又具有高投入，长周期的特点，国家应该鼓励更多科研机构、高校和企业参与到藏语语音识别关键技术和海量语料建设的基础性工作中，并给予持续的政策和财政支撑。

（三）藏语自然语言处理

自然语言处理作为人工智能的一个分支，其目的在于使机器能够理解、处理和生成人类语言。自然语言处理的研究成果应用于数字出版的可能性在不断增加，尤其是在内容的智能聚合和自动审读等方面具有广阔的应用前景。藏语自然语言处理的基础研究将决定未来数字藏文内容自动产生的效率和藏文内容自动审读的可靠性等一系列问题，甚至关乎这个语言在人工智能时代的去留问题。因此，笔者呼吁国家加大对藏语自然语言处理基础研究的投入，这将是一项着眼未来藏文数字出版发展的趋势保障。

综上，藏语言使用群体地域分布上的分散性和地方性语言的差异性，使得整体性发展藏文数字出版具有相较其他民族文字更加错综的复杂性。因此笔者选择藏文作为一个标本，并基于广泛的调查研究和深入的分析，以窥探我国民族文字数字出版工作。如果全国的传统藏文出版机构能够参考上述对策探索出一条兼具自身特色的数字化发展之路，那么我国民族出版的数字化转型也就基本有了一个可供选择的模板，这也是笔者本次调查研究的真正意义所在。

第二节
机构用户的需求探索：对某藏文化图书馆的数字资产管理调研

众所周知，专业出版社的主要营销渠道是馆配供给。在纸书时代，图书馆之于专业出版社可以用“大后方”来形容：专业图书印数少、销售渠道狭窄、“货架寿命”短，而大量学术图书副本，是由图书馆来吸收、消化、传播，并无限延长了纸书的货架寿命。

但到了数字时代，二者在合作共生的关系基础上产生了一定程度的竞争性——随着专业出版机构自身数字资源平台的逐步建立，其自身用户流量积累及对版权保护等方面的要求，对图书馆的生存空间造成了一定的压力：不少出版单位试图通过不同形式的销售甚至免费分享电子书产品，如自建网络销售平台、在线阅读、“阅读器＋内容平台”模式等增加用户积累及消费。2015 年始，随着我国智能手机的普及率达到 62%，一线城市达到 94%，[①]2021 年，我国手机网民规模达 9.86 亿，网民使用手机上网比例达 99.7%。[②]“社交媒体＋电子书阅读”的模式更是将读书行为“社群化”，其纸质书籍网络再版的形式，为传统出版机构开辟了一个新的经济增长点（但根据研究显示，微信等社交媒体的网络再版，多聚焦于知名度较高的书籍，对学术图书的关注度很低）；另一方面，公共图书馆致力于打破学术壁垒、提高学术资源的传播效率，而本就举步维艰的专业出版机构又有生存和发展的基本需求，即出版机构的经营属性和公共图书馆的公益属性之间因性质的区别而存在一定的天然矛盾，因而，甚至有学者以“博弈论”的视角在探讨两者间的合作与利益冲突的问题。也有学者基于对数字出版产业链的广义定义：“由各类数字出版关联企业所组成的数字出版机构联盟，联盟之中的各企业以数字出版价值链为基础的，互相之间具有追加

---

① 智研咨询集团：《2020—2026 年总共微信公众号行业市场经营风险及投资战略规划分析报告》，2019 年 10 月 25 日。

② 张立主编：《2020—2021 中国数字出版产业年度报告》，15 页，北京，中国书籍出版社，2021。

价值关系”[①]，研究图书馆与数字出版产业链各环节合作的可能性。其中，与产业链上游的内容提供商即出版机构的合作无疑是重中之重。

一、专业出版社与图书馆

技术革命的新时期，业界及学界从图书馆发展的视角所探讨的图书馆与学术出版行业的关系模式，大致分为与出版机构结为战略合作伙伴关系和图书馆自身成为学术出版主体两大类。

第一类，是在数字资源使用（如合理的定价策略、双方资源内容的合作等）及市场竞争中（如创建良性的市场竞争环境、版权保护等）建立利益平衡机制，并在此基础上形成战略合作伙伴关系。[②]

第二类，始于20世纪90年代网络技术得到空前发展而随之兴起的开放存取运动（OA，Open Access Movements），该运动旨在打破学术出版机构对内容资源的许可限制，减少在获取及使用学术资源过程中的经济障碍，实现学术资源的开放共享。在此过程中，学术图书馆将自身从与出版机构合作者的角色，转换为出版产业链中的一环，实现“从学术出版旁观者（支持学术出版）到介入者（参与学术出版），最终成为执行者（开展学术出版）”，即

① 牛晓宏：《基于数字出版产业链的数字出版机构与图书馆合作策略研究》，载《现代情报》，2013，33（11），8页。

② 肖艳珠：《基于利益平衡机制的图书馆与数字出版机构合作研究》，载《图书馆工作与研究》，2018（263），67~71页。

图书馆成为出版者。[①] 而这一类形式，已然在改变国际学术出版（期刊、图书）的格局，甚至有学者认为是“大势所趋”。[②]

即便如此，开放存取形式下专著的出版也存在一定的问题：在当前的体系下，学术专著的出版主要是通过“金色开放获取”“绿色开放获取”和机构资助实现，前者由出版机构提供获取，但作者自付费用昂贵；绿色获取的开放资源由作者提供，成本低但同时作者的各项权益保障也较低；机构资助的资源是开放获取资源非常重要的组成部分，然而资助的范围及力度有限。另外，上述开放资源都存在潜在的质量风险。2012 年，英国的非盈利开放获取机构 KU（Knowledge Unlatched）尝试建立全球图书馆采购联盟（a global library consortium），以联盟成员集体挑选学术专著并分摊出版成本的形式，与出版机构合作，实现主动筛选图书的出版。[③] 这一形式将传统出版产业链中图书馆被动接纳文献资源的局面，转变为向学术出版机构“订购”的主动模式，其诸多优势，详见任翔博士《开放获取能否拯救学术专著出版?》一文。值得一提的是，相对于自然科学领域充足的出版及采购经费，人文社科领域相差甚远，而 KU 正是立足于人文社科领域的平台。值得注意的是，文中对“KU 模式”对传统形式出版体系的颠覆力作

① 孙杰、吴芳、李珊珊：《基于开放获取的图书馆学术出版策略与发展模式探析》，载《图书馆工作与研究》，2019（282），6 页。

② 参见吴玫：《“开放获取运动”与国际学术出版变局》，见《中国青年报》，2017 年 2 月 3 日，第 3 版。

③ 任翔：《开放获取能否拯救学术专著出版?》，载《出版广角》，2013（12）。

了有力的剖析，指出："一旦做大，KU 模式将边缘化出版商在整个产业链的角色——出版商不再是链接各方的核心纽带，只是提供出版服务和质量控制的内容加工商。图书馆联盟将成为产业链的核心。"为此，学术出版机构应如何应对图书馆行业的跨界竞争，是值得深入思考的命题。

根据相关研究显示，我国对国际开放获取的关注及合作度尚待提高，参与的项目也多数是自然科技领域，如国家科学技术部支持的"中国预印本服务系统"（主要收录国内科技工作者自由提供的预印本文章）、"中国科技论文在线""开放获取期刊"（主要包括动物学、医学、生命科学）、"香港科大机构 OA 仓储"等，[①] 人文社科领域更少。在上文所提任翔博士的文章中指出：我们的学术专著体系（作者的出版行为，出版社的经营思路，图书馆的采购）依然在传统框架中，"如果出版商不能及时地适应开放思路，并创建新的附加价值，那么在不远的将来，开放获取可能拯救学术专著出版，却拯救不了学术出版商。"

多数专业出版社及图书馆尚且如此，民族类出版机构及图书馆的状况自不待言。但无论图书馆是作为学术出版机构的合作者，抑或是在未来要发展成为学术出版的"旁观者、介入者、执行者"，学术出版机构与专业图书馆是相生相依的关系。作为民族类学术出版链条上的重要一环，对民族类图书馆进行了解，并探索如何

① 宛福成：《开放获取运动、政策与服务综述》，载《情报科学》，2006（11），1751 页。

与之共谋发展，进行高效的、互利的知识传播，是探索民族出版之生存与发展问题中不应忽视的一环。也基于此，笔者将2009年赴美留学期间，对纽约某藏文化图书馆内容资产可访问性所做的数字资产管理流程分析及改进建议的课题作为数字出版探索实践的案例分享于此，以期为民族类出版机构在理应提上日程的向用户提供数字内容供给这一重要问题上，提供参考思路。

二、为L藏文化图书馆的内容资产可访问性所做的数字资产管理流程分析

位于纽约的L图书馆，致力于以丰富的多媒体馆藏展示中国西藏当代的和世俗的文化，并努力成为全球范围内该领域重要的图书馆。该机构主要方向是收藏我国大陆地区现当代公开出版发行的书、报、刊、音视频资料，以向西方社会介绍我国本土的涉藏文献及出版物，成为展示中国西藏当代风貌的窗口为特色。笔者调研时，L图书馆数字资产的状态是一个只能通过Gyalrong文本数据库项目渠道呈现的二手信息资源，这种情况大大降低了图书馆的使用效率。为转变这一现状、提高服务质量，笔者当时的调研旨在研究公共图书馆如何通过改善其数字资产的管理来释放更多的馆藏核心资源，以提高其馆藏多媒体资源可访问性的性能问题。此外，版权问题是阻碍该馆实现内容发布的另一重要障碍，更多地属于法律范畴，故不属本书重点关注的对象。

为达成上述目的，需要对L图书馆内容资源数字化水平和数

字资产管理之工作流程进行评估，分析其数字资产管理的状况，进而探索提高馆藏资源可访问性的途径。

笔者采用定性研究的方法，通过实地调查及对L图书馆管理者及其两名图书管理员进行电话采访的方式，收集图书馆的一般信息和具体数字资产估算数据，并结合文献及与数字资产管理相关的产品信息进行性能优化研究。

课题的预期成果是推荐成熟的DAM工作流软件，以提高其数字资产的使用性，并探索在某种程度上解决版权问题。

（一）数字资产、数字资产管理及文化保护

1. 数字资产（digital asset）

当下，图书馆对数字出版资源的需求越来越大，因为数字出版具有多方面的优势。“一本数字图书可以以在线或实物的形式（CD-ROM，软盘等实物载体），向公众提供包含一个或多个有专题特征（monographic character）的文件”[①]，运输和存储极为方便，人们也可以使它们从不同的资源处获得相互关联[②]，“电子书更容易获取和搜索。因此，图书馆运营模式的聚焦点是对电子文献的馆藏，并将它们进行集成。”[③]

---

① Zivkovic，Daniela. *The Electronic Book：the Change of Paradigm for a Changing Bookmarket.* Berlin：BibSpide，2005.

② Sharon Tahirkheli. *Becoming Digital.* Geotimes，2001，46（1），5.

③ Dillon，D. *E-books：the University of Texas Experience.* Library Hi Tech，2001，Vol. 19（2），13.

在数字时代，越来越多的电子文档，包括文本、图像、图形，以及用于出版物的版面，甚至是声音和视频，都被转换成数字文件并存储在电脑上，这些都可以被视作数字资产。但数字资产不仅是模拟产品的数字化再现（digital assets are not only simply the digitized renditions of analog artifacts），它们还有着自己的属性，即这些被数字化存储的多媒体信息，是可被重复利用的有价值的资产，也是出版社内容数据库和数字图书馆的核心资产，而两者正是通过对数字资产的整合，为读者提供所谓“定制信息的服务”。而“不能为社区中的个人或群体提供量身定制服务的数字图书馆，将被视为没有履行其提供最佳服务的义务……（数字图书馆）必须积极主动地为个人和社区提供定制信息的服务，并支持社区获取、建构、共享知识的努力。”① 正如 Witten 博士和 Bainbridge 博士所说：“实体图书馆已经存在了 25 个世纪，而数字图书馆只存在了 12 年。”②

在今天的信息社会中，数字图书馆无疑将成为新世纪最重要和最有影响力的机构之一。信息革命不仅提供了数字图书馆的技术驱动力，而且对存储、组织和访问信息产生了前所未有的需求。Witten 在他的《如何创建一个数字图书馆》一书中说：“如果说信

---

① Witten I. H., Frank *E.Data Mining: Practical Machine Learning Tools and Techniques with Java Implementations.*San Francisco: Morgan Kaufmann, 2002, p8.

② Don，Bainbridge，Witten. *The design of Greenstone 3：An agent based dynamic digital library.* 参见 http://www.greenstone.org/docs/greenstone3/gs3design. pdf，2002.

息是知识经济的货币，那么数字图书馆将是信息投资的银行。”①

2. 数字资产管理（digital asset management，DAM）

如何有效地管理并高效地利用数字资产，是 DAM 需要解决的问题。DAM 系统的主要功能是多样的：全文检索、版本和副本制作控制、图片缩略、使用跟踪等②，因此，数字资产管理是出版社内容数据库和数字图书馆最核心的工作之一。对二者而言，实现以 DAM 系统调整其之前的管理系统是至关重要的。管理数字资产，“我们需要根据元数据对它们进行分类和标记，并改变共同工作的方式”③。正如托马斯·库恩在他的范式转换理论中所论证的：当某一领域的范式发生转变时，不仅从事这一领域研究的人将被取代，而且对它的评估基准和整个社会对它的传统心理学研究也将改变，因此新旧范式之间是没有可比性的④。

3. 文化的保存、传播与出版社、图书馆的数字资产

尽管两个行业在诸多方面，比如信息采集方式、文献流通方式、文献分发目的等层面上有很大的差异，但出版工作和图书馆工作的共性在于对人类知识的保存与传播。

---

① Witten，Bainbridge. *How to Build a Digital Library.* San Francisco：Morgan Kaufmann，2003.

② Frank Romano. *Digital Asset Management.* Paramus：National Association for Printing Leadership，2001.

③ Geoffrey E. Bock. *Designing Metadata An Implementer's Guide for Organizing and Using Digital Assets.* Bock and Rock Company，2005.

④ Thomas Samuel Kuhn. *The Structure of Scientific Revolutions.* Chicago：The University of Chicago Press，1962.

在全球化的趋势下，不仅是人类的传统文化在其传承及传播的意义上普遍面临巨大的挑战，即便是当代文化，也面临着如何被恰当地记录并被妥善保存的问题。而对于博物馆、图书馆等机构，何种形式的保存才能被定义为“保存”？这一问题曾在数字技术新兴之初曾引发过不少的争议：

保守主义者认为：保存，指的是保持它的原始形式，不能以任何方式改变它，否则就只能称之为“改变”而非“保存”。同时，还有许多人将某些文化所受到的时代性威胁归因于信息技术加速了全球化，造成某些文化的消亡，或者模糊了许多文化特质的边界，因此在文化保存领域激烈地反对承认数字化保存的形式。但信息技术只是一把双刃剑，既可以以海啸之势几乎在瞬间卷走一切我们曾努力想保存的各自的文化特质，也可以以前所未有的方式储存、保护并共享人类所有的文明成果，即所谓的“数字保存的悖论”：“数字保存存在一个固有的悖论。一方面，它的目的是将过去以一种不变的、真实的状态传递给未来；另一方面，这样做不可避免地需要一些改变。”[①]Phil Bartle 博士在分析文化及文化保护的特征时认为，简单地保持一种文化的原始形态只能导致其死亡。对文化来说，“想保存它”这件事本身就是一个危险：“You are a danger if you want to preserve it”——他在《文化的保存》(*Preserving Culture*) 一文的开篇这样写道。然而，他

① Kenneth Thibodeau.（April，2002）. *Overview of Technological Approaches to Digital Preservation and Challenges in Coming Years.* In Council on Library and Information Resources，The State of Digital preservation：An International Perspective.

并不是说我们人类应该抛弃所有的传统存留，只与崭新的事物共存，而是认为“保存的过程其实就是修改某事，以使其能够持久，使其不会改变。(The process of preservation is one which modifies something so that it will last, so that it will not change.)”他强调，随着时间的推移，变革是一种文化能够获得生存和繁荣的唯一途径。①

直到2003年在马里兰州举行的第18届美国国家档案局年会(annual conference of the National Archives and Records Administration)之前，关于对文化是要选择数字技术还是模拟技术进行保存的争论一直悬而未决。根据Maria E.Gonzalez在斯坦福Abbey新闻通讯(Stanford' s Abbey Newsletter)上所发文章的简要总结，尽管该会议没有为数字保存制定具体的标准，但采用数字技术对文化内容的保存格式进行转换的形势变得更加明朗。②

文化若要使其自身具有可持续性，就需在不同的环境中针对不同的受众，形成不同的呈现形式。设想，如果将文化和对它的保存方式以一个着装的人来比喻：文化是身体，保存方式是衣服，根据常识，一个人在不同的情况下肯定会进行不同的着装。同样，保存文化的方式也会随着环境的变化而改变。对于我们这些生活在计算机和网络时代的人来说，数字化和互联网已经成为全球范围内保存

① Phil Bartle. *Preserving Culture.* 引自http://www.scn.org/cmp/modules/emp-pre.htm，2009.

② Maria E. Gonzalez. *Preservation Reformatting Conference：Digital Technology vs. Analog Technology*，Abbey Newsletter，2003，26（5）.

和获取文化的首选。

不少人认为，通过数字技术来保存文化只是一项简单的技术任务，但OCLC研究公司的Brian Lavoie和Lorcan Dempsey对其意义进行了深刻的观察："保存数字遗产不仅是一个长期保存数字信号的技术工作，同时也是一种社会和文化活动：选择需要被保存的对象及其保存形式；从使我们有限的手段与充满雄心的目标相匹配的意义上来说，它是一种经济活动；从定义学术和文化记录需要何种权利及特权以保证其能获得永久性的维护的意义上来说，它还是一种法律活动。"[①] 即，将文化遗产以数字形式进行保存及应用，不仅涉及复杂的数字资产管理工作，还涉及学术和文化伦理的相关法律工作。

在数字形式的文化保存问题上，美国佛罗里达大学计算机信息科学与工程系Su-Shing Chen教授将其与传统保存相比所面临的挑战进行了深入的评估，认为这些挑战主要来自技术方面："……信息基础设施的弱点；数字信息的长期保存受到载体寿命短、软硬件陈旧、旧媒体阅读速度慢、网站倒闭等问题的困扰。(…weakness in our information infrastructure.Long-term preservation of digital information is plagued by short media life, obsolete hardware and software, slow

① Lavoie, Dempsey. *Thirteen Ways of Looking at Digital Preservation.* D-Lib, 10 (7/8), 2004.

reading times of old media, and defunct websites.)”① 正如所述，大多数硬件或软件产品通常在首次发布五六年之后才会上市。这一问题造成的结果，是最终可能会影响长期用户对信息可访问性的诉求——而“数字保存系统的主旨，是保障用户可在很长一段时间内访问它所包含的信息。”斯坦福大学图书馆的 David S.H.Rosenthal 的反馈表明当时数字内容可达性尚不尽如人意，不能满足读者需求的实际情况。② 幸运的是，这些担忧由于信息交换的研究在近年取得了巨大进展而得到了很大的缓解。通用技术，如 XML（可扩展标记语言），使信息自身越来越独立于特定的软件平台甚至硬件载体。这些新兴技术，更好地保证了信息数字化的可持续性，使以数字形式保存文化的方式变得更加务实。

也有一些人对该领域数字出版的认知局限于：它只是一个对传统出版物进行扫描和电子分发的过程。然而，东肯塔基大学的 George V.Landon 教授在他的论文中指出：“手稿、卷轴、手抄本、变质胶卷、碑文和岩画艺术等物理文档形式都包含着丰富的人类文化内容，而这些知识是标准书籍扫描技术无法获取的。”③ 对各种文档形式的数字化技术均需要被开发和推广，而庞大的数据库的建立和智能知识服务体系的建立，正是需要出版工作及图书

① Su-Shing Chen. *The Paradox of Digital Preservation.* Computer，2001，34（3），pp.24~28.

② Rosenthal，Robertson，Lipkis，Reich & Morabito. *Requirements for Digital Preservation Systems : A Bottom-Up Approach.* D-Lib，2005，11（11）.

③ George V. Landon. *Toward Digitizing All Forms of Documentation.* D-Lib，2009，15（3-4）.

馆工作的深度参与。正如 Deanna Marcum 和 Amy Friedlander 在他们的论文中所述，数字保存的主要挑战是“保存跨平台的内容，并对这些内容实现有意义的访问（preservation of content that may be platform-independent together with meaningful access to that content.)”[①]。

上文所阐述的有关数字资产、数字资产管理及文化保存的一些相关问题，旨在表达“数字资产管理不仅仅是技术问题”的理念。这个虽然在当下看来可能是“不言而喻”的事情，但事实上是经历了相当长时期的争论才达成了对上述问题的共识，笔者认为只有对早期有关数字资产保存的观点有些大致的了解，才能比较恰当地启动对 L 图书馆数字资产管理的个案研究。

由于国内外学界对西藏文化的研究主要集中在历史和宗教方面，在美国建立的一些相关的数字化项目中，最著名的是西藏和喜马拉雅数字图书馆（THDL，Tibetan and Himalaya Digital Library）和藏传佛教资源中心（TBRC，Tibetan Buddhism Resource Center），它们均集中关注宗教领域，哈佛大学数字图书馆的馆藏也多为历史及宗教文献，而为普通公众提供广义文化内容服务的资源平台很少，因此，L 图书馆作为一个致力于向广大读者提供中国西藏当代和世俗文化文献的可检索数据库的图书馆，其存在具有现实意义。它通过开放多媒体资源，为公众提供智力

① Marcum，Friedlander.*Keepers of the Crumbling Culture：What Digital Preservation Can Learn from Library History?*. D-Lib，2003，9（5）.

交流的平台，期待人们增进对现代中国西藏研究的兴趣——这一着力点，也使其成为一种独特和重要的存在。L 图书馆主要致力于当代资源的收藏，这意味着他们已收集的很多素材本身的初始格式可能就是数字形式，此外还有大量需要被转化为数字资源的出版文献，所以如何管理这些数字资产，使其得以以更有效的形式提高资源的开放性和可及性，是调研最具意义的内容。

（二）问题调研

本课题的目的是通过对 L 图书馆的数字化水平进行评估、分析其数字化资产管理的工作流程，重点探讨图书馆当下的 DAM 系统的发展阶段，并提供具有可行性的解决方案，最终提高公众对该馆数字资产资源的高效访问性能。

在调查采访过程中，笔者发现版权问题是 L 图书馆资源内容发布的主要障碍之一，且尚未有积极的计划改善。因此在文末，对此进行了简单的探讨。

1. 一般情况调查：收集与 L 图书馆的数字资产及其 DAM 工作流程的相关数据

(1) 第一次采访获取的一般信息[①]：

① L 图书馆是全球目前唯一一个专门收藏中国当代西藏图文及视听资料的图书馆。

---

① 根据 2009 年 3 月 15 日对 L 图书馆馆长 P 先生进行的电话采访，见附录 1，访谈 1。

②馆藏约有1万本纸质图书和1万册纸质杂志，尚未数字化。

③馆藏西藏文学文献的50%以上是历史文物，其中许多已有800—900年的历史。

④目前尚无以数字加工、展示馆藏图片及文字文献文物的计划。

馆长P先生说，图书馆目前所有的问题既非财务也非技术方面，而是人手不够的问题。

(2) 第二次采访收集到的主要信息和印象[①]：

①L图书馆计划在三年内提供全文内容的服务，但版权是阻止他们释放资源的一大问题，且尚未有解决此问题的建设性方案。

②该馆尚未运用流量信息数据监控本馆网站，表明系统管理权限较低。应提示对此基本和重要信息的关注，因为网站是一个图书馆至关重要的门户和平台。

此外，我们讨论了图书馆的编目系统、元数据系统、变音符系统、目前的联合编目情况以及读者服务的一般情况。

2. 数字资产评估

技术方案是数字图书馆多媒体资源管理的基础，也是数字资产保存的核心问题。因此，为了进一步了解信息，笔者在2009年6月初创建了5个调查图表，用于评估L图书馆的数字资产及其管理的现状。

---

① 2009年5月9日在纽约市进行，采访对象：L图书馆图书馆信息系统管理员P先生和L先生，见附录1，访谈2。

(1) 馆藏及数字化水平

为了解 L 图书馆之馆藏及其馆藏资源数字化的情况，笔者做了如下调研表[①]，(见表 4–1) 经统计发现，该馆当时只有 30%—40% 的图片及视听资料馆藏被数字化。Gyalrong 文本项目是以 PDF 格式在线发布。数字资产的比例非常小。

表 4–1　馆藏及数字化情况调研表

馆藏	数量（单位：种）					数字化情况		3 年内数字化规划	在线项目
	藏文	汉文	英文	蒙古文	其他	已做	未做		
历史文献：木刻版（梵夹装）									
出版物（纸书）									
学术期刊									
杂志 / 通讯									
报纸									
视频材料（DVD、CD、磁带、录像带、录音带）									
微缩交卷									
唐卡									
绘画									

① 表格中的具体数据属内部资料，不做刊出。

续表

馆藏	数量（单位：种）					数字化情况		3年内数字化规划	在线项目
	藏文	汉文	英文	蒙古文	其他	已做	未做		
其他艺术									
日历									
木雕印刷板									

(2) 数字资产转换

为了保存和利用这些馆藏资源，需要将印刷材料、视听文件和其他形式的资料转换为数字信息。在转换过程中，选择一种规范、先进、实用的转换技术是非常重要的。一般来说，评估数字资产转换系统的主要尺度，是信息转换技术成本低、速度快、准确率高。转换后的数字化文件占用内存小，并可以通过网络高速传输，最终实现全文检索。

调研时，L 图书馆尚无多少内容资源被转换成数字形式。部分视听资料为原始数码格式；视频资料在 Mac 电脑上使用 iVideo 转换为 MPEG 扩展名文件；纸质材料和绘画文献的转换仪器采用 Scanger CS8.2.7X，并生成 PDF 格式。不同文件格式没有分类，被保存在一起，如 JPEG，TIFF，HTML 等，没有使用 XML 格式。(见表 4–2) 而 XML 格式可以为文档提供新的交换和处理机制，因为它已是事实上的内容支持标准。

表 4-2　数字资产转换

<table>
<tr><th colspan="3">Digital Asset Conversion（数字资产转换）</th></tr>
<tr><td rowspan="7">Efficiency of Conversion（转换效能）</td><td>Conversion System（转换系统）</td><td>1. Printed materials：Scanner CS8. 2. 7X JPEG → PDF
2. Audio-visual materials：Original digital format：MPEG
3. Painting：Scan → JPEG → TIFF</td></tr>
<tr><td>Speed（速度）</td><td>Fair</td></tr>
<tr><td>Accuracy（准确率）</td><td>Good</td></tr>
<tr><td>Cost（费用）</td><td>Low</td></tr>
<tr><td>Memory Footprint（内存占用）</td><td>Adjustable</td></tr>
<tr><td>Network Transferring Possibility（网络传输可能性）</td><td>√</td></tr>
</table>

(3) 元数据

①编目软件：LibraryWorld3.2 版是 L 图书馆自 1999 年以来采用的图书馆编目软件，作为其编目和存储库代理（repository agent）。该软件对 USMARC 要求较高。该馆信息管理员表示，除非对 MARC 有很强的了解，否则管理员很难掌握和操作该系统。[1] 此外，软件的缺陷，如过度提醒、界面不可修改等，也影响了图书馆员工作的有效性。

②编目规则：采用 AACR2（Anglo-American Cataloguing Rules，即《英美编目条例》，简称 AACR）。AACR 被设计用于构建各类普通规模图书馆的馆藏目录和其他清单。其制定的规则涵盖目前图书馆常规收集的所有馆藏资料的描述和接入点条

① 见附录 1，访谈 3。

款（provision of access points）。它有许多编目代码及规则，且AACR在国际上应用广泛。AACR2是供编目员对文档进行编目的手册，用于给指定文档制作书目信息。L图书馆选用的AACR2（1988年修订版）是世界上大多数图书馆使用的AACR的最新版本，它是世界通用的标准，具有良好的可交换性。

③分类法：由于杜威十进制分类法（Dewey Decimal Classification，DDC，第22版）是8种分类法中最简单的一种，其节缩版适用于小型图书馆，故L图书馆最早的数据库创始人选择其作为该馆的分类标准。杜威的用户友好性很高，据此次调研统计，L图书馆96%的英文馆藏和25%的藏文馆藏都在使用这种分类方法。

表4–3 元数据

Metadata（元数据）	
Cataloging Software（编目软件）	LibraryWorld：keeps catalogue records & circulation
Cataloging Standard（编目标准）	UAMARC
Cataloging Rules（编目规则）	AACR2（Anglo–American Cataloguing Rules，1998 Revision）
Metadata Description Area（AACR2）（元数据描述范围AACR2）	1.Title & statement of responsibility 2.Edition 3.Material or type of publication，specific details 4.Publication，distribution，etc. 5.Physical description 6.Series 7.Notes 8.Standard number and terms of availability

续表

Metadata（元数据）	
Classification System （分类系统）	Dewey Decimal Classification（Edition 22）. Has been used for 96% of English & 25% of Tibetan collections
Diacritic System （转音系统）	Wylie：convenient to convert to Tibetan spelling
File Naming Convention （文件命名约定）	Oral Histories：name_disc# Photos：Index name（person，place，collection）_number

(4) 存储系统

存储系统应满足有效库容的条件，并提高数字资产的利用率。可靠性也是评估存储系统一个非常重要的因素；此外，每次数字资产的增加，都要求系统预留合理的可扩展空间。

LibraryWorld 以 395.00 美元／年的价格为用户提供 100MB 的存储空间和它的图书馆管理软件，不过事实上，LibraryWorld 只是一个编目程序，与多媒体内容无关。换句话说，其系统和存档空间是为编目而设计，而非为了内容而设计。它不能很好地展示视听材料、图片或印刷出版物的馆藏。

显然，这一情况无法实现图书馆的未来计划，即存档和展示他们的“照片、原版绘画及其他没有版权问题的馆藏资源”。①

① 见附录 1，访谈 3。

表 4–4 存储系统

Repository System（仓储系统）		
System（系统名称）	LibraryWorld/LibraryWorld. net	
Repository Servers（仓储服务）	one repository setting on L's own server once a week upload to online server	
System Efficiency（系统效能）	Fair	
Extensibility（可扩展性）	more flexible with LibraryWord. net	
Reliability（可靠性）	fault tolerance	medium to high
	automatic backup ability	daily

(5) 及时审阅情况

及时审阅是数字资产管理工作流程中不可缺少的环节，是加强系统运行安全与质量的保障。

由表 4–5 可知，L 图书馆的该项功能是缺失的。

表 4-5　DAM 系统的及时审阅情况

Timely Review on DMA（DMA 系统及时审阅情况）		Yes（有）			No（无）	
		Run Mode（执行方式）	How to adjust（如何调整）	Cycle（循环）	Why（原因）	Change Plan（更改计划）
Timely review on the efficiency of DAM System（DAM 系统效能的及时审阅情况）	Quality of digital conversion（数字转化质量）	×	×	×	not a part of workflow	not yet
	Quality of protection & Repository（保护和存储质量）	×	×	×	not a part of workflow	not yet
	System Stability（系统稳定性）	×	×	×	not a part of workflow	not yet
	System Reliability（系统可靠性）	×	×	×	not a part of workflow	not yet
	Reader's Satisfaction（读者满意度）	collecting feedbacks	×	randomly		yes

3. 问题总结

根据上述信息发现的主要问题有：

第一，目前使用的 LibraryWorld 是一个编目系统，而非管理系统，它可以承担数字图书馆的部分功能，但无法管理图书馆的多种数字资源。

第二，该软件不可修改的界面影响了图书馆员的工作效率和质量。因此，在未来的软件采用计划中，应该考虑开源程序。

第三，版权问题是阻碍资源发布的一个重大难点，该馆愿意寻求一种机制，尽可能多地发布内容信息。

另外，图书馆有意愿转向更好的管理软件，当时正在寻求相关建议。

（三）解决方案

1. 软件解决方案

通常情况下，除了一些大型机构或组织能够雇请非常有经验的软件工程师，专门为自己设计和开发存储系统之外，大多数非商业组织出于成本考虑，肯定会选择技术产品模型而不是项目模型。在众多的技术产品模型选项中，L 图书馆选择了软件服务模型，即软件供应商拥有并分销软件平台。图书馆定期向软件供应商支付服务费，对方则为客户提供托管和管理数据的服务。利用此模型，图书馆可以为用户提供在线查询服务，而无需面对复杂的技术问题。采访显示，当时 L 图书馆没有专职计算机专业人员来处理技术问题，只有该馆赞助机构的技术人员对其提供一般性的支持。与在线查询服务有关的所有其他信息技术问题都由总部位于圣何塞的 LibraryWorld 公司承担，这是一家致力于服务自动化图书馆的软件公司，工作包括帮助图书馆进行编目、借阅、读者管理和生成报告等，与全球 1000 多家图书馆有合作关系。

LibraryWorld 的标准服务模式是，395 美元年费可获分配 100 兆字节的存储空间，可保存大约 5 万条目录记录。然后，图书馆在 www.Libraryworld.com 开设账户，全面应用其编目、借阅、读者管理和报告服务。图 4–2 显示了 L 图书馆的 LibraryWorld 服务对最终用户的外观。

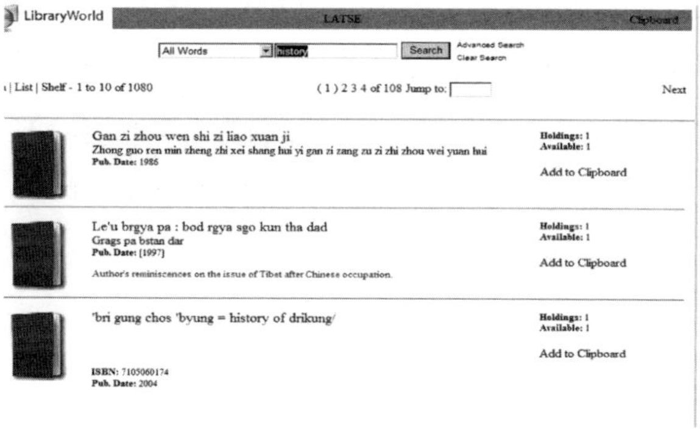

图 4–1　L 图书馆目录在 LibraryWorld 上的 Web 浏览器搜索界面

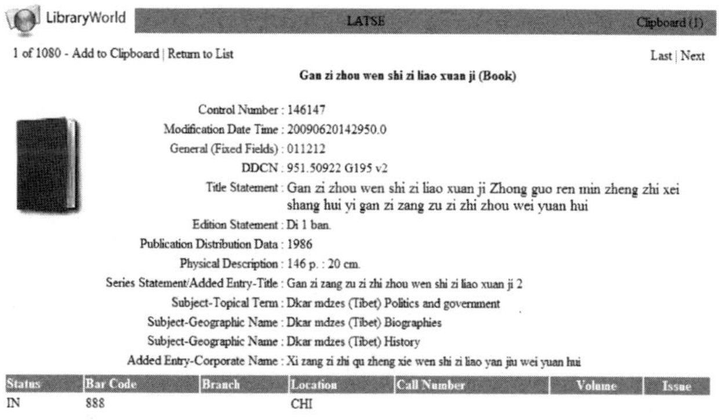

图 4–2　在 LibraryWorld 上展示的
L 图书馆详细目录记录的 Web 浏览器界面

笔者发现，LibraryWorld 的网络服务以相对便宜的价格和较小的存储空间，所能提供的机构存储空间的在线功能非常有限。尽管它完全支持像 MARC（机器可读编目）和 Z39.50（图书馆间目录搜索的主要协议）这样的图书馆标准，且一个图书馆在购买了 LibraryWorld 的服务后，将能够从美国国会图书馆的部分馆藏中获得 1400 万条目录记录，但该系统只单纯处理数字信息的元数据，而不能处理存储库内容的部分，因此 L 图书馆当前的软件服务平台 LibraryWorld 不能承担数字图书馆系统的基本任务。为了满足图书馆直接向潜在的互联网读者提供内容级别服务的需求，必须引入更可靠的技术解决方案。

根据 Mary R.Barton 和 Margaret M.Waters 的分类方法[①]，技术产品模型可以分为专有软件、开源软件或基于不同许可和发布类型的软件服务模型。[②] 在这种情况下，考虑到 L 图书馆是一个非常专业的、非盈利的、小众的小型公共图书馆，因此开源软件模型是最契合其需求的。在这种模式下，可以对免费下载的软件平台和开源代码进行必要的修改和增强，从而保证图书馆的个性化定制，并可将成本控制在合理范围内。

开源社区为数字图书馆的发展做出了巨大的贡献，对于机构和公共存储库系统更是功劳卓著。有许多开源软件平台可供我们选择，较普及的选项有：CDSware，CONTENTdm，BERPess，

① *Creating an Institutional Repository*：LEADIRS Workbook.

② Barton，M. & Waters，M. *Creating an Institutional Repository*：LEADIRSWorkbook. Boston：MIT Libraries. 摘自 http://www. dspace. org/implement/leadirs. pdf.，2004.

DSpace，ERPints，Fedora，Greenstone 等。其中 Fedora、DSpace 和 Greenstone 最受机构存储库用户的欢迎，它们被专门选择用于项目的评估。与 L 图书馆目前的服务软件 LibraryWorld 不同的是，这三个平台都完全符合标准数字图书馆的基本要求，即能够收集、保存和传播数字形式的内容作品。[①] 为了便于评估从而做出选择，下文将对以上 3 个平台及其关键的技术特性进行简要介绍。

(1) Fedora (Flexible Extensible Digital Object Repository Architecture 灵活可扩展数字对象存储库体系结构) 最初由康奈尔大学发起，后来由弗吉尼亚大学联合开发。目前，Fedora 项目和 Fedora Commons 社区由一个名为 Dura Space 的非营利组织管理。调研时 Fedora Repository 的最新发布版本是 3.2。它具有出色的兼容性，能够存储任何类型的数字内容及其元数据，还具有良好的可伸缩性，在一个存储库中包含数百万个对象。可以通过通行的 web 服务协议 (如 SOAP) 轻松访问 Fedora 存储库中的数据。Fedora 很好地考虑了灾难恢复和数据迁移问题，以便在某些紧急情况下可以用数字对象和内容文件重建整个存储库。Fedora 提供了许多存储选项。它的设计独立于 RDBMS (Relational Database Management System 关系型数据库管理系统)，但与数据库管理系统，如 McKoi，MySQL 和 Oracle

---

① http://en.wikipedia.org/wiki/Institutional_repository.

合作良好；[①]Fedora Repository 使用 XML 作为内容和元数据的存储和提交格式。这使得通过网络与其他人共享数据结构成为可能。Fedora 最令人兴奋的特性是它的内容模型体系结构（Content Model Architecture），旨在为持久的数字内容提供简单、灵活和可演化的文件格式。这一努力方向表明 Fedora 决心解决数字对象的寿命问题——这一直是数字存储的难点。[②]

(2) DSpace[③] 最初由麻省理工学院图书馆和惠普实验室发起，并由这两个机构共同开发[④]，后由非营利性组织 DSpace 基金会管理，该基金会在美国马萨诸塞州注册。调研时最新的 DSpace 版本是 1.5。与 Fedora 一样，DSpace 接受所有类型的内容，包括文本、图像、地图、数据集等。DSpace 使用 Dublin Core 作为元数据，确保了不同库之间元数据的可交换性。与 Fedora 相比，DSpace 提供了更好的用户界面，而且更具个性化制定性。DSpace 为每个贡献项分配一个持久标识符，以确保其在未来的可检索性。对于访问权限，DSpace 允许贡献者对存储库中的某些项目设置访问限制，这样可以更好地保护知识产权。DSpace 的最初开发目的，是提供一个可从分布式来源渠道（distributed sources）收集所有类型内容作品（不限于正式出版物）的平台，获得授权的机构可

① http://www.fedora-commons.org/download/2.0/userdocs/distribution/installation.html.

② Fedora Commons，Introduction to Fedora. 参见 http://fedora-commons.org/confluence/display/FCR30/.

③ http://www.dspace.org/.

④ MIT Libraries. *MIT DSpace Policies and Guidelines*，MIT Libraries & Hewlett-Packard Company. http://libraries.mit.edu/dspace-mit/build/policies/index.html，2006.

以通过这个平台获取他人提供的大量研究资源。[①]

(3) Greenstone 是为 L 图书馆课题评估的第三个候选软件平台。这是一个由怀卡托大学与联合国教科文组织和非政府组织 Human Info 合作开发和发布的开源数字图书馆解决方案。Greenstone 是一个基于 Unicode 的全球开放的多语种软件解决方案，特别致力于为大学，学术机构和相关公共图书馆提供服务，调研时的最新版本是 Greenstone3。这个软件可以在任何主要的操作系统上实现，包括 Windows、Unix 和 MacOS。通过应用 OAP-PMH (Open Archives Protocol for Metadata Harvesting 元数据收集开放档案协议)，Greenstone 引入了强大的互操作性，可以使一个库实现与其应用相同标准的其他库合并。对于元数据，Greenstone 支持当代标准，如 Dublin Core 和 RFC1807 (bibliographic records format 书目记录格式)。元数据集编辑器帮助摄取流行的外部元数据格式，包括 XML、MARC、METS 甚至 DSpace 元数据格式。[②]Greenstone 还为图书馆管理员和最终用户提供了独立的界面。2009 年时，它能够支持近 40 种语言的最终用户界面，如 Greenstone 优秀的多语言支持功能，使它成为当时全球唯一可以将马拉雅拉姆语文档构建成数字图书馆馆藏的软件。[③]

---

① DSpace, Training Materials, DSpace Foundation, 参见 http://www.dspace.org/index.php/Training-Summary/Training-Materials.html，2009.

② http://www.greenstone.org.

③ http://en.wikipedia.org/wiki/Greenstone_（software）.

Fedora、DSpace 和 Greenstone 作为目前世界上三大开源数字资源库系统，各自具有优良的特性，完全具备构建支持数据采集、保存和传播的数字图书馆的条件。首先，它们都可以在大多数主要操作系统上运行，满足了多数图书馆客户的需求；其次，三个平台都是为分布式网络环境下的数字资源管理而设计的，完全适合于图书馆在互联网框架下的数据收集和传播的诉求；第三，所有上述存储系统都遵循全球公认的元数据标准，如 Dublin Core，它确保了不同数字存储库之间的可交换性；最后，三个软件包均支持 OAI-PMH (Open Archives Protocol for Metadata Harvesting 元数据收集开放档案协议)，这保证了异构数字图书馆系统 (heterogeneous digital library systems) 之间的互操作性。

对于 L 图书馆在互联网上建立专业数字图书馆的愿景来说，这三种解决方案中的任何一种都可以解决它目前面临的大多数技术问题，但经过细致比较后，笔者认为 Greenstone3 是最适合的选项，原因如下：

首先，Greenstone 是一个基于 Unicode 的系统，这个基本特性对于建立一个专门的数字图书馆是至关重要的，就像 L 图书馆需要处理少数民族语言，如藏语。事实上，微软从 2007 年开始在其 Windows Vista 系统中支持藏文，而 Unicode 藏文也已成为该文种最主流的编码模式。因此，支持 Unicode 应该成为与藏语相关的数字库的基本要求。二是该图书馆致力于以藏、汉文字和其他文字形式呈现中国当代藏文化信息。因此，Greenstone 的多语言特性将使其在全球范围内更具适应性，因为它为最终用户提供了更好的本地化界面。第三，Greenstone 具有很好的可扩展性，可以容纳数百万不同类型的数字对象，包括文本、视频、音频等。其预定义的馆藏结构包括报纸、科技文献、教育期刊、视觉艺术、视频、MIDI 流行音乐、民间音乐等。所有这些预设结构都很适合 L 图书馆的馆藏文化特征。最后，Greenstone 为图书管理员和最终用户提供了独立的界面，使不同的参与者有不同的界面体验，这一特性有助于减少在实际执行系统之前定制原版软件的必要性，从而合理地降低了初始开发成本。

就该馆当时的目标，即在互联网上上载自有馆藏绘画作品及部分音频视频资料，Greenstone 预定义的馆藏结构完全可以满足。这一功能将大大简化图书馆对手头所有的特殊馆藏的数字化启动。以图 4–3，即由 Greenstone 提供技术支持的印度工人口述历史档案搜集界面为例：[①]

图 4–4 显示了 Greenstone 在多语言支持方面的优势。一旦为某种语言自动设置了界面词汇表，作为最终用户的图书管理员界面和浏览器界面都可以配置为自己偏爱的语言。此特性对于 L 图书馆这样的多语言数据库非常有用，因为它至少需要处理三种不同的脚本（藏文、英文和中文）。

---

① http://www. indialabourarchives. org.

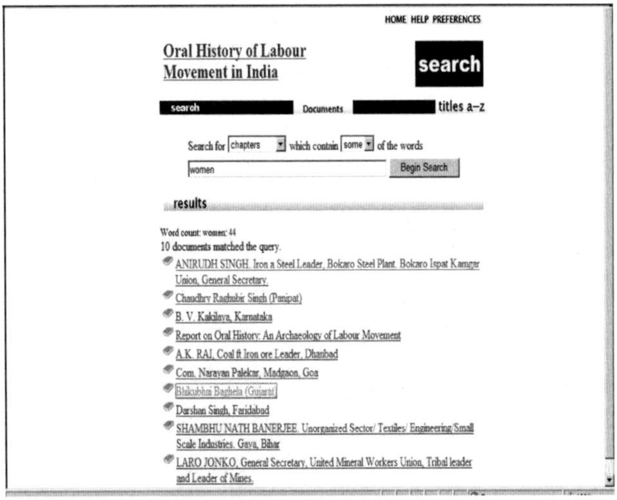

图 4–3　由 Greenstone 提供技术支持的档案馆收藏界面

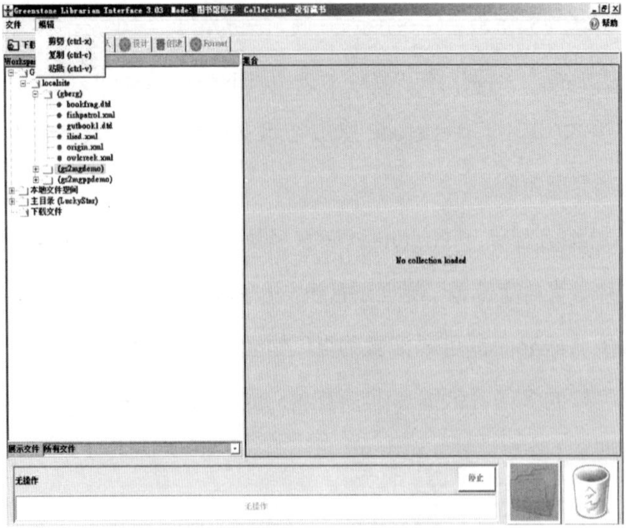

图 4–4　Greenstone 多语言图书管理员界面

基于上述评估、比较和观察，笔者认为 Greenstone 作为一个开源数字图书馆平台，最适合 L 图书馆的数字服务需求，能够为它很好地解决目前存在的问题。因此，笔者非常倾向于将 Greenstone 作为该图书馆拓展数字化资源库的主要技术解决方案。

2. 版权解决方案

在 L 图书馆的藏书中，藏、中、英文图书印刷出版物占比最大，总计达 1.1 万多件。从图书馆的需求和问题总结中可以看出，正式出版物（尤其是图书）的版权问题，已经成为建设数字图书馆的一大障碍，而图书馆在大量互联网用户之间共享馆藏资源是建立数字库的根本着眼点。在为图书馆的数字内容实现分享而寻找具体的版权解决方案之前，有必要回顾一下谷歌通过其广受欢迎的搜索引擎 Google Books（books.google.com）建立世界上最大的数字图书馆的探索。

谷歌于 2004 年发起数字图书馆项目，并将哈佛图书馆、斯坦福图书馆等世界著名图书馆纳入其中。该公司的目标是在 10 年内将 1500 万册图书数字化，并通过其“谷歌图书”（Google Books）平台向公众开放。第二年，也就是 2005 年，谷歌在图书数字化方面的努力因作者和出版商的诉讼而陷入困境。追诉者认为谷歌在没有给内容创造者和版权所有者相应报酬的情况下公开了他们的书。2008 年，诉讼最终达成协议：谷歌向被扫描图书的版权所有者赔偿 1.25 亿美元；数字图书收入的 63% 归作者和版权所有者。在这项协议下，谷歌得以继续其发展数字图书馆的雄心，而作者和出版商也找到了另一种收入的来源，实现了共赢。最重要的是，世界各地的读者可以从网上大量的数字化资源中受益。

谷歌的探索和成果证明了数字图书馆建设中图书馆与内容权属之间的版权壁垒是可以解决的。在本课题的案例中，笔者注意到，相对于谷歌这样的大项目，小型图书馆因其较小、较专的收藏范围，其处理版权问题的复杂性相对较少、工作量较少。以本课题的对象为例，该图书馆主要收集来自中国大陆的图书和期刊。而我国国内有 8 家出版单位有能力出版藏文图书，1953 年起累计出版的藏文图书品种数总量虽不小，但也毕竟有限。在全国出版的藏文图书总量中，某民族类出版社的占比很大，因此下文以该社为例探讨版权协调方案问题。

据了解，自 2004 年开始，该社开始与方正 Apabi 公司合作，至笔者调研时，已系统性地对 2000 余册绝版和在版藏文书目进行了数字化。并且，Apabi 系统在出版社的授权下，向中国各地的大学和机构图书馆销售数字化图书的电子副本，出版社获得了一定的收入。这一合作虽因种种原因在持续十余年后终止了关系，但新兴的一些技术公司，依然在谋求与出版机构的类似合作模式。可以说，这一模式是目前我国出版机构与数字图书馆之间就数字版权问题较通行的一种解决方案。而该出版社今已电子化的藏文图书已达 4000 余种。因此，L 图书馆有三种可能性选项来解决其数字化探索中的权利问题：一是向出版社购买整体的电子书使用权，并向所有读者免费开放；第二是向图书馆读者收取费用，并将部分收入返还给版权所有者；第三是从出版机构购买一定数量的电子书，并设置同时阅读的数量限制（set the number of copies as a simultaneous reading limit）。

第一种方式已经被许多机构图书馆采用，因为这些机构的用户数量是基本确定的（如大学、科研院所等内部图书馆），出版机构根据合作图书馆的读者规模分发使用权是合理的。然而，对于L图书馆这样的专业公共图书馆来说，由于读者数量的不确定性，这并非一种最好的解决方案。一方面，此类图书馆很难向版权所有者提供一个令人信服的读者数量规模，另一方面，出版机构在这个框架下赋予图书馆使用权而产生的成本可能会很大。

第二种方法最适合那些能够通过收取定期会员费来管理大量长期用户的商业数字图书馆，但对非营利性质的公共图书馆不太适用，因为这一方案需要让读者承担一部分费用，与该机构的公益性质及理念不合。

因此，对于L图书馆之类型的机构，采取第三种方法作为正式出版物数字馆藏版权管理的主要解决方案是最具可行性的。在这个框架下，图书馆在采购时，只需评估每一项从出版机构处选定的数字条目（书目、文章等）之潜在的同时阅读（simultaneous reading）的读者数量，并购买相应数量的副本，然后在其数字存储库系统中设置适当的访问控制即可。正如我们所看到的，这种借阅方法其实只是从传统图书馆迁移到数字图书馆领域了（在特定的时间段内，一个读者借阅特定的书目，而其他读者需要等待所借书目的再次发布)。准备相应数量的数字副本，也如同传统图书馆对单品种书目的若干数量进行储备的逻辑，可以同时为多个读者提供相同的内容，这称之为“基于复制的授权策略”。这样，数字图书馆就可以以相对低的成本一次性解决版权问题所带来的困扰。

(四) 调研总结

1. 问题回顾

通过对 L 图书馆数字资产管理现状的调研，发现：

(1) 该馆目前所依赖的图书馆程序是一个编目和存储库系统，它无法完成功能性数字图书馆的任务。

虽然通过他方平台展示的二次文献[①]也是数字图书馆的重要组成部分，但图书馆的最终目标是把自己馆藏的一手资料呈现给读者。而 LibraryWorld 作为一个编目系统，仅提供了获取原始信息的线索，而不能满足读者对原始资料索阅的需求。由于其程序的功能只是编目和存储，LibraryWorld 无法呈现多媒体资源的内容，也没有实现图书馆“提高馆藏利用率”的意愿[②]。根据馆长的叙述，

---

① 二次文献：“与从他处提供的信息有关的，或与之讨论的文献或记录。二次来源与原始资料相比，后者是被讨论信息的原始来源。二次文献包括对原始资料的归纳、分析、综合、解释或评价。(document or recording that relates ordiscusses information originally presented elsewhere. A secondary source contrasts with a primary source, which is an original source of the information being discussed. Secondary sources involve generalization, analysis, synthesis, interpretation, or evaluation of the original information.)”引自 Wikipedia, from http://en. wikipedia. org/wiki/Secondary_source, 2009.

② 参见附录 1，访谈 1。

大多数读者对图书馆的反馈都表达了无法获得原始信息的挫折感。

(2) 因版权问题而无法发布更多的数字资源是数字图书馆的另一大障碍。

2. 建议

上述问题在很大程度上影响着该数字图书馆建设的改进。因此，笔者认为从以下几点着手可以有效解决相关问题：

(1) 以Greenstone作为该图书馆数字图书馆建设的主要技术解决方案。

(2) 采用以条目副本为基础的授权策略，与中国的相关专业出版机构合作，实现数字内容发布，并与该专业领域的主要单位进行重点合作。

正如前文所述，目前国际国内的藏学领域对藏文化的研究主要集中在历史和宗教层面，而该图书馆致力于保存和呈现中国西藏的当代和世俗文化，这是非常独特和珍贵的。此外，该馆表示期待着人们对现代藏学的兴趣日趋浓厚，并计划通过开放其多媒体资源，为公众提供一个知识交流的平台，为拓展该领域发挥重要作用。这些目标使它在众多相关图书馆中独具一格。与此同时，由于其现有的图书馆规划的不足，以及未解决的版权问题，它也经历了一些问题。为此，笔者对这些问题进行有针对性的调研，并探讨可能的解决方案。

3. 课题意义

本调研设计的问题旨在通过个案了解民族类公共图书馆对其内

容资源管理，特别是数字资产管理系统的需求，对民族出版机构在内容供给方式的发展与改变方面提供一个基于用户需求的、逆向的思考角度。在此基础上，笔者通过了解该馆的设备及其应用、采访主要管理人员等方式进行了调查。通过需求分析，了解到该馆当时的状况和计划如下：

首先，其基于互联网的应用系统 LibraryWorld 只是一个编目平台，而非真正的数字图书馆。Witten 在他的《如何创建一个数字图书馆》一书中形容，数字图书馆是从单一像素到更大的图像，从片段到长音频／视频流的“建立在下级内容流之上（build upon underling streams of content）”的，生动地阐述了数字图书馆的真正形态是内容的组合及呈现。其次，该系统对图书馆管理员来说不够人性化，缺乏定制的便利性。第三，该图书馆将建立数字图书馆和在互联网上提供自己的一级资源（绘画作品等）作为目标。第四，版权问题是阻碍其将正式出版物进行网络共享的障碍。最后，拟议的数字图书馆需要能够处理多种自然语言，包括藏语、汉语、英语等。

根据上述情况和需求观察，在各类软件产品模型中，出于成本和定制性的考虑，笔者提出采用开源系统的方案。并将世界知名的 3 个主要开源数字图书馆软件项目：Fedora，DSpace 和 Greenstone 进行比较，最终为 L 图书馆推荐了相对最优的选项。对比研究表明，Fedora 和 DSpace 适合机构知识库，特别是大学图书馆使用，而 Greenstone 为 L 图书馆这样的非营利性的小型公共图书馆提供了更好的解决方案。[①] 在其各项功能中，它的Unicode基础和多语言特性格外引人注意，这也是最终为该馆推荐此平台作为通过互联网建立数字资产管理工作流的技术解决方案的动机。使用Greenstone软件，可以完全满足上述项目中该图书馆数字存储库提出的所有需求[②]。

(1) Greenstone框架拥有存储库系统的所有必要组件，包括提取、保存和传播数字元素，与像LibraryWorld这样的编目系统相比，它是真正的数字图书馆解决方案。

(2) Greenstone自身可为图书管理员和最终用户提供用户友好的界面，且其开源特性使其界面完全具备可定制性。

(3) Greenstone预设的图书馆收藏架构和传播功能可以轻松满足L图书馆发布自有藏品如绘画及其他多媒体资料的迫切需求。

(4) Greenstone旨在处理数字图书馆的所有潜在任务。有关数字图书馆各方面的关键概念已经集成到系统中，并对传统图书管理员在技术方面没有特殊要求。

(5) Greenstone长期以来一直支持Unicode编码模式，这使得系统能够处理多种自然语言。这对于L图书馆多语种集合的特征十分重要。

---

① Zhang Shouhong & Jiang Ai' rong. *A Comparison Research about Open Source Software of Digital Library System.* Library Journal，2006，25（1）.

② Witten I. H. *Creating and Customizing Digital Library Collections with the Greenstone Librarian Interface.* Proc. International Symposium on Digital Libraries and Knowledge Communities in Networked Information Society，DLKC' 04. Tsukuba，Ibaraki，Japan，2004.

(6) 在技术层面上，笔者通过对我国图书馆与出版单位之间普遍合作方式的研究，提出了一种以购买电子副本为基础的传播策略，以应对与不同权属相关的该图书馆正式出版物馆藏的数字版权问题。

(五) 其他建议

关于项目解决方案的其他建议有四个方面。

1. 创建会员制

图书馆最初的愿望是保持对公众的开放，因此在建立之始就将会员制这种形式排除在外，这是一种令人尊重的发心。然而，随着图书馆的发展目标和读者需求的不断增加，最大限度地开放内容是图书馆走向的一个可预见的趋势。因此，版权问题将是我们迟早要解决的最大挑战之一。

图 4–5　内容 + 使用权限构成“资产” ①

正如 Austerburry 教授所说："资产由内容及使用权所构成 (an asset is content with the right to use)" (见图 4–5)。因此，如果 L 图书馆能够与专业领域相关的出版单位建立合作关系，并设置适时发布信息的机制，那么它在未来能做的将不仅是展示

---

① 摘自 David Austerburry. *Digital Asset Management: How to Realize the Value of Video and Image Libraries*. Boston, Amsterdam, Focal Press, 2004.

收藏品，仅持有却无法释放无版权问题的数字书目等事情。在此需要澄清的是，在秉持公益性原则前提下制定的会员制，图书馆并不会从中获利，而是让信息费用流向著作权及版权所有者。

2. 将多文件格式转换为 XML 格式势在必行

XML 对于数字图书馆非常重要，因为如本书前文所述：它提供了一种新的机制来交换和处理文档。无论内容是在何时、何地或以何种方式发布，XML 已经成为支持内容的事实上的标准。当内容采用 XML 格式时，它将独立于设备、软件、硬件和内容提供者 (supplier)。XML 模糊了不同媒体之间的区别，实现了跨媒体的有效操作。灵活的 XML 用户定义函数可以节省时间、消除错误。同时，它对实现馆际合作和信息交流有强大的优势。正如 Austerberry 博士指出的那样："XML 现在被视为一种通用工具"，用于"软件应用程序之间的消息传递，以及作为元数据存储的框架"。[①]

XML 是当今跨媒体工作流程 CMP (cross media workflow 跨媒体出版流程）中不可或缺的工具，其重要性，从它推动出版业从信息处理阶段迈向知识管理阶段就可见一斑。无论是出版单位还是图书馆，其最终目标都是使图书价值最大化，而实现这一技术目标则必须采用 XML 格式，因为跨媒体出版或发布的工作，是试图将相同的内容分发到多个渠道，从而产生额外的效益。因

① David Austerburry. *Digital Asset Management：How to Realize the Value of Video and Image Libraries*. Boston，Amsterdam，Focal Press，2004.

此，XML 已成为 CMP 行业的不二工具。

XML 灵活的用户定义功能同时在出版行业中有很大的优势，比如出版机构可以选择版面、图片、公式等，在一个工作流中生成不同语言的版本，既节约了时间、工作量，又消除了错误。在过去，复杂的程序和手工操作总是会导致错误、延时、增加花费、版权问题和粘贴错误等问题，但 XML 可以消除上述问题。版式自动化功能可以将无差错的文档到从客户端发送到出版者或发布者端，并减少资源浪费，因为这一流程永远不会产生不必要的副本。因此，XML 是当今跨媒体出版或发布中不可或缺的工具。[①]

3. 对 DAM 系统的及时审查秩序应该纳入 L 图书馆的工作流程

4. 有关小型数字图书馆的创建与管理的书籍推荐

针对 L 图书馆在尚无合适的技术顾问的前提下还需要处理数字资产管理问题的情况，有一些具体指导操作的、平实易读的参考资料将是非常实用的，如：

(1) David Austerburry. (2004). *Digital Asset Management: How to Realize the Value of Video and Image Libraries*. Boston, Amsterdam, Focal Press. (《数字资产管理：如何实现视频图像库的价值》)

---

① Teri Tan. *XML Publishing, the Way Forward*. 参见 http://www.publishersweekly.com/article/CA6559362.html，2008.

(2) Witten, Bainbridge. (2004). ***How to Build a Digital Library***.San Francisco, Morgan Kaufmann. (《如何建立一个数字图书馆》，该书作者是"Greenstone 计划"的创建者。该书详细阐述了Greenstone 的用法，以及与数字图书馆相关的概念和技术解决方案。) ①

(3) 期刊：OCLC Systems and Services, International Digital LibraryPerspectives. (《OCLC 系统与服务，国际数字图书馆展望》，也可以在线访问该期刊：www.emeraldinsight.com/oclc.htm)

（六）课题的局限性

鉴于L图书馆目前的编目系统只实现了真正意义上数字图书馆的部分功能，因此为其推荐了开源数字图书馆系统——Greenstone，它是全球三大最受欢迎也最权威的数字图书馆软件之一，受到联合国的大力推荐，应用它在发展中国家建立小型学术图书馆。并因其多语种的特性和用户友好界面（包括图书馆操作界面和读者界面）而在国际上得到广泛采用，该软件也被公认为最成熟的数字图书馆应用程序。

即便如此，Greenstone 可能并非L图书馆唯一的利基应用程序（niche application），正如《如何实现视频和图像图书馆的

① Witten, I. H. & Bainbridge, D. *Creating Digital Library Collections with Greenstone*. Library Hi-Tech, 2005, 23 (4), pp.541~560.

价值》(*How to Realize the Value of Video and Image Libraries*)一书的作者所说："选择资产管理作为解决方案的人不会为缺乏选项而抱怨，因为有各种不同价格的产品可供个体到企业级规模的用户进行选择。"

此外，Greenstone 不是一个"端到端解决方案"(end-to-end solution)，这意味着该应用程序并非专门为 L 图书馆设计，而是为一般用户设计的。因此，如果 L 图书馆最终采纳了这个方案，那么就必须进行一些适应性改造。

其次，建议图书馆与相关出版机构建立合作关系以解决版权问题，但此项建议没有涉及除图书以外的其他馆藏。例如，期刊、电影和音乐收藏在 L 图书馆的收藏中也占有相当大的比例。因此，如何处理这部分馆藏的版权问题，仍是一个需要更多时间来探索解决的事。

综上，笔者之所以在做数字出版研究时选取图书馆的数字资产内容管理做案例调研，是因为大部分情况下，图书馆是专业出版社的最大客户群体。发现图书馆数字资产管理之所需，可以为出版社的内容供给设计提供重要的参考思路。

第三节
民族古籍数字化出版的探索:《西番译语》在线词典构想

古籍数字化最实质的目的是保护及利用。其对古籍文献的再生性保护作用、对文本深度挖掘的性能、对构建数据资源库以飨共享的知识服务平台的优势等，使其在古籍保护及传播工作方面的能力无出其右。深度加工后的古籍内容，更以跨学科的“知识图谱”的形式辅助人们阅读与研究，产生二次价值，是以被称为“高效率的知识内容”。古籍文献不仅要“被看到”，同时也要让受众获得需要的信息。以往，古籍的不可再生性与翻阅所造成的必然损耗之间的矛盾难以调和，不仅如此，其内容传播途径狭窄，知识利用率低，多数古籍及其所承载的内容被束之高阁，遥不可及。20 世纪 80 年代开始，我国大陆开启了古籍数字化，即对文献内容进行数字加工的工作，虽然起步较晚，但在技术开发及规模化建设上发展迅速。

一、古籍数字化层次与民文古籍概述

古籍根据数字化加工及开发的程度，有存储、检索、交互、知识服务型数据库构建等形式。就开发的层次，有学者概括为“表层数字化”和“深层数字化”：前者是图像或文本的简单存储，后者则是古籍内部知识元的标注，以及在知识元间设计建立关联的原则等，是“内容和意义层面”的开发。[①]

据2007年的国家普查摸底数据，全国汉文古籍藏量总数达20万种50万个版本，至2016年已数字化约10万种15万个版本。[②] 而民文由于受信息技术发展水平、标准及规范缺乏统一、经济投入能力相对较弱、需求不旺盛等综合条件的制约，民文古籍的数字化工作主要是图片数据库（古籍扫描或影印）和文本数据库（全文文本录入）的建立，数字资源的开发层次较低。知识服务型数据库，即利用数字技术，应用文献学、信息学等学科的方法，将古籍所涉及的各类专门学科间的知识，以跨学科的方式进行“知识元”间的多元组合，构成结构化的、多维关联的智能知识网络体系的形式，在民文古籍数字化产品中极为少见。目前，我国民文古籍的数字化，主要由教学科研机构和图书馆完成，商业介入极少，开发层次也多在表层，但藏文古籍数字化工作，在向知识服务型发展，即深层次开发方面，进行着较为超前和有益的探索。

由于多种原因，以多维关联及结构化的智能知识服务体系，对民文古籍进行保护及再利用的深度加工产品较为少见。但藏文古籍因其丰富的藏存量、藏文信息处理技术的发展水平及良好的

① 马创新、曲维光、陈小荷：《中文古籍数字化的开发层次和发展趋势》，载《图书馆》，2014（2），104页。

② 张贺：《与时间赛跑，古籍数字化如何加速》，载《人民日报》，2016年6月23日，第19版。

国内外学术交流环境等因素，使藏文古籍数字化工作，在向知识服务型发展，即深层次开发方面，进行着较为超前和有益的探索。本书以明清古籍藏汉审音辞书《西番译语》为例，探讨了小众型的藏文古籍在线出版应用的可能性，以期能够在更广泛层面发挥其学术应用价值，更好服务于学术研究及古籍保护工作。

二、藏文古籍数字化出版具备良好的客观条件

（一）文献占有量庞大，为规模化的数字库建设提供了丰富的信息元

文献的丰富程度，不仅决定着数据库的规模，更与其可进行数字加工的深度成正比。“信息元”，即数据对象越丰富，数据库可构建的多维知识体系越强大，则可提供的知识服务的能力就越强大。因此文献作为建立古籍数据库的信息基础，占有量越大，对其进行结构化、智能化知识集合的空间就越大。我国藏文古籍文献藏量仅次于汉文，据 2016 年的官方统计，全国藏文古籍文献约有 200 万函，[①] 具备建立数字资源库的良好条件。

浩如烟海的历史文献是藏文出版的不竭宝藏，古籍文献的出版更是藏文出版的一大品类和特色。由于藏文古籍的巨大藏量及其珍贵的价值含量，党和政府高度重视藏文古籍数字化保护及相

① 王海磐：《藏文文献数据中心启动藏文古籍文献数据化收集整理》，载《光明日报》，2017 年 8 月 22 日，第 4 版。

关成果的出版工作，从政策、经济等各方面予以大力支持，西藏自治区政府也不断将古籍数字化出版工作写入各项规划中，其连续两期的“五年规划”、文化产业发展规划等。具体项目方面，如自2019年起，国家将分10年，累计划拨3亿元专款为布达拉宫做贝叶经及古籍文献的保护工作，在“可预防性保护、抢救性保护修复、数字化保护、展示利用”4项工作中，数字化保护是重中之重。随着编目、录入、存储及深加工工作的展开，相关数字出版产品将有待面世。国外以美国的藏传佛教资源中心TBRC(Tibetan Buddhist Resource Center)为例，收藏了12000余函藏文珍本和孤本书献[①]，每一页已数字化并建立了共享数据库，被称为“世界上最大的藏文数字图书馆”，每年有12万人次下载文本，并被哈佛大学图书馆收入其数据库，[②]由此亦可见，藏文古籍数字文献在国际范围内也具有较高的关注度和需求度。

（二）藏文信息技术处理的相对优势为藏文古籍数字化提供了技术保障

信息处理技术是任何一种语言文字古籍数字化的最基本要素。在国内各少数民族文字中，藏文信息处理技术具有以下三个

① 创建人金·史密斯先生生前将该中心全部纸质文献12000函捐赠给了西南民族大学民族文献中心，后西南民族大学成立“金·史密斯藏学文献馆”，并与TBRC联合建立中国民族文献数据库及网络共享平台。

② 引自沈诞琦：《最漫长的博士》，载《三联生活周刊》，2014（11）。

方面的相对优势：一是藏文是我国少数民族文字中第一个通过国际编码（Unicode）的语言文字；二是藏文输入输出在 Windows、Apple 和 Android 等全球三大操作系统中均已得到系统级别的实现，为各类应用软件处理藏文内容奠定了基础；三是涉及人工智能领域的一些基础技术及应用有了显著的进步。关于这一点，已在本书第三章第二节“藏文图书出版数字化概况及挑战”中叙及，不再赘述。再如 2016 年西藏大学开发的“藏文图书期刊数据库及资源管理及检索平台”，就研发完成了藏文文献数字化加工、管理、发布、统计、多文种全文检索等多功能为一体的数字平台管理系统。①

不仅如此，基于西藏大学研发的平台的技术基础，西藏大学、西藏自治区藏医院等单位已从几年前开始，与技术公司合作，把其所藏存的藏医药文献进行数字化加工，做藏医药“知识图谱”，以为科学研究工作提供多方位的服务，比如天文历算部分的内容，通过在计算机中输入运算规则，实行计算机程序联合专家进行天文历法的计算，在比照测试中，它已查出某藏文出版单位所制一套大型“万年历”（全套 300 余本，未正式出版）中的几百处错误。此类加工的最终目的是实现藏医药的深度分析，并通过海量数据的知识挖掘，推送最高效的科研文献信息。同时，基于上述工作，我国藏医藏药的基于内容级分析的基础情报有望在 2020 年做出

---

① 赵越：《西藏图书期刊数据库及资源管理与检索平台》获奖，载《西藏商报》，2017 年 6 月 10 日，第 3 版。

来，意义将十分重大。[①] 此类对文献的数字化加工，实现了真正意义上的超越于文本的“知识服务”。

（三）藏文古籍数字化的研究及应用具有良好的国际学术环境

藏学作为显学受到世界性的关注，在数十个国家中建有藏学研究机构，海外对藏学数字文献的搜集、对文本数字化的加工处理等工作也取得了不小的成绩，使得藏文文献研究在国际间具有广泛的交流语境。

综上，藏文古籍文献丰富的藏存量、藏文信息技术的发展水平及国际学术交流环境，为藏文古籍数字化的出版应用提供了良好的保障。

三、《西番译语》的版本价值及在线辞书可开发的功能

据统计，我国古籍藏量约 5000 余万部，其中 20 万种 50 万个版本值得全部数字化，然而由于资金及缺乏国家统一标准等原因，目前已数字化的体量不足其一半，而书的老化及藏存安全问题，令

① 根据笔者 2019 年对联图科技公司做的调研材料。2022 年跟进该项目信息时得知，藏医院的系统已建成，但藏医病例等基础数据库因为经费问题暂时搁置。

古籍数字化具有较强的紧迫性。[1]也由此可见，受客观条件所限，数字化古籍需要有优先级，而优先级的数字化加工对象需要精心挑选古籍的版本。

（一）《西番译语》作为民汉双语注音类辞书，具有很高的版本价值

1. 权威性——明清官方语料文献。《西番译语》是明清两代朝廷编写的汉藏对照词典，以为朝廷公文翻译及译员培养之需而作，由官方在语言调查的基础上，筛选出公文常用词、日常交流常用词、具有民族地区特点的特殊词等，多数为高频词，以统一的汉语单词作为源语，收集不同地区方言填注藏语单词，并用汉文标注藏语发音，是两朝官方使用的语料工具书，具有很高的权威性。

2. 典范性——钦定译语范例。古代民族语文与汉语的双语注音类辞书，以明朝洪武本《华夷译语》为典范，清代传习并完善了明朝这一审音传统，继续各类民文及外文译语的编写与修订。又遵乾隆谕旨，以《西番译语》为体例，勘校及编写其他译书："如海外诸夷，并苗疆等处……照西番体例，将字音与字义，用汉文注于本字之下，缮写进呈，交馆勘校，以昭同文圣治"[2]"既有成编，

---

① 张贺：《与时间赛跑，古籍数字化如何加速》，载《人民日报》，2016 年 6 月 23 日，第 19 版。

② 《清实录》一三，卷 324，"乾隆十三年九月上"，转引自聂鸿音、孙伯君编著：《〈西番译语〉校录及汇编》，20 页，北京，社会科学文献出版社。

宜广为搜辑，加之核正，悉准西番书例，分门别类，汇为全书。”[①]即将编写的译书以及四译馆所存各类译语，均以《西番译语》为范例，可见其对明清官修译语版本所起的重大作用。它不仅在汉藏对译辞书编纂史上，同时也在民汉双语对译辞书编纂史上具有重要地位。

3. 独特性——从语料的角度，为多种学科提供珍贵的研究素材。明代《西番译语》各本中，收录词条最多者为 942 条，[②]故宫所藏清抄本《西番译语》，收词 2103 条，[③]本书所用底本国家图书馆的 9 种晒蓝本，是清乾隆年间四译馆编写，以义聚类，分 20 门 740 个单词（也有学者提出此版本为明代刻本之误断[④]），是诸多译语中门类完善、语料最丰富的品种之一。这些内容对明清历史、两朝汉语、藏语的语言史、方言及两种语言的比较研究、双语辞书研究，都具有重要的文献价值。

2011 年，国家图书馆馆藏的《西番译语》晒蓝本，入选我国第一部文化产业专项规划《文化产业振兴规划》中的“中华字库”工程，也体现出《西番译语》在少数民族古籍文献，乃至浩繁的

① 转引自任小波：《明清〈西番译语〉传本寻踪》，载《中国藏学》，2009（3），132 页。

② 聂鸿音、孙伯君编著：《〈西番译语〉校录及汇编》，7 页，北京，社会科学文献出版社，2010。

③ 施向东：《清朝本〈西番译语〉藏汉对音译例研究》，载《民族语文》，2019（4），3 页。

④ 任小波：《明清〈西番译语〉传本寻踪》，载《中国藏学》，2009（3），130 页。

中国古籍文献中的重要性。因此，无论是从版本还是学术价值的角度，选择《西番译语》作为数字深加工的对象，具有充足的合理性。

(二)《西番译语》兼具古籍与辞书的双重性质

由于《西番译语》兼具古籍与辞书的双重性质，对其数字化，即从根本上解决了为保护版本而“重藏轻用”的现象，同时也在检索、动态编写、音频资料补充、跨库链接等多方面发挥数字辞书支持学术研究的功能。

在古籍分类上，“译语”列“小学”之末[①]。作为语文类辞书，《西番译语》以天文、地理、时令、人物等20门划分类别，以对译加注音的形式做汉藏双语释义，单本300余页，一套合计数千页之多，不设索引，故而查找十分不便。而辞书的数字化，是适应用户阅读方式变革的转换，可以从词条释义的单一功能转向智能化的知识服务。

1. 检索便捷高效

高效率检索是数字文献具有的一般功能。本书所用国家图书馆版《西番译语》，是《西番译语》的“杂字”部分，体例上，每本字典的正文前，都有约200字的序言介绍该方言区的行政归属、长官吏员等重要的历史信息。对此，在线辞书可实现全文检索与原版图像结合的方式，提供模糊查询、双语双向查询等强大的检

① （清）钱大昕：《补元史艺文志》，转引自任小波：《〈西番译语〉传本寻踪》，载《中国藏学》，2009（3），128页。

素功能。

2. 开放性能，可实现不同版本的堪比

明清《西番译语》的版本及藏存现状复杂，除国内故宫馆藏等外，异常珍贵的传本多流落于海外，如德国、法国国家图书馆、日本东洋文库所藏版本等，且重要传本目前尚未系统整理[①]，在线辞书的开放性能，可以允许资源所有者参与编写，扩充资源库，以此吸收愿意分享的流散本古籍的内容，包括《西番译语》中除《西番馆杂字》外的《西番馆来文》部分。在程序中预留相应接口，使愿分享的用户在程序上自行上载，汇集尽可能多的版本，建立不同版本间的关联，实现多版本的堪比，进而为多学科研究提供丰富的原始资料以及基于计算机计算、统计等功能下提供的智能知识服务。

3. 音频材料，以增添古籍的语料库素材

在线词典超越纸媒的优势之一，是可以嵌入相关的视频、音频、图像等多媒体资料，以音频为例，通过对所检索的词条、例句等进行朗读或相关声音采集的办法，帮助读者建立立体认知。《西番译语》是有汉语注音的藏汉双语词典，本书所述版本，记载了明清两代四川藏区 9 种藏语方言（其他版本方言种类数量略有差异）。简言之，它本身就是一套学习语音的工具书，在研究明清时期藏汉两种语言通语及方言中有重要的价值。特别是，该文献中有不少藏语是非规范书写，或者汉文注音与藏文拼写的读音完

---

① 任小波：《明清〈西番译语〉传本寻踪》，载《中国藏学》，2009（3），132 页。

全不符，如“ཀུན།（冬）”被注为“查跨”；“སྐར་མ།（星）”被注为“墨治”[①]，等等，学界尚不能对此释疑，只是“估计”在川西北地区可能流行三种文字使用方式：普通藏文、训读、借用（用藏文书写另外民族的语言，也读以另外的民族语言），“这三种情况有时会交织在一起，为研究者深入理解当地的语言造成困难”[②]，故而，音频材料的应用，即将《西番译语》所涉700余词汇在当代各方言区的藏语发音分别进行采集、归类、关联，将发音与文字注音形象化地关联比对，无疑会为解开某些学术谜题提供重要研究资料，以当代语音材料为古籍补充动态对照素材，将对该文献增添跨时代的学术价值。

4. 与其他数据库的跨库链接

《西番译语》只是众多汉藏古籍辞书资料库中的一种，它与其他资源库，比如敦煌汉藏对译文献或其他相关文献，在知识层面上会有不同程度的关联。因此，与其他开放型数据库建立跨库链接，将有助于建立多维立体的知识体系。

此外，字词频统计、自动卡片生成、繁简体转换等其他辅助功能，也将支持学术研究。

综上所述，通过建立《西番译语》数据库并将其制作成在线辞书，将对古籍保护及其内容的二次利用等方面具有积极意义。

---

① 《西番译语》（国图藏本）第七册，栗苏译语，天文门。

② 聂鸿音、孙伯君编著：《〈西番译语〉校录及汇编》，2页，北京，社会科学文献出版社，2010。

四、《西番译语》在线辞书的文本处理原则

其一，汉字异形字、通假字、繁体字，均改为通用简体汉字。

其二，藏文拼写的问题及处理原则：《西番译语》的编写年代是明清两代，历经几百年的语言发展，文献所载的一些藏文，其拼写或所标注发音与当代藏语或有差异，加之前文所述的非规范书写的“学术难题”等，文献中“不规范”或已无法辨析缩写规则的书写，如“”（译语：图报，注音：斗巴）[①] 等，将保留原貌。

其三，线装书造成个别扫描本出现藏文字符的亡佚现象，在在线词典中，亡佚部分字母用“■”符号替代。

其四，晒蓝本底色不匀造成的汉字或藏文无法辨识的单字，均用“■”符号替代。

其五，因书写问题，藏文中有不少“ས”“ལ”，“བ”“པ”，“ད”“ཏ”“ང”，“ཨ”“ཡ”，“ེ”“ི”难以区分的现象，此类问题，均以在前括号中列出疑似字或元音的方式标注。

五、基于互联网的《西番译语》在线词典设计构想

（一）目标用户

根据文献内容及规模分析预判，《西番译语》并不具备成为

① 《西番译语》（国图藏本），第八本，打箭炉译语，人事门。

汉藏两个语言群体日常工具书的可能，其潜在的使用者应该集中在汉藏语言学及历史学研究群体中。尽管目前已有学界专家研究并出版了部分版本的校录及汇编书籍，作为古籍文献，原始内容的数字化呈现应该是该领域研究者们的共同期待。西番译语数字内容的目标用户群体的特征提示我们设计系统应该关注的几个重要原则：内容的完备性，交互的简洁性和平台的开放性。对于特定领域的科研工作者，完备性是数字内容服务的先决条件，简洁性是人机交互环节的必然选择，而开放性则是平台内容集聚的客观要求。

（二）用户场景

作为一个特殊历史时期有限词汇的汉藏对意对音工具书，对现代社会生活中的群体不足以产生日常应用的引力，因此数字化的《西番译语》除了电子书这种常见的形态外，可检索的电子词典在移动端被使用的前景是不明朗的。学者群体在其科研工作中更多地还是会选择基于 PC 的在线查询模式。因此我们确立一种基于浏览器的互联网在线工具书系统模型进行设计及 DEMO 研发工作。

（三）功能概述

《西番译语》多方言在线词典以汉文和标准藏文作为检索关键词，用户输入查询目标词汇，选择查询目标方言，服务器端返回结果并通过浏览器进行呈现。除了这种常规的定向方言查询功能，系统还应该提供一对多的查询及反馈机制，此间的多目标可以是1至9种方言（上限9种仅仅是基于本书涉及的9种藏语方言）的任意组合。由于古籍的最大价值在于汉文转写的藏语方言语音部分，因此除了一般在线词典检索的文字结果输出外，系统还应支持输出目标词汇的古籍扫描切片和对应的方言读音输出。

《西番译语》的不同版本散落世界各地，本书涉猎的只是国内馆藏的一部分，从工具系统的体系性和完备性角度考虑，多方言在线词典应该具备较好的开放性，即开放地吸纳留存各地的不同方言即不同历史版本内容资源，从而使这个平台不仅能够提供信息服务，更能通过UGC（用户产生资源）和互联网集聚的模式不断扩大内容维度，增加资源体量，最终为从事领域研究的群体提供专业的服务。

（四）功能细节

1. 用户注册

客户端：

(1) 新用户输入注册信息

(2) 注册信息发送到服务器端

(3) 得到服务器的反馈信息

服务端：

(1) 接收注册信息

(2) 判断注册信息的合法性

(3) 结果反馈给客户端

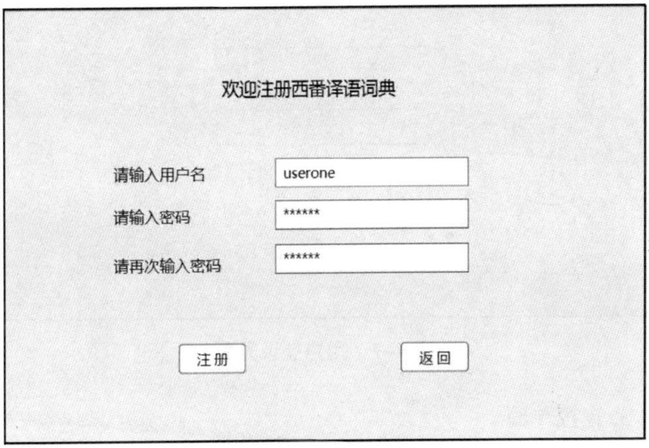

图 4–6　用户注册界面

2. 用户登录

客户端：

(1) 用户输入登录信息

(2) 将登录信息发送给服务器

(3) 接收服务器的反馈信息

服务端：

(1) 接收登录请求

(2) 判断用户合法性

(3) 将结果反馈给客户端

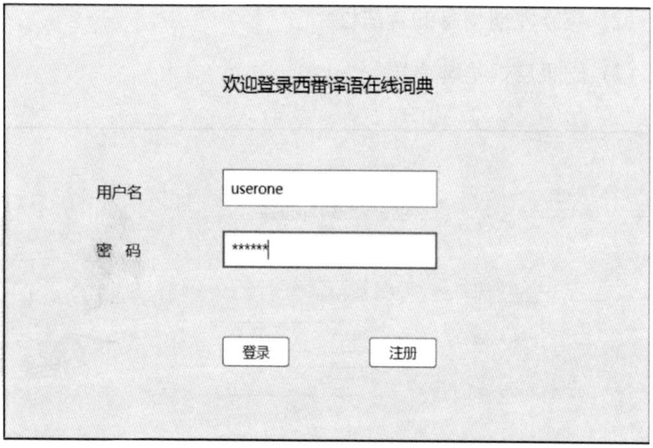

图 4–7 用户登录界面

3. 查找单词

客户端：

(1) 输入目标单词（汉文或者标准藏文）

(2) 将单词传送给服务器

(3) 显示服务器的反馈结果

服务端：

(1) 接收客户端查询请求

(2) 判断数据库是否存在这个单词

(3) 将结果（包括对应的音频和图片的地址）反馈给客户端

(4) 将查询的信息插入到数据库对应用户历史记录

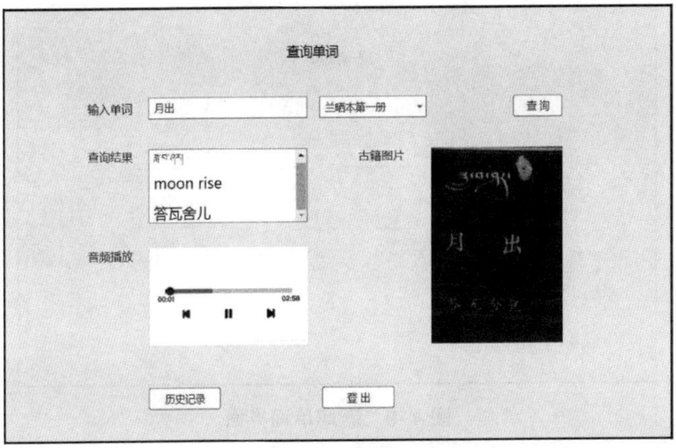

图 4–8　查询单词界面

4. 新增单词

客户端：

(1) 输入新增版本单词素材信息（文字、图片、音频）

(2) 将素材信息发送给服务器

(3) 得到服务器反馈（确认增加成功或者失败）

服务端：

(1) 接收新增单词素材信息

(2) 判断是否允许增加词条

(3) 新增单词信息插入数据库

(4) 将结果反馈给客户端

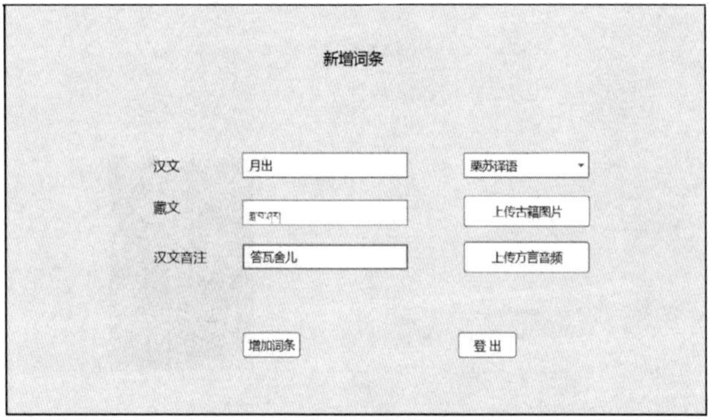

图 4–9　新增单词界面

“新增单词”的功能部分，对《西番译语》的学术研究具有重大作用。如前文所述：该古籍散落世界各国，且重要传本目前尚无系统整理。在线词典的开放性能如若能吸纳资源拥有者分享数据，无论是以单词或图片的形式，均将对辞书版本资料的补充产生重大作用；同时，数据库的知识元关联性能，可以自动进行版本归类及跨版本对照，使之以一目了然的形式帮助研究者进行不同学科的比较研究。此外，《西番译语》所涉 9 种方言的现代音频的采集和录入，将会为研究语言学、历史学、民族学等领域的学者，提供极为重要的语料素材。

5. 历史记录

客户端：

(1) 发送查询请求

(2) 将请求传给服务器

(3) 显示服务器的反馈

服务端：

(1) 接收请求

(2) 判断该用户是否存在历史记录

(3) 将结果反馈给客户端

（五）数据加工

在线词典的数据形态包括了文字、图片和声音。文字内容部分可以借助图书出版流程中基础数据录入环节，确立一定的格式规范然后进行批量的数据库导入。扫描图片的切片及不同方言音频采集是本项目数据加工的重点，也是难点所在，尤其是音频采集部分。《西番译语》涉及740个词汇的11种发音，将产生8000多个独立的音频素材，加之方言分布的地域差异，无疑将对采集工作提出不小的挑战。语音素材整理的重点是对每一个词的不同方言语音采集样本进行审定。审定的难点主要在于古今方言语音变化带来的挑战，当下的语音样本有可能质疑古籍汉字转写藏语方言的可靠性，如何保障采集语音样本的准确性或许还会成为一个专项研究的知识点。

（六）库表结构

为了更具针对性，本部分主要讨论在线词典数据库词典内容的库表设计，普适的用户及历史记录数据库库表设计不再进行赘述。我们首先注意到词典数据及其关系的两个特性：其一是每本古籍的词条数量是固定的，即 740 个；其二是每本古籍中的汉文词条在不同方言版本中是一致的。基于汉文词条的一致性与唯一性前提，我们将汉文及对应标准藏文作为多方言查询的关键词进行数据组织。在数量固定和词条一致性前提下，数据库设计中通过设定 ID 关联不同版本的古籍词条便成为可能。

表 4–6 库表 1：汉藏词条表结构

ID	汉文词条	标准藏文词条

表 4–7 库表 2：方言词条表结构

ID	方言藏文书写	汉文注音	音频文件路径	扫描文件路径

考虑到数据库查询的效率及未来《西番译语》其他版本词条数据扩展的便捷性，我们设计两个库表结构，第一个表结构建立汉文词条、标准藏文及 ID 的关联；第二个表结构面向 9 个版本的词条数据，9 个版本的词条数据将分别存储在 9 个同一结构的不同表格中。其中的 ID 和第一个汉藏词条表结构 ID 字段一致对应。数据查询的逻辑是：根据用户提交的汉文词条或者标准藏文词条，从第一个表结构中定位 ID，再依据这个 ID 和目标方言信息，从第二个表结构中提取关联的古籍数据。

（七）技术架构

实现一个常规的互联网词典查询功能，可以选择的技术路线是非常丰富的。比如，从平台部署、开发难度和运行维护成本等角度考虑，APACHE 作为 WEB 服务器，MYSQL 作为数据库，PHP 作为前端开发，就可以是一个非营利性在线信息服务常用的平台方案。然而经过认真分析功能需求复杂度、技术实现成本和实现效果，笔者选择 DJANGO+MYSQL+PYTHON 作为《西番译语》在线词典系统的技术框架。除了成本方面的因素，主要基于以下几点考虑：

1. 数据库选择 MYSQL，首先是基于本系统的数据量和查询强度等指标都倾向于小型甚至微型项目范围，考虑 ORACLE、SQL SERVER 等大型数据库应用于此实属小题大做；MYSQL 是开源数据库系统，其运行速度快、体积小、使用成本低、可移植性强以及非凡的可扩展性等诸多特性是开发在线词典小型系统的绝佳选择。

2.PYTHON 是随着大数据、人工智能等应用而崛起的编程语言，过去几年在世界范围内声名鹊起，2019 年在编程语言的占有率达到 10%，超过位于第四的 C++。PYTHON 语言具有编写简洁、语法简练、代码易读、代码高效等优点，全球范围培育了强大的开发者社区，拥有无可比拟的技术支撑体系。笔者在本项目中特意将 PYTHON 作为关键技术选项，是基于功能中对互联网内容集聚需求的考量。相对其他编程语言，PYTHON 在数据处理领域具有压倒性的优势和便利性，尤其是在互联网信息挖掘与提取，诸如内容爬取和分析等方面，对《西番译语》词典数据库基于互联网内容资源的扩展将起到事半功倍的作用。

3.DJANGO 是面向 PYTHON 开源免费的高端 WEB 框架，这个框架解决 WEB 开发中的大部分繁琐环节，倡导快速开发、简洁实用设计的理念。这个框架解决 WEB 开发中的大部分繁琐环节，使开发者能够聚焦于具体的应用而无需进行基础重构。DJANGO 具有非常丰富的组件，使得开发者能够从容应对诸如用户认证、内容管理，网站地图，RSS FEEDS 等常见的 WEB 开发任务。另外，DJANGO 的安全机制能够帮助开发者规避常见的 SQL 注入、跨站点脚本攻击、跨站点伪造请求及点击劫持等安全风险，同时该框架的认证系统能够保障用户账号及密码的安全管理。最后，DJANGO 框架具备难以置信的通用性及兼容性，使其足以应对门类繁多的应用需求，从内容管理到社交网络再到科学计算平台，可以说是一应俱全。

六、结　论

综上，藏文古籍由于其自身具备的藏量、技术、学术研究环境、国家政策支持等良好客观条件，为其实现不同程度及规模的数字出版工作提供了强有力的保障。然而，规模较小、应用范围相对狭窄的古籍，无论从政府性立项的优先性排序，亦或商业性的选择，都很难进入数字化范畴。而其中不少古籍，以其内容的稀缺性或版本的珍贵性，均具有重大的开发价值，如若埋没，至为遗憾。本书以明清古籍藏汉审音辞书《西番译语》为例，探讨了小众型的藏文古籍在线出版应用的可能性，以期能够在更广泛层面发挥其学术应用价值，更好服务于学术研究及古籍保护工作。

第五章
海外数字出版实践的启发

出版活动经历了上千年的历史，但数字出版的出现却不足一百年。在这短短的时间里，数字出版异军突起，给传统出版业带来了强大的冲击。我们曾经生活在一种基于纸张的模式中：出版机构将经印刷的纸质书籍发送给销售商，后者将其出售给读者，读者则将书籍带回，在自己喜欢的时间和地点实现阅读活动。然而 2007 年，亚马逊（Amazon）发布 Kindle、苹果（Apple）发布 iPhone 的消息，震动了整个出版行业——这意味着，曾经对音乐和报纸行业造成严重破坏的数字传播形式，最终进入了图书消费市场。而事实上，至少从 20 世纪 70 年代开始，数字技术就已经在重塑阅读的形式以及我们所谓的“出版行业”链条，只是对于大众市场来说，2007 年，是大众开始考虑“书”可能会是以像素而不一定是纸张页面的形式出现的时刻。

第一节 海外早期出版机构数字化转型探索的个案回顾

在传统的以纸张为中心的出版活动中，出版者基本上处于强势地位：在只有少数人才能掌握出版权利及技术的时代，无论是为意识形态的灌输或者市场逐利的目的，整个出版流程基本是以明确反映出版者意愿的轨迹运行的。但随着数字出版普及进程的加快，其出版流程的便捷性、低成本等特点，即打破了传统出版行业由专业机器及发达物流系统等垒砌的行业壁垒，使出版者变得更加多样化和大众化，让每个人都具有了成为出版者的可能性。例如：在数字出版开始普及之初，CNN 曾在 2009 年报道了这样一个故事[①]：一位女性曾花一年半的时间为她的新书寻找出版商，却无人问津。最后，她花费 450 美元在某自主出版品牌获得了一个 ISBN，并取得了在亚马逊上销售自己电子书的授权，得到不少读者的关注，最终被西蒙与舒斯特公司（Simon & Schuster）看中，出版了纸质版，作者不仅获得了不菲的版税，还赢得了不小的声誉。

---

① Elham Khatami. *More Authors Turn to Web and Print-on-demand Publishing.* 引自 http://www.cnn.com/2009/TECH/04/06/print.on.demand.publishing/index.html?iref=t2test_techmon，2009.

不得不承认的是，数字出版的普及，对传统出版造成了很大的竞争压力，并极大地缩小了传统出版业的盈利空间。早在 2002 年的东京书展（Tokyo Book Fair）上，各种数码产品和纸质图书就已经被平均分成两类，2008 年法兰克福书展上参展的数字产品比前一年增加了近 10 倍，增速之快令传统出版机构不得不认真思考要如何应对这一席卷性的数字出版趋势。

随着阅读习惯的改变，传统的出版物市场格局被不断打破，出版业面临的最大挑战是如何应对市场瞬息万变的现状。以美国为例，2004—2009 年的图书销售增长总量并不高，只增长了 0.9%；2006—2008 年，这一比率甚至呈下降趋势（见 2009 年 Rosenthal 统计数据）[①]。图书和其他媒体的销售主要掌握在几家主要供应商手中：巴诺书店（Barnes & Noble）、博德斯和华尔登书店（Borders/Waldenbooks）、亚马逊（Amazon）。其他供应商的市场占比低于 10%。2007 年，Amazon 发布 Kindle，Apple 发布 iPhone，压力从新闻媒体行业传导到图书出版行业。2010 年，Apple 发布 iPad（介于手机和电脑之间的产品），使移动阅读成为可能。2011 年，Amazon 宣布纸质图书销量与电子书销量比为 100：105。纸媒下滑的残酷现实迫使出版机构不得不考虑如何实现数字化的转变，为此，在数字出版的兴起之初，许多处于行业领先的出版机构率先做了很多有益的探索。

---

① Morris Rosenthal. *2008 US Sales for Amazon, BN. com, Barnes & Noble and Dalton, Borders and Waldenbooks.* 引自 http://www. fonerbooks. com/booksale.htm, 2009.

一、路径探索：以HarperCollins和John Wiley & Sons-Blackwell为例

（一）建立海量规模数据库，并尝试以释放部分电子内容的形式带动纸书和数字内容销售的增长

哈勃－柯林斯出版集团于1817年由詹姆斯·哈勃及约翰·哈勃兄弟在纽约建立。这是一家曾经拥有马克·吐温、勃朗特姐妹、查尔斯·狄更斯、马丁·路德·金、萨克莱、约翰·F.肯尼迪总统等著名作者的出版机构。1990年，哈勃－柯林斯被新闻集团收购并被并入威廉柯林斯公司，自此成为世界出版业的龙头。

美国新闻集团是集媒体和娱乐业于一体的多样化的国际性集团，被世界权威金融机构标准普尔评为世界500强，2007年创造的利润达28.655亿美元（S&P企业比较分析，2008）[①]。该企业的业务范围涵盖8大方面：电影娱乐产业、电视业、有限网络工程、卫星电视广播、杂志、新闻和图书出版以及体育产业。业务范围涵盖全球，包括哈勃－柯林斯普通图书集团和哈勃－柯林斯童书集团，其业务覆盖美国本土、加拿大、英联邦、澳大利亚、新西兰和印度（详见公司简介）[②]。作为新闻集团的一个附属公司，哈

① 引自http://www.netadvantage.standardandpoors.com.ezproxy.rit.edu/NASApp/NetAdvantage/showIndustrySurvey.do?code=pub.

② 引自http://www.harpercollins.com/footer/company Profile.aspx.

勃－柯林斯出版集团的英语语言类图书和儿童读物享誉世界。同时，它也是一家经营多样化的出版集团，图书产品种类包括推理小说、烹饪、科幻、生活、儿童读物、品牌性的参考书及小说。

哈勃－柯林斯是全球出版行业数字化转型的先驱。2006 年，他们启动了创建“全球数字存储库”(global digital warehouse) 的工作，以向其客户提供在线查询服务[①]。它通过与 Newstand 合作，获得了其 10% 的股权。哈勃－柯林斯将本版整本书按页为单位进行碎片化处理，以便其用户可以通过 Google、Yahoo、Amazon 或者其他搜索引擎获取。2007 年，哈勃－柯林斯还为苹果 iPhone 和 iPod Touch 推出了“内部浏览”功能（网址：http://mobile.harpercollins.com.au），此举意味着这家出版行业巨头进一步成为跨媒体行业的领袖。

“内部浏览”最初只是提供部分内容的网上阅览，人们只能看到第一章的纯文本内容，但不久以后，哈勃－柯林斯转变了经营战略：开放图书的所有内容。在用户界面上，读者可以通过目录选择所需要的章节，并可进行全书的文本搜索。“购买”键则是最重要的导航功能以实现销售。同时，内部浏览允许读者将喜欢的图书添加到自己的博客或者网页，以实现分享式的传播。2008 年 2 月以来，凡是在哈勃－柯林斯网站上注册的读者，均可获得 6 本免费的在线图书——其中包括热销书，如巴西作家 Paulo

① Mike Collins. *Harper Collins Picks NewsStand to Develop Digital Warehouse.* 引自 http://corkuniversitypress.typepad.com/cork_university_press/2006/04/harpercollins_p.html，2006.

Coelho’s 的《波特贝罗的女巫》，以及最新版的顶级烹饪读物等。

根据哈勃－柯林斯前首席执行官 Jane Friedman 的理念：“图书最好的销售途径是让读者可以读到部分内容（the best way to sell books is to have the consumer be able to read some of that content）”[①]，哈勃－柯林斯十分自信地向客户提供在线图书，因为 Jane Friedman 相信绝大多数读者根本无法在网上完成整本图书的阅读，因此其最终导向就是必然回来购买纸质图书，即借助在线内容的吸引，完成纸质图书的销售。Jane 认为，“这就如同剥掉书的包装”。起初，出版界对此多持审慎态度，人们担忧以电子文档的方式释放内容，会极大地影响纸质图书的销售，然而结果却恰恰相反：有关机构对这一举措的用户行为的研究结果显示，在网上发布部分图书页面可以增加 6%—10% 的图书销量。而美国国家科学院出版社（the National Academies Press，NAP）早在 1996 年起就分批次将其数百种图书全文上载到自有网站，至 1999 年，从网上收到的纸质图书的订单占总订单的 25%，占总销售收入的 10%。[②] 而数字内容的上线尝试，也带动了哈勃－柯林斯纸书销量的增长，2008 年“有 165 种书入选纽约《时代周刊》图书畅销排行榜榜单，其中 14 种问鼎榜首”，其儿童

① Motoko Rich.*Harper Collins Will Post FreeBooks on the Web.* 见 http://www.nytimes.com/2008/02/11/business/media/11harper.html，2008.

② 奚玲燕：《学术电子书出版探析》，载《新闻研究导刊》，2019，10（13），177 页。

读物连续7年在《时代周刊》该类畅销榜榜单中占据最多名额。[①]

此外，在2008年，哈勃－柯林斯为了销售及宣传的目的，建立了in-house影音工作室[②]，制作作者的影像资料以为销售、市场和潜在的商机服务。

（二）资源的优化配置：技术商与出版商合并重组

约翰威立父子出版集团(John Wiley & Sons-Blackwell)是最成功的网络运营商之一。Interscience是集团旗下STM[③]的在线出版平台。集团通过成功收购英国布莱克威尔出版公司(Blackwell)，将Wiley和Blackwell的在线平台进行整合，效果明显：该公司70%的期刊收入来自于在线期刊；10%的图书收入来自在线出版[④]。在学术出版领域，建立在海量内容基础上的在线服务充分体现了数字出版的特点：大规模定制的个性化服务和用户问题解决方案的提供者。2016年，公司又通过收购Atypon公司的在线出版平台替代自主研发平台的形式，快速整合了全球优秀的学术期刊资源。[⑤] John Wiley & Sons通过并购出版商，实

① 引自http://search. newscorp. com/b/ss_cache?cch=1074921&ck=4503918993&sn=60999186&wc=1&k=2008*+annual*+report*.

② 引自http://www. harpercollins. com/footer/company Profile. aspx.

③ STM指scientific，technical，medical，即科学、技术、医疗。

④ Hoboken, N. J, Jan. *John Wiley & Sons Ltd*: *Wiley-Blackwell Launches New Series of Interdisciplinary Publications*. 引自http://www. tradingmarkets.com/. site/news/Stock%20News/2151090，2009.

⑤ 吴雷：《美国出版业融合发展现状调研与思考》，载《出版科学》，2019，27（4），96页。

现技术与内容组合的方式，提供了一种有吸引力且有效的数字出版类型。

由此可见，传统出版曾信奉的“内容为王”的信念，正在走向“内容服务为王”的现实。在数字技术迅速发展的时代，简单的内容为王不足以适应今天受众的要求。如同苹果的成功，是它构建了一个全方位的、无所不包容的内容服务体系。简言之，内容为王不足以适应今天受众的要求，而是如何以恰当的方式在恰当的时间、恰当的地点向恰当的人提供服务。因此，摒弃单一的媒体运营模式，充分利用多媒体的优势，有效配置资源，是出版业发展的必然要求。

（三）标准的产生

在网络时代到来之前，“信息孤岛”曾是我们社会信息持有的主要形态。然而，当网络冲破了信息孤岛的边界，全社会的信息资源持有格局在经历巨大的洗牌过程后，信息量亦呈爆炸式的增长。特别是出版，作为以内容制造和持有为生命的行业，如何管理及存储内容数据、将其加工成新的产品，并以何种服务提供给用户，便成了世界性的、行业性的问题。一些学者相信，下一个网络的“黄金机会”，将是数据存储及智能的数据管理。根据全球著名的科技、电信行业的咨询服务商——国际数据咨询有限公司（IDC，International Data Corporation）在2006年提供的信息，当时数字信息的“建立、收集和复制”达到161亿兆，相当于把书从地球到太阳堆积 12 次来回。2010 年以前，数字信息流达到 988 亿兆，照此，急速增长的数据量将冲破大多数公司信息管理的上限。互联网时代预示着海量信息管理的问题日益凸显，因为传统的搜索技术只能提供数据搜寻的方法，但海量数据却依然无序地存储在存储空间内。因此，尤其对于出版公司，有效的数据存储及管理服务将会是一个巨大的挑战，对专业的信息储纳和再开发业务的投资显然是必不可免的。在这一点上，国外的出版行业领军者，已经并仍然在进行着不断的探索和努力。

目前，除在互联网这个大载体上外，数字出版物在智能手机、平板电脑及电纸书等终端设备日渐得到欢迎。在制作跨媒体数字产品时，其工作流程若没有标准可依将无法运行。由于存储文件夹可接受丰富的数据格式种类，因此，在内容管理的过程中，我们需要在信息入口与出口之间建立标准。电子出版物的提供者若需要实现其输入内容的汇集并将其转换为格式丰富的文件从而输出到不同的终端阅读器，没有相应的电子出版标准，这一任务事实上几乎无法实现。因此电子出版标准（OPS，OPF，OCF）的出现，其目的在于为繁杂多样的各类终端阅读系统提供方便的接入，以便使电子书在巨大的市场中获得成功的销售。目前国外大部分出版企业应用 OPS 标准，它是开放式出版结构（Open Publication Structure）的简称。其内容、结构和表述均基于 XML 标准格式，是易于全球通行的电子出版物格式。OPS 的前身是 1999 年建立的“OEB”——开放式电子书出版物结构（The Open eBook

Publication Structure)。

OPS的优势在于，通过提供代表电子书内容、结构和表述的标准，向内容供应方和出版工具供应方提供基本的指导原则，以确保所有的代表元素（represented element）具备最高的保真度、精确性和多样阅读系统中的可接入性；可精确反映所建立内容的标准格式；定义某种标准并允许电子书内容可被用于多样的阅读系统中；减少格式转化成本，建立电子书专用发行通道；成为出版商最终可交付使用的格式[①]；可被用于多种设备。其不足在于，终端阅读系统并非必须直接接受OPS；对宽泛的XML文件的词汇的支持需要进一步提高。

为了最大化数字内容的效力，科学地选择恰当的技术规范至关重要，而其中选择什么样的信息组织标准是重中之重。目前全球广泛采用的XML语言是跨媒体出版业最重要的规范，它已成为移动互联网世界事实上的内容载体，正如本书在图书馆案例中所述：无论某内容是在何时、何地，以何种方式释放，一旦其选择了XML格式，那么它将可以独立于设备、软件、硬件及供应商而存在。XML模糊了不同媒体之间的界限，并可实现多种媒体的跨界有效操作。其灵活的用户定义功能在出版业中具有强大的优势，并有助于建立全球性的同步。因此，全球的出版企业在其数字化建设过程中，都在研究和制定适合各语种特性的基于XML

① *Open Publication Structure*（*OPS*）2.0 v1.0. 引自 http://www.openebook.org/2007/ops/OPS_2.0_final_spec.html，2007.

的图书元数据格式规范，制定相应的数据加工规范，以便于数据的重复利用；研发基于 Unicode 编码规范的多文种文字数据加工软件和全文检索系统，有助于提升不同文字在多文种内容资源库中的检索效率。

数字出版的技术性问题和标准化问题是庞杂而具体的，随着人们阅读习惯的改变，出版业的市场正在被持续分割和细化。出版业面临的最大挑战在于如何调适目前日新月异的市场，解决具体的技术问题，转变思想，调整战略，制定更加亲用户化的商业模式。现实正在逼迫出版商必须思考如何存储和利用数字内容，以及如何使自己具备整合内容与技术的能力，以便实现产品的转型和升级。而哈勃－柯林斯公司和约翰威立父子出版集团在各该领域作出了极其有益的探索。事实上，从传统出版到数字出版的转型，最困难的节点并不是技术性或者经费的问题，而是要如何建立一种科学的商业模式。因此，告别单一媒体的运行模式，利用并合理配置多媒体技术，将会是出版行业发展所必须做的努力。

二、案例研究1：麦格劳－希尔公司(McGraw-Hill Companies)

(一) 机构概要[①]

麦格劳－希尔公司成立于1888年，是世界领先的信息服务

① 参见 http://www.mcgraw-hill.com.

供应商，一百多年来一直致力于提供高质量的信息和分析服务。公司在出版、信息、媒体服务和金融领域享有全球性声誉，在40多个国家设有280多家机构。旗下子公司包括标准普尔、麦格劳－希尔教育专业出版公司、商业周刊、J.D.Power等知名品牌，以满足市场对全球金融服务、教育和商业信息的需求。Kindle和iPhone发布之时，即2007年，集团销售额达68亿美元。

麦格劳－希尔公司是最早认识数字经济价值的先驱之一，并在创建多媒体平台以提供信息服务的领域涉足广泛，包括：互联网、书籍和杂志、在线出版、电视、广播、电子设备和软件，等等。公司的使命是："为帮助个体、市场和社群发挥其潜力而提供精要的信息和洞见（to provide essential information and insight that help individuals, markets and societies perform to their potential）"[①]——成为市场的关键，意味着影响、改变和扩大自身所参与的市场领域，专注于做内容及内容服务，并成为解决方案的提供者。

麦格劳－希尔公司在为全球金融市场、教育机构、企业和消费者提供重要信息和专业知识服务方面处于世界领先地位，其三大核心业务是：金融服务、教育和专业出版、信息和媒体服务。其中，排序第二的教育和专业出版业务，占2007年其财政收入的40%，总额为27.2亿美元。

① 参见 http://www.mcgraw-hill.com/aboutus/mission.shtml.

图 5–1　麦格劳 – 希尔公司旗下品牌

麦格劳 – 希尔教育，作为公司旗下的品牌，是世界知名的专业出版公司，专门提供专业领域和教育领域的高质量图书，有 5 个核心出版项目：

1.McGraw–Hill Business，是全球著名的管理、投资、领导力和个人理财类图书品牌。

2.McGraw–Hill Medical，世界排名第一的医学教科书品牌。

3.McGraw–Hill Education，备考、教辅、语言指导和词典类图书的专业品牌。

4.McGraw–Hill Technical，出版科学、计算机、工程、建筑等行业基准材料图书的专业品牌。

5.McGraw–Hill Consumer，主营非虚构类小说的出版，此外还有健康、体育、育儿等领域的图书。出版合作伙伴包括哈佛医学院。同时，该品牌也是美国糖尿病协会、美国癌症协会企业家出版社的图书经销商。

（二）主要客户

作为一家真正的全球性出版公司，麦格劳 – 希尔国际出版集团一直处于行业的世界领先地位，每年出版超过 2000 种图书，并同步出版40多种语言版本。麦格劳－希尔的专业和教育出版物大多是全球高等院校的规定文本；大量的中小学也选择其产品作为教材。因此，麦格劳－希尔拥有全球的读者。公司的目标市场非常明确：国际学生和专业人士。例如，在中小学教材领域，McMillan/McGraw-Hill、SRA/McGraw-Hill 和 Glencoe/McGraw-Hill是知名品牌；他们是美国最重要的基础教育文本出版商，因此美国国内大量的学生是他们的主要客户。此外，高质量的专业参考资料是公司的特色和实力所在，如世界知名的产品有：36位诺贝尔奖科学家参与的《麦格劳－希尔科技百科全书》(McGraw-Hill Encyclopedia of Science & Technology)，几十年来不断更新，至今仍拥有大量的专业读者。

（三）竞　争

麦格劳－希尔在经济上排名前三的主要竞争对手是学乐集团(Scholastic Corp.)、梅雷迪斯集团(Meredith Corp.)和约翰威立父子出版集团(John Wiley & Sons-Blackwell)。

Scholastic Corp.[①] 是世界上最大的儿童图书出版商和分销商。在美国国内，该公司通过其以学校为基础的读书俱乐部，将图书推广至绝大多数的学前班至8年级。教育类图书的出版包括向学校和图书馆销售教育科技产品、教材、31种课堂杂志、在线参考资料以及面向学前班到12年级学生的非小说类产品。2007

① 参见 http://www.scholastic.com.

年，该公司大约拥有65%的美国教师用户。很明显，Scholastic和McGraw-Hill在儿童书籍和文本领域有重叠，因此它们是较紧密的伙伴。

Meredith Corp.[①]的出版部门专注于家庭和家庭市场。它拥有超过25种订阅杂志，包括Better Homes and Gardens，Family Circle，Ladies' Home Journal和大约150种特殊兴趣领域的出版物。Meredith还在Better Homes and Gardens和Home Depot等授权商标下进行图书出版。2007财年收入为16.16亿美元。Meredith的出版业务紧密围绕家庭及生活服务的主题，因此麦格劳－希尔在这个领域开展任何出版项目，Meredith都是一个很大的竞争者。

前文所提的John Wiley & Sons-Blackwell[②]是一家全球化的印刷品和电子产品生产商，成立于1807年。它在出版领域涉及专业类和大众类书籍及期刊，涉及科学、技术、医学和学术期刊、百科全书、在线产品、教材教辅，其中包括为本科生和研究生、教师以及终身学习者提供的整合在线教学资源，读者对象为专业人士、研究人员、学生和教育工作者、普通大众。因此，该公司是麦格劳－希尔在专业出版、教材教辅、在线资源提供方面的主要竞争对手。

---

① 参见http://www.meredith.com.

② 参见http://www.wiley.com/WileyCDA.

（四）财务状况

根据标准普尔的数据，麦格劳－希尔 2007 年的年度财务收入达到 68 亿美元。2008 年，营业收入和毛利分别下降了 6.2% 和 18.5%。出版领域的业务减少，部分源于金融服务部门以及麦格劳－希尔教育板块的业绩下滑。图 5–2 摘自公司 2008 年年报，按教育、金融服务和信息与媒体三大板块，列出了公司的营业利润和毛利。

2008 Compared with 2007

	2008			2007		
(In millions)	Operating Profit(a)	% Total	% Margin	Operating Profit(b)	% Total	% Margin
McGraw–Hill Education	$ 316.5	22%	12%	$ 400.0	22%	15%
Financial Services	1,055.4	72%	40%	1,359.4	75%	45%
Information & Media	92.0	6%	9%	63.5	3%	6%
Total	$1,463.9	100%	23%	$1,822.9	100%	27%

(a) 2008 operating profit includes a pre–tax restructuring charge and the impact of reduction in incentive compensation.

(b) 2007 operating profit includes pre–tax gains relating to divestitures and a pretax restructuring charge.

图 5–2 麦格劳－希尔 2008 年部分财务年报①

（五）路径探寻

收购是麦格劳－希尔建立企业核心竞争力的主要手段之一。1996 年，麦格劳－希尔成功收购著名的经济管理学教材出版商和

① 参见 http://www.mcgraw–hill. com/about/annual_report/ar2008. pdf.

杰出的教育服务公司欧文公司(Irwin)，它曾经包揽哈佛商学院所有教授著作，而Irwin至今仍是美国最知名的经济类图书的出版商。随着Irwin的加入，McGraw–Hill不仅在经济管理、金融、心理学等领域取得了主导地位，也从Irwin那里获得了大量的读者。

(六) 总　结

麦格劳－希尔是一家著名的常青藤公司，在教育、信息和金融服务三个领域是国际一流的组织。公司通过多媒体手段为全球金融、商业、教育、建筑、医疗、航空航天和国防等领域的专业人士和教育市场提供信息产品和服务。通过收购其他优秀的专业公司，并与国际、国内企业合作，获得了相当大的技术和资源优势，以加强其核心产品的竞争力。

受2008年全球金融危机的影响，麦格劳－希尔当年的收入为64亿美元，比2007年同期下降了6.2%。麦格劳－希尔的董事长兼首席执行官Harold McGraw Ⅲ先生说："我们的结果证明了麦格劳－希尔公司在经济衰退期间保持盈利的能力，也反映了我们知识型产品和服务多元化组合的价值。"他认为，技术代表着在企业对企业(B to B)和企业对消费者社区(B to C)的服务业中的巨大机遇。不仅如此，技术可以拓宽关系网络，增加更多价值。因此，公司在不断采用新技术使其产品价值最大化，"以建立与市场互动和增强活力的新渠道。"(麦格劳－希尔2008年报）[①]2015 年，麦格劳－希尔宣布高等教育市场的数字单位销售额首次超过纸质产品。2016 年，麦格劳－希尔收购了 ALEKS 自适应学习技术公司、WriterKEY 等在线写作工具的方式增强技术优势，进行在线教育内容的销售。[②]它在一次次出版结构的调整过程中完成了从内容提供商到内容服务商的转变，其 99% 的教材已有了电子版本，“勇于抛售传统纸媒产业，聚焦核心数字产品”[③]使麦格劳－希尔历经百年依然引领出版潮流。

三、案例研究 2：甘尼特公司（Gannett Company）

（一）机构概要

甘尼特公司是由弗兰克·E. 甘尼特及其合伙人于 1906 年创立。它是美国最多样化的新闻、信息和通信公司之一，其读者和其他用户不仅遍布美国 38 个州，还遍布美国哥伦比亚特区、关岛、英国、加拿大、比利时、德国和中国香港。

它从一个小企业逐渐壮大，在这一过程中收购了许多家报纸，并于 1923 年将它们合并为甘尼特公司。此后，甘尼特公司随着技

① Harold McGraw II. *McGraw-Hill 2008 Annual Report.* 引自 http://www.mcgraw-hill. com/about/annual_report/ar2008. pdf，2008.

② 吴雷：《美国出版业融合发展现状调研与思考》，载《出版科学》，2019，27（4），96 页。

③ 于晨：《麦格拉·希尔教育公司数字化转型困境与出路》，载《科技传播》，2020，10（上），33 页。

术的创新不断扩大业务和服务。随着它与信息时代的同步发展，继续为美国和全世界的读者服务。甘尼特的愿景是让消费者可以根据他们的新闻和信息需求，以任何形式随时随地选择甘尼特媒体。该公司的使命是永远牢记新闻职责，成功适应技术环境，为所有媒体提供必要的新闻和信息。①

至 2009 年，作为美国最大的报纸出版商，甘尼特公司发行 85 种日报，包括《今日美国》，近 850 种非日报出版物和周报《美国周末》。甘尼特还在美国经营着 23 家电视台，是一家互联网领军企业，旗下有多家电视台和报纸赞助的网站，其中包括最受欢迎的新闻网站之一 USATODAY.com。有近 2300 万的独立用户是其忠实的读者。②

图 5–3　Gannett 公司旗下品牌

① 参见 http://www. gannett. com/about/visionmission. htm.

② 参见 http://www. gannett. com/about/company_profile. htm.

（二）主要客户

据标准普尔统计，广告收入作为媒体收入的重要组成部分，占美国报纸收入的 80%、大众类杂志收入的 55%，占某些出版物，如商业贸易期刊收入的比例甚至高达 100%。因此，像 Gannett 这样的媒体平台提供商的主要客户是各类广告主和广告代理商。

2009 年，《今日美国》拥有 230 万的发行量和 360 万的读者群，对于寻求最大受众到达率的广告商来说无疑是绝佳选择。USATODAY.com 在那时每月也有超过 1100 万的独立访客。以《今日美国》的广告费为例，全页四色广告的价格高达 189400 美元／工作日，231000 美元／周末日——当然，只有大型企业才负担得起这样的价格。

（三）竞争对手

从甘尼特公司 2007 年的营业收入看，出版领域内其主要竞争对手是麦格劳－希尔公司、纽约时报公司（the New York Times Company）和华盛顿邮报公司（the Washington Post Company）。这三家公司在业务上各有侧重，但它们都提供广泛的信息服务，并以其广受欢迎的出版物而闻名。

麦格劳－希尔公司的策略是通过标准普尔（Standard & Poor's）、商业周刊（BusinessWeek）和麦格劳－希尔教育（McGraw-Hill Education）等领先品牌推动其金融服务、教育和商业信息市场。[①]

纽约时报公司是一家领先的媒体公司,包括《纽约时报》(The New York Times)、《国际先驱论坛报》(International Herald Tribune)、《波士顿环球报》(The Boston Globe)、其他15家日报、WQXR-FM和50多个网站。公司的核心宗旨是通过创造、收集和传播高质量的新闻、信息和娱乐节目为提升社会服务。[②]

华盛顿邮报公司是一家多元化的教育和媒体公司，其主要业务包括教育服务、报纸及杂志印刷和在线出版、电视广播和有线电视系统。[③]

（四）财务状况

2008年，甘尼特在在线收入增长方面取得了许多成功，一系列关键投资增强了他们的投资组合，并推出了多项创新举措，但行业变化和前所未有的全球经济低迷给他们带来了损失。该公司当年营业收入为68亿美元。若不计入第二和第四季度的减值和其他支出，持续经营业务的净收入将为7.47亿美元，税前总额为84亿美元(税后74亿美元)。这些费用导致他们报告的持续经营净亏损为66.5亿美元。

---

① 参见 http://www.mcgraw-hill.com/aboutus/overview.shtml.

② 参见 http://www.nytco.com/company/business_units/index.html.

③ 参见 http://www.washpostco.com/phoenix.zhtml?c=62487&p=irol-ourcompanyprofile.

In thousands, except per share amounts

	2008	2007	Change
Operating revenues...............	$ 6,767,650	$ 7,439,460	(9.0%)
Operating income (loss)	$(6,761,655)	$ 1,650,896	***
Income (loss) from continuing operations	$(6,647,565)	$ 975,577	***
Income (loss) per share from continuing operations – diluted	$ (29.11)	$ 4.17	***
Income from continuing operations before asset impairment and other charges (1)......................	$ 747,368	$ 1,026,408	(27.2%)
Income per share from continuing operations before asset impairment and other charges – diluted (1)......	$ 3.26	$ 4.39	(25.7%)
Working capital	$ 92,803	$ 381,092	(75.6%)
Long–term debt	$ 3,816,942	$ 4,098,338	(6.9%)
Total assets	$ 7,796,814	$15,887,727	(50.9%)
Capital expenditures (2)	$ 164,542	$ 170,880	(3.7%)
Shareholders' equity	$ 1,055,882	$ 9,017,159	(88.3%)
Dividends per share	$ 1.60	$ 1.42	12.7%
Weighted average common shares outstanding – diluted........	228,345	233,740	(2.3%)

(1) Results for 2008 exclude pre–tax asset impairment and other charges of $ 8.35 billion ($ 7.39 billion after tax or $ 32.38 per share). Results for 2007 exclude pre–tax non–cash intangible asset impairmeng charges of $ 72.0 million ($ 50.8 million after tax or $ 22 per share). These charges are more fully discussed in the Management's Discussion and Analysis of Analysis of Financial Condition and Results of Operations and the Consolidated Financial Statement sections of this report.

(2) Excluding capitalized interest and discontinued operations.

图 5–4 Gannett 公司 2008 年度财务报告①

① 2008 Gannett 年度报告，引自 http://media.corporate–ir.net/media_files/irol/84/84662/08GCIAnnualReport.pdf.

（五）路径探寻

在美国大学校园里，总是有很多分发免费周刊的地方。而《兰辛州日报》（Lansing State Journal）是甘尼特创办的第一份面向年轻读者的每周免费发放的报纸。兰辛是拥有4.4万名学生的密歇根州立大学（Michigan State University）的所在地，也是该州的首府，因此仅通过在大学校园免费分发的Lansing State Journal为公司带来的品牌覆盖力和影响力可想而知，同时，对孕育和培养稳定的读者群体的作用不可估量。《噪音》（NOISE）是一份关于生活方式和娱乐的小报，它通过大胆的设计、对话式的语调以及对密歇根州兰辛地区的“人、地方、想法和乐趣”的关注而吸引区域性的读者，也是培养读者品牌情感、增加用户黏着度的有效方式。此外，甘尼特公司旗下的INSIDER网站就是面向大学生的网站之一，深受欢迎。

2009年时，甘尼特拥有9种面向青年读者的出版物，包括辛辛那提的辛城周刊（CiN Weekly）、路易斯维尔的Velocity、兰辛的NOISE、罗切斯特的INSIDER等。这些免费出版物的成功主要是由于它们对目标读者进行了准确的细分：这些读者习惯于按需获取新闻和信息，视广告为内容，重视休闲和社交时间，可以轻松地将工作和娱乐结合在一起。此外，Gannett在每个市场中的投放，会准确选择核心受众所去之处——餐厅、杂货店、咖啡店、书店和健身俱乐部，这样不仅降低了分销成本，而且可以通过接触目标消费者提升广告效果。

(六) 总　结

Gannett 公司的目标是，在跨媒体平台上以客户想要的方式传递新闻和信息，且跨媒体平台已取代了整个公司的报纸和电视台的编辑部门。这种多平台、7×24 的方法，不仅可以为网站提供更多更好的本地信息，还可以提供相应的印刷和广播产品。

Gannett 与 iPhone 的合作为出版商提供了另一种在 3G 网络内传递信息的媒介形式。通过与领先的移动媒体和广告公司 4INFO 合作，USA Today 还提供了在用户要求的高质量短信内容上做广告的机会。甘尼特公司立志于融入更多的技术应用，以更好地适应媒体转型的时代。

第二节
海外数字出版实践的启发

所谓的数字出版，无外是内容与技术的结合，至于二者能碰撞出什么样的“火花”，取决于对内容创意的挖掘程度和与之相匹配的技术驾驭，同时要有良好的营销，才能将这些劳动成果转化成市场价值。当然一切的前提是，具备相当的软硬件基础，包括基础设施及人才资源，以及与数字出版相配套的体制机制，否则难以实现出版的数字化转型。

若将2004年Google发起“数字图书馆”项目、2007年Amazon发布Kindle阅读器、2010年Apple发布iPad这一真正实现多媒体阅读的介于电脑与阅读器之间的产品等事件，作为出版数字化时代到来的标志，这一产业的发展也不足20年。而我们可以看到，上述公司，或是技术供应商，或是渠道销售商，而非内容生产商，即出版业的数字革命，并非由出版业自己发起，而是由其他行业带动的。在这一过程中，传统出版行业如同昔日的影视及音乐产业一般，经历了极大的迷茫甚至恐慌，然后不断地进行与无数次失败并存的探索，被淘汰掉多少传统的书报刊企业，发展至今，才可谓有了一番繁荣的景象。

一、海外出版机构数字化转型的大体模式

在面临其他行业倒逼的境遇下，海外出版机构数字化转型的实现，大体从技术能力提升、内容设计转化和团队架构重组三方面进行。

（一）来自其他行业的竞争

在出版业面临技术公司、销售行业倒逼的情况下，出版的核心竞争力似乎忽然从传统的“内容为王”变为“技术为王”，技术公司或销售商一度“攻城掠地”，例如：

1. 以Google为代表的技术公司

2004年Google依靠自身强大的搜索引擎系统，开启了含有

谷歌合作伙伴计划（Google Partner Program）、谷歌电子书店计划（Google Editions）和图书扫描计划在内的“谷歌图书项目计划”。其中，“Google Partner Program”旨在与出版机构合作，将其提供的图书电子版收入Google的数据库中并向用户开放。据资料显示，此计划开启的几年内，就有超过3万家出版商加入合作，成为这家技术公司内容资产的重要来源；2010年在美国发布的“谷歌书店”，标志着谷歌进入电子书销售领域；扫描项目则是通过扫描大量图书（包括公版领域的，以及涉及侵权的）获取商业利益，并由此引发了由多国发起的集体诉讼。[①]可见，谷歌作为技术商，它以与出版商合作及扫描海量纸版内容的方式快速获取内容资源，并建立起自己的销售渠道，完成了出版产业链的塑造。

2. 以Amazon为代表的销售商

Amazon创立于1994年，作为全球最大的网上书店，其经营并未满足于“销售”这一单一的收益形式。它通过2007年推出第一代“电纸书”Kindle（中文译为“点燃、点亮”）阅读器，开启了图书销售脱离于纸书形式的新纪元。据报道，Kindle第一代的发布当天，这一新颖的、以无限还原纸质阅读感观为卖点的图书载体，在五个半小时内被抢购一空，人们对电纸书的热情拥抱，也预示着出版及印刷行业即将迎来对传统载体，以及对脱离于载体的纯内容的加工及出版“垄断”地位的动摇：销售渠道商通过自

① 从挺编译：《谷歌图书项目及谷歌的未来》，百道新出版研究院，2011年7月1日。

主研发电子阅读产品，取代了纸质载体的唯一性，同时书的纯内容又被剥离于传统载体，实现网络的数字化呈现，则作者端可脱离传统出版机构而单独与可以为他们提供即时刊发、环节更少、收益更高的 Amazon 平台发生关联：2010 年，Amazon 发布了出版自助服务，读者则能够以大大低于纸书的价格购买附加值更多的电子产品。不仅如此，具有先见之明的 Amazon 在成立不久便收购了 Junglee（数据挖掘公司）、Planetall（社交网络公司）等公司，为其进行大数据计算、社交平台的搭建等都做了扎实的铺垫。Amazon 的图书生产模式包揽了图书产业链的全部环节，实现了内容资源积累、加工、销售的闭环体系。

许多科技巨头公司，如 Apple 依托占据绝对垄断地位的电子终端机，主打内容销售；Sony 凭借制造优势推出电子阅读器建立自己的图书城等，纷纷参与出版业的角逐，获得了巨大成功。特别值得一提的是，传统出版商由于缺乏读者数据的有效获取方式，因此决策往往依据其对市场的经验和感觉，但 Google、Amazon、Apple 等后来者的决策则基于对大数据开展的多维度分析，如 Apple 在 2014 年收购 Book　Lamp 等数据公司，专门为其提供图书分析工作。经大数据分析后设计的产品，其策划及投放具有很高的准确性和针对性，生产效益必然优于以经验判断为先的模式。此外，如 Amazon 收购社交平台等模式，也给了传统出版行业很大的启发：网络时代图书的销售，除自有平台外，还要广泛依托开放平台，特别是社交平台的渠道。

(二) 通过并购实现技术能力的快速提升

在新兴技术及网络销售领域显然落后的传统出版公司，如何能在“技术为王”时期，与占有技术、渠道和数据优势的行业的竞争中不被击垮，是一个严峻的挑战。上文个案中提到的麦格劳－希尔公司、约翰威立父子出版集团等出版巨头，更多地是采用并购技术公司的形式应对。再如法国最大的出版机构 Haccette（阿歇特集团），在 2008 年收购了 Numilog 公司（在法国最早开展数字业务的出版公司），并将其打造为自己的数字分销平台。[①] 这一途径，极大地节省了技术攻关、产品研发、资源积累等自我发展的成本，对现有业务进行全方位的升级改造，快速实现转型升级。再如《哈利·波特》的出版商英国布鲁姆伯瑞出版社（Bloomsbury）为了实现在新业务领域的转型，将《哈利·波特》所带来的丰厚利润投入专业出版资源领域及数字技术领域上，通过多次的资本并购相关机构，建立支持海量资源的数据库，取得了商业上的巨大成功。[②]

同时，对用户数据分析重视度的提升，也是传统出版公司着力弥补的“短板”。如哈珀－柯林斯公司在 2013 年成立专门的数据分析部门，立足于数据分析进行市场策划，帮助企业完成从产品驱动到客户驱动的转变，为提高产品的有效性和收益率贡献了积极力量。

---

① 何芳、胡新宇:《法国数字出版发展启示》,载《编辑学刊》,2016(4),70 页。

② 李芳：《布鲁姆伯瑞出版社的数字出版策略及其启示》，载《出版发行研究》，2011（7），80 页。

技术的加入结合传统出版机构原有的强大的内容资源优势，使产品的形式产生了结构性的变化，从而使与时俱进的出版机构在数字时代获得了发展。

近年，我国的一些出版企业也开启了海外并购的步伐，我国出版传媒上市公司和单体出版社进行了多样的海外并购。据资料显示[①]，截至2017年，我国A股出版传媒上市公司共24家，涉及海外并购的6家，所涉6起并购案中，纵向并购（经营关联产品但处于不同产销阶段的企业间并购）2起，混合并购（生产经营上无关联的企业间并购）1起，横向并购3起（生产经营相同或相似产品的企业间并购）。即，50%的并购是针对出版业务，33.33%的并购是针对发行及与出版相关的其他周边业务。如皖新传媒收购的法国凤凰书店，目标集中于发行端口；城市传媒并购的渡边淳一文学馆，不仅有如影视、话剧等内容资源可供以出版形式的再开发，其本身也是当地的旅游景点，因此企业的发展也有意在向文化及旅游方向延伸。而混合并购的1起，即博瑞传媒收购的韩国公司，是一家游戏开发企业，旨在网络游戏领域施展，严格意义上，不能算作传统出版产业的范畴。可见，我国企业的海外并购行为正如李灿的文中总结：是以出版核心业务为主，围绕增加版权资源、海外发行渠道、拓展如童书等细分的出版领域市场等。对海外技术公司的并购案例，笔者尚未查到相关讯息；国内出版企

① 此段有关我国出版并购案的数据，参考李灿：《我国出版传媒上市公司海外并购研究》，硕士论文，武汉大学，2018。

业并购国内数字技术公司的情况，如山东村本集团收购瑞易集成之类型，也鲜有耳闻。当然，出版企业拥有或着力组建自身技术团队的情况相对较多。

（三）内容设计由单一的纸媒转向全媒体同步策划

传统出版机构的一切生产行为无不以纸媒为载体。进入数字出版时代，内容作为可以独立于纸张的对象，对图书产品的设计转化为同步打造内容，即从选题策划阶段，开始同步多媒体的线上内容制作。除纸质图书外，根据市场需求，同步策划网站、影视、游戏等跨媒体的多元出版形式，将作为核心资产的内容的应用发挥到极致，实现收益的最大化。如美国三大教育出版商之一的麦格劳－希尔公司，2015 年其高等教育市场的数字单位销售额首次超过纸质产品，2020 年 5 月初，又与圣智公司合并，成为美国第二大教育出版商，共同致力于数字学习平台的开发。[①] 以具体项目个案为例，美国最大的童书出版商 Scholastic（学乐出版公司）同步推出的《饥饿游戏》《39 条线索》《Infinity Ring》的纸质图书以及与图书内容紧密相扣的网站和以书中角色 3D 扮演形式为创意的网络游戏项目，作为传统出版机构向跨媒体出版形式的最早探索之一，获得了极大的成功，不仅为公司赢得了丰厚的利润，更

① 于晨：《麦格劳·希尔教育公司数字化转型困境与出路》，载《科技传播》，2020，10（上），32 页。

通过网络平台积累了一大批忠实读者和网络用户。[①]

（四）出版组织架构由传统的纸媒生产者转向全媒体人才的组合

生产形式的转型，必然要求出版者的人员组成根据产业要求做出相应形式的调整。传统编辑＋新媒体编辑＋技术支持团队的组合，成为融媒体出版机构的基本人员配置。海外出版业的头部企业经过多年的数字出版探索，“组织架构形成了一些共同点：从事融合出版业务的团队基本可以分为内容策划团队、内容销售团队、数字技术团队以及运营管理团队这四大类”[②]。换言之，出版机构需要对融合出版项目的策划、制作、营销和管理的人员进行重新定义。

1. 内容策划和制作

在内容策划和制作阶段，依然以上文提到的 Scholastic 公司的案例为例：生产者将内容设计为“每一个部分都必须完美地同其他部分协调，每个部分都要为每一个特定的平台服务”，而非

---

① 百道新出版研究院：《美国最大少儿出版商：跨媒体出版成功奥秘》，载中国作家网：http://www.chinawriter.com.cn/2012/2012-09-12/140955.html，2012 年 9 月 12 日。

② 吴雷：《美国出版业融合发展现状调研与思考》，载《出版科学》，2019，27（4），96 页。

“将跨媒体特性移植到内容中”[①]，即同一内容不同媒体形式的出版项目，其不同形式的任一部分，均与其他形式的相应部分环环相扣、不可分离，而不是简单地在纸媒生产出来以后，再将其转换为其他产品。这显然需要传统编辑、新媒体编辑和技术团队同时启动、通力合作才能完成。

2. 销售环节

在销售环节中，对纸书的实体和网络渠道的销售是一方面，新媒体产品的销售则依托于两大类平台：其一是企业自身的平台，如企业网站、App、特定的电子阅读终端等（Amazon 的 Kindle、曾搭建自己电子书城的 Sony 的 DPT、德国电信与本国几家内容商合作的德语电子阅读器 Tolino 等）；其二是利用第三方的开放平台，特别是社交媒体在营销领域的优势，如 Facebook、Instergram、Twitter 等空间，一些出版集团在某社交平台拥有千万级粉丝并不罕见。如法国最大的出版机构 Haccette，极为重视社交平台的巨大影响力，他们的经营策略之一是鼓励签约作者在社交媒体与读者进行充分互动，着力提升作者的网络影响力，以此带动销量，同时对互联网的广告投放也非常可观。[②]人们发现，自有媒体不如大型社交媒体的推广效益明显，因此国外许多出版

① 百道新出版研究院：《美国最大少儿出版商：跨媒体出版成功奥秘》，载中国作家网：http://www.chinawriter.com.cn/2012/2012-09-12/140955.html，2012 年 9 月 12 日。

② 卞晓琰：《美国出版业媒体融合成功案例分析》，载《新媒体研究》，2017（11），68 页。

企业会将自身的运营团队放在社交媒体如 Facebook、Instagram 等中，围绕核心的竞争优势即自身的内容特色开展策划。

在此类平台开展内容的深耕，聚集并黏固同质化读者，提升品牌忠诚度，以此实现收益的增长。因此，新媒体销售涵盖的不仅是一般意义的广告，还有向垂直领域纵深发展的内容挖掘与形式创意，它与传统销售渠道相比，其目标用户群体、提供服务的方式等均有相当大的差异，需要专业的团队经营。

3. 数字技术团队

数字技术团队，是数字出版行业的核心竞争力之一，其人员以功能需求分为不同的专业，如产品的软硬件设计与开发、大数据分析、数字编辑、技术保护、数字内容资源管理等细分岗位。数字出版的形式，早已从“相加”跨入“相融”，即从多个分散平台转向统一的平台，因此数字技术的应用，自始至终伴随出版项目的方方面面。发达国家的出版机构，很明确地将数字出版定位为核心发展战略，因此上至企业组织架构、下至项目团队的组成，由数字技术部门及相关人员构成的数字内容生产系统，为出版全流程提供有力的技术保障。

4. 运营管理

适应新媒体环境的运营管理方式，是融合媒体组织架构高效运营的保证。对运营的管理包括两个层面，其一是生产层面的管理，其二是制度层面的管理。

(1) 生产层面的管理

数字出版机构内容产品的复杂性，必然要依靠高度信息化的管理体系的运转。海外大型出版企业很早就采用企业资源规划系统 ERP 系统 (Enterprise Resource Planning)。ERP 系统主旨是以客户为中心，“打破企业的四壁，把信息的范围扩大到企业的上下游，管理整个供需链，实现供需链制造”[①]。我国目前很多出版社将所有出版管理系统统称为“ERP”，事实上，只有系统做到把所有业务环节 (包括外部的供应商、销售商等) 纳入进来，才能真正成为 ERP。它在企业的生产、营销、物流、财务、人力管理等模块方面有着强大功能。ERP 系统曾经主要围绕企业内部的不同板块的管理，经过几十年的发展，在融合资源的理念转变下，系统设计逐渐加强与外部的链接功能，为企业加快数字化转型提供了重要的工具。以前文所述麦格劳－希尔公司为例，经过对 ERP 系统几个阶段的企业自适应调试，新的 ERP 系统为其提供了高效的整体运营管理、成本控制、客户服务等解决方案 :“依托新的 ERP 系统实现了数据分类标准化、数据可视化、企业管理自动化，商业模式从传统出版向自适应学习的转变，减少了之前多个系统维护和开销的费用，大大简化了工作流程，最直观的表现即是节省员工的工作时间，提高工作效率 : 员工检索信息的时间从 80% 缩减至 20% ; 每月应收账款处理时长减少 66 小时……除了具有上述立竿见影的效果之外，更具有一些长远的意义”(有利于公司的可持

① 朱宝慧 :《ERP 原理及应用》，4 页，北京，北京大学出版社，2014。

续发展，有利于促进学习型组织的形成，有利于改善企业的财物状况，有利于提高顾客满意度）[①]。

更重要的是，ERP 系统除了进行流程管理外，还可以高效满足互联网版权管理、文件管理等方面的要求。如它强大的多种格式文件的管理功能，可以实现数字出版内容资源的兼容，极大方便了各类文件的高效运用，还可以实现智能化筛选优质资源，对其进行数字化加工，平台投放及“纸电同步”的出版进度，等等。

不过传统出版单位固有的生产管理模式在这类高度智能化的集成系统面前如何打破舒适区，也是一个有关破旧立新的决心层面的考验。中国出版界第一个引入 ERP 系统的是 2003 年的高等教育出版社，该社时任社长及总编辑，在出国考察了一些跨国出版企业后，认识到 ERP 系统对生产业务的强支撑性能，冒着“出版业适应 ERP 系统的压力”（ERP 系统主要是为制造业设计，与图书这一特殊商品的生产营销的出版行业特性不完全匹配）和“管理基础的压力”，引进了德国 SAP 公司的 mySAP 媒体行业解决方案[②]，经过 17 年的上线实施，“优化再造了百余条生产流程，也通过这个系统的实施，使得上下游业务之间的数据经过了集成，很好

① 李娜：《麦格劳·希尔数字教育出版价值链研究》，48~49 页，硕士论文，武汉大学，2018。

② 华英：《苦口良药：ERP 系统为中国出版业带来什么？》，见搜狐新闻频道：http://media.news.sohu.com/15/51/news214475115.shtml，2003 年 10 月 15 日。

地支撑了高教社这些年的跨越式发展。”①

当然，不同的出版ERP系统（也叫协同编纂系统）在诸多数字出版自动化管理系统中有各自的特点，笔者以麦格劳公司为例，是想阐述一个好的系统在数字产品从内容及形式的设计到最终以全媒体形式出版工作的完成，其编写、制作的协同处理、产品管理、销售管理、客户服务，包括数字版权管理等全流程管控方面的强大功能，及其与数字出版工作相配套的必要性。更重要的一点是，任何系统只是一种工具，对于系统应用能力的提升则至关重要。

笔者在2019年访谈某民族出版社相关部门时了解到，作为主要出版4个语种的民族类出版社，其ERP系统的应用比较全面（管理系统），但由于基础数据信息错误率较高，导致系统所载信息的准确性、完整性难以达到理想状态，进而在后续工作中产生较多的问题。实际上，这就是制约转型的因素。对于一个机构而言，系统好上，前端协同编纂及无纸化办公等现代化手段都不难解决，但信息不准确是很大的问题，说明“转型”不仅是技术上的问题，更多的是涉及编辑信息化水平的问题。另外值得一提的是，业务进入流程体系，前期有好的协同编纂系统至关重要。仍以该社为例，其原本全流程采用的某ERP系统，包括财物、编务、出版、发行、仓储等，但由于财务数据与其对接不上，而系统开发商

① 王斯灏：《国内首家ERP系统引领者：高教社探索数字化创新时代》，见新浪读书频道：http://book.sina.com.cn/news/whxw/2020-01-14/doc-iihnzhha2424843.shtml，2020年1月14日。

既不愿开放数据，也不愿为该机构进行单独的定制化开发（定制产品不具备通用性，难以产生再次利润），该社自应用此系统十余年来，由于如财务等数据难以摆脱其牵制性，造成企业无所谓用户体验度、一经销售放任不管的局面，而出版社则面临着不得不准备放弃此套系统并再行启用其他系统的无奈。可见，上了系统的民族出版单位也可能会因财力、制度等层面的问题而遇到各种困难，而至今没有上业务管理系统的民族出版单位也仍然存在。

全球顶尖咨询机构对企业数字化转型的三个阶段有如下概括："企业内部运营的全面数字化转型，即应用数字化技术对企业现有业务价值链主要环节（如研发、生产等）及支持性职能（如财务、人力资源等）进行改进与提升，以提高企业管理与运营效率和产能；二是客户体验的数字化转型，即应用数字化技术改进与客户交互的方式，提升市场拓展水平；三是基于数字化的业务转型，即应用数字化技术对现有业务进行全方位的数字化改造或者构建以数字化技术为核心的全新业务模式，创造全新的利润来源"。[①] 比照民族出版机构，很大一部分连第一步都尚未顺利过渡，数字化转型的工作任重而道远。

（2）制度层面的管理

海外大型出版公司通过公司制的模式实现业务发展，各子公司具有极强的业务权限，我国虽也有一些大型的出版集团（如中国

① 于晨：《麦格劳·希尔教育公司数字化转型困境与出路》，载《科技传播》，2020，10（上），33页。

出版集团、四川新华文轩出版集团等）或个体出版单位（如人民卫生出版社、地质出版社等）单独成立数字出版公司，但仍以成立数字出版部门或未能明确数字出版业务的定位及其归属为主要表现形式，而后者因其组织架构不明，造成开展数字出版业务时对本单位的存量资源使用及整合的权限受限、在研发产品及运营销售工作中常常处处掣肘，难以开展有效工作，传统的人才、项目、运营等制度层面的管理机制也亟待配套升级。

截至 2010 年底，我国经营性出版单位基本完成了转企改革，但 38 家民族类出版单位中，有不少或多或少地保留着公益事业单位的性质，有些单位甚至是公益一类，因此其制度性的体制改革更加滞后，“事业化管理、企业化经营”的二元经济结构的矛盾，存在着管理及运营上的不畅。如前文所言：不少民文出版单位，至今尚未正式启动数字出版规划，取得数字出版资质者亦属少数；也有一些单位，即使取得了资质，在基础配套设施也基本齐备的情况下，也缺乏数字出版的动能，其中制度建设的滞后是最重要的原因之一。有关这一问题，在前面“藏文图书出版数字化概况及挑战”一节的内容中，以藏文情况为例做了较详细的分析，故不再展开。

二、海外出版机构对于一些难点问题的解决方案

由于使用民族语言文字的人口基数小，套用大语种如我国通用语言文字发展数字出版的模式，必然有许多先天不能匹配的情

况。为此，国家从政策及财政层面给予了大力的扶持，这样的条件优势，是处于纯市场环境下的许多海外小语种出版机构不可比拟的。与此同时，由于小语种的数字出版有着自身的特点和规律，因此对海外一些国家或出版机构，特别是小语种出版机构的探索和经验进行观察和思考，必然对我国民文数字出版的建设工作具有一定的裨益。

（一）关于人才培养

人才问题是数字出版行业的痛点和难点，复合型人才的紧缺，与培养机制、用人机制、行业薪金等紧密相关。据截至 2019 年的统计数据，全国开设“数字出版”专业的院校共 21 所，71 所本科院校开设编辑出版学专业，但该专业的建设点在近年呈逐步减少的趋势，其中 2018 年被称为编辑出版学专业建设点“动荡最为剧烈”的年份，全国有 7 所院校在教育部备案撤销了编辑出版学专业，2019 年又有 2 所院校进行了备案撤销。[①] 不仅如此，由于出版专业尚未获得足够的学科地位，建设一级学科的呼声虽高但一直未能实现，因此建立相应充分的硕博士点的工作难以实施，对培养及输送本行业高层次人才不利，这样的结果是造成了高素质应用型人才的紧缺，以及跟踪行业前沿和进行深度学理研究的学术型人才的缺失，也与当下高度科技化的出版业实际所需的智力支持

---

① 范军主编 :《2019—2020 中国出版业发展报告》，267 页，北京，中国书籍出版社，2020。

的量能不成正比。

在薪资方面，出版行业作为传播科学文化知识的载体，它对其从业者有高文化素质的天然诉求，但出版行业又是公认的经济产值相对较小的行业。根据《2020年出版发行行业薪酬报告》的统计，出版行业专业人员层的薪酬，以10年以上工作从业经历为例：博士年薪平均210895元，硕士平均196761元，本科平均177841元。笔者大胆猜测，这一统计应该是包括发行、出版、营销、行政人员的收入统计，因为在许多出版社，编辑人员的薪酬可能会比这些岗位低很多，因此上述收入对于本该是出版工作之核心的编辑人员而言，是较难达到的。2022年，一项国家新闻出版广电总局新闻出版一般科研项目对150家图书出版单位的调研结果显示，月薪5000元以下的有54家，占比37.5%，月薪5000—10000元的有74家，占比49.33%，10001—20000元及20001—30000元档次的分别为20家和2家，分别占比13.33%和1.33%，即月薪10000元以下的图书出版单位，总共128家，占比85.3%。[①] 以被米高蒲志公司（Micheal Page）数据《2022中国薪酬报告》列入"数字化"类别"社交媒体"分支的数据显示（该报告未列数字出版类别，故以传媒行业类比，仅供参考），该类别下的薪资，从社交媒体专员、社交媒体经理到社交媒体总监，年

① 段弘毅：《我国数字出版人才现状与需求分析》，载《出版科学》，2017，25（3），21页。

薪均值分别为38万、45万、110万元人民币，[①]与传统出版行业之比的差距不可谓不大。据《出版人职业生存样本调查报告（2017—2018）》调查显示，62%的出版人认为自己税后收入处于行业低等水平，98.4%的出版人认为当前薪酬不合理，46%的出版人因不满薪酬待遇想跳槽。北京师范大学出版科学研究院发起的“出版人职业生存现状调查”（2019—2020年度）数据显示，出版人月薪在5001—8000元段人数最多，在3万元以上人数最少（含公积金，不含年终奖），月均税后收入在6000—10000元区间，在51个社会行业排名中位居第33。[②]以上是传统编辑的薪资概貌，而以这样的薪酬水平，想要吸引和留住产业亟须的复合型人才是有相当难度的。

在全球有十几亿使用人口的我国通用语言文字的情况尚且如此，对于民文而言，更有所使用语言的人口基数低、基础教育相对落后所导致的学信息技术、数字技术、情报信息技术等相关专业的人才比例较低等因素，少数民族文字数字出版工作人才问题的难度就更可想而知了。下文将对韩国、德国和美国较有效地解决产学研脱节、高科技人才薪资问题的方式做一简要概览。

1. 人才供给：高占比高校专业设置率＋高新技术人才补贴

据有关学者研究，韩国政府对出版产业的扶持重点为内容衍

---

① 参见Machael Page:《2022中国薪酬报告》，引自http://report. seedsufe.com/PDFDetail?fid=MjMxzE0&search_key=薪酬。

② 程晶晶、赵玉山：《出版业薪酬福利现状与影响因素调查分析》，载《现代出版》，2021（2），89~96页。

生产品和出版科技领域，“致力于孵化产业的中坚力量”[①]——对这一创造性劳动和科技型工作的方向，必然要求有足够体量的数字出版人才的智力支撑。因此在专业设置方面，韩国开设数字出版专业的高校，占比韩国大学总数的5%（中国不到5‰）；行业应用中，对参与出版工作的高科技类人员进行补贴以高出传统纸媒行业平均年薪50%的方式吸引并挽留人才，有效解决了复合型人才的培养和留住的问题。

2. 能力培养：课程设置＋工作实践

我国的出版专业设置主要集中在文科方向，注重文科理论知识的教学，对实践课程的设计，从总课程占比量到实践课学习的方式上（多为日常学习，实验室学习少，社会实践课的内容与数字出版操作关联不大），均缺乏足够的合理性。但出版本身是应用性极强的行业，除了文字编辑工作所需的知识储备外，市场的策划、营销、图书设计及印制等相关知识，更多地是通过实践经验的累积获得。随着数字出版的产生，理工类的计算机技术、信息技术等专业融合传统行业，形成产业升级，但相关学科在出版专业的教育培养及就业的环节脱节的情况较为严重。虽然国家鼓励开设传统出版专业的百余所高校进行专业升级，但“全国只有武汉大学、中南大学、湘潭大学、曲阜师范大学、北京印刷学院、浙江传媒

① 邹积凯、郭瀚文、张伟：《比较视域下的中韩数字出版产业推动力分析》，载《科技与出版》，2021（2），55页。

学院、四川传媒学院等十几所高校设置了数字出版专业”[①]，开展数字出版专业的量比不到我国高校总数的5‰，远不能满足市场需要。

在这一方面，韩国高校的出版专业，开设如“一人出版社”等的自选课，让学生在实践课上经历出版工作的全流程，对就业后迅速进入角色打好基础；同时其行业协会会综合数字出版的不同环节或内容，开设诸如电子书制作、版权、网络媒体运营等方面的短期、非学历教育课程。[②]即，韩国高校注重实践培养的学历教育与行业自身根据市场需求设置的非学历教育结合，较好地解决了应用型人才培养的问题。特别值得一提的是，韩国的出版行业协会在推动人才发展问题上的作用举足轻重。

欧美国家的出版专业也有学历教育和职业教育之分，与出版行业应用性强的特征相对应，其课程以数字化相关内容及实践课为主。如美国的纽约大学、罗切斯特理工学院等出版专业声誉较高的大学，课程设置除了基础的出版理论课外，数字化及计算机相关课程占很大的比例。以罗切斯特理工学院为例，除了Context & Trends、Contemporary Publishing、Social Media等偏文科和理论的课程外，更多的是如Cross Media Publishing、Digital Print and Publishing、Effective Web Design、Photo Imaging、Cross Media Workflow等课程，作业和考试也多是

① 李蕊：《我国数字出版产业发展现状及态势》，载《全球化》，2020（3），101页。

② 邹积凯、郭瀚文、张伟：《比较视域下的中韩数字出版产业推动力分析》，载《科技与出版》，2021（2），56页。

以 Multi-media Industry Analysis、Multi-media Book Design 等注重行业调研分析、多媒体图书制作或如何提高数字印刷企业生产有效率的 proposal 之类、以紧随行业动态，或以社会实践为基础的内容，课程偏向工科，注重学生的行业观察能力、计算机应用能力和动手能力。

德国以高素质应用型的职业教育闻名世界，出版专业也不例外。如主要针对有出版经验的从业者开办继续教育培训的德国斯图加特传媒学院，其总共 7 个学期中，有 2 个学期为基础研究，5 个学期为高级出版研究和大型实践，也以工科课程为主。[①]

师资配置方面，我国高校出版专业的教师，多以文学或新闻学专业为背景，但欧美国家则除了理论研究型人才外，还有许多是来自业界的专家，其中有许多为大型出版企业的领导层，如哈勃－柯林斯和兰登书屋的副总裁都担任纽约大学的教学任务、罗切斯特理工学院的 Michael Kleper 教授，是世界最知名的数字印刷专家之一；英国出版专业的教师，以研究出版史和出版业务的背景居多，且大多有从业经验。除了常规课时外，学校还会以邀请业界知名人士开办讲座的形式，丰富学习内容，使学生更好地理解出版。不仅如此，校外师资通过深厚的行业资源，使企业与学校共建社会实践基地，以灵活多样的培训形式训练学生的实践能力，最终为学生就业和企业用人的衔接铺设了通畅的道路。

---

① 参见吴军、陈少华 :《数字出版人才的培养模式思考——美、英、德三国培养模式比较研究》，载《科技与出版》，2018（5），146 页。

在我国，据笔者了解，有地方民族院校核心期刊的高级学术编辑转行为该民族高校新闻专业出版方向教师的事例，出版课尚为选修课，不过这种现象对培养少数民族出版人才的师资结构是一种良好的补充。

（二）关于存量资源的利用

我国最早的民族类出版社①成立至今也有 70 余年的时间，多数民族类的出版社也都积累了几十年的存量内容，这些都是我国民族文化、民族工作的巨大财富。但由于民族语文类及民族选题类的读者面窄、读者消费能力相对较低，选题制作成本大、边疆地区销售送达难度较大，加之民族类出版社内部管理机制，如选题论证制度、库存管理制度等不够完善，因此几十年来大量未能实现销售的图书成为海量的库存，对出版单位的正常经营形成了极大的负面影响。以上文述及的某民族类出版社为例，其截至 2017 年的库存，就已达到 1 亿 4000 万码洋，且有逐年加重的趋势，给单位造成巨大的成本压力。有关去库存的问题，从编辑、发行、财务、管理等不同部门，都可以从各自专业的角度提出相应的解决思路，但遗憾的是，将几十年前的出版物论斤按废品卖，最后化为纸浆的做法并不鲜见。这些被当成“垃圾”处理的书中，不乏珍本，且无底稿和样片保留，一旦销毁或许就是珍贵文献的绝迹，实在令人痛心！但时至今日，依然会有人在讨论去库存问题时主张

① 延边人民出版社，成立于 1951 年，主要使用朝鲜文和汉文出版。

按照图书出版的年限搞“一刀切”，以“最快速度”和“最节约成本”的方式清理积压为导向，无差别化地销毁文献，这种简单粗暴的方式在数字出版早已兴起20余年的今天还会出现，民族出版机构当然有不得已的苦衷，但也着实令人遗憾。

在挖掘存量资源方面，英国的经验颇值得借鉴。英国有着悠久的出版传统，特别是其学术出版享誉全球。如牛津大学出版社、剑桥大学出版社等至今已有几百年历史的出版机构不在少数，他们对所积累的大量内容资源的发掘和使用，是各国业界观察的焦点。

对于以学术出版和教育出版见长的英国，它的学术书和专业书数字化的出版占比达到25%，比例较高，[①] 其著名的专业和学术出版机构“都是依托和整合丰富的内容资源，采取建立和销售权威专业电子资源数据库模式，放眼全球做营销，获得丰厚收益”[②]，即其学术资源最成熟的专业出版模式是数据库的销售。虽然英国数字出版市场是Amazon（占市场的75%以上）和Apple这两大技术公司占垄断地位，但内容出版商并未完全出让数字市场的阵地。除了通过并购技术公司的方式在短时间内解决技术瓶颈外，出版机构充分利用自身内容藏存量及内容加工能力的“软实力”优势，以“高质量原则”保障数据库的高收益率。而对于许多出版机构而言，数据库的产生，一开始是为了降低出版成本，“特别是

① 杨欢:《英国数字出版的启示》，载《新闻研究导刊》，2018（21），200页。

② 张桂芝:《浅述英国数字出版的实践经验》，载《中国编辑》，2017，89（5），71页。

为了降低纸图书文本存储以及‘绝版书’的销售成本”，[①] 于是从单本电子书的制作，慢慢积累到电子书数据库，又逐渐形成了数字出版平台。在王一木的《对英国数字出版转型的思考》一文中引用了剑桥大学出版社的事例：该社常备书目有 2.1 万种，每年淘汰 1500 种陈旧书目，通过数字化，这 1500 种“绝版书”的电子版每年为该社带来 400 万英镑的收益。

综上，出版业从内容为王—技术为王—内容服务为王的阶段一路走来，现下的发展阶段，即“内容服务为王”，要求图书的内容要以技术及智能知识服务为支撑，而后者，特别是智能知识服务的实现则对内容的海量储备有着极高的要求，因此出版机构在开发新内容的同时，对存量资源的利用显得尤为重要。以清华大学出版社对自身的规划为例：“2016 年做产品供应商，2020 年做产品＋内容提供商，2025 年将做产品＋内容＋服务提供商”。[②]

笔者之所以一再将我国民族出版机构与海外学术出版机构相类比，是因为海外的出版机构大致分为三类：商业类、非营利类和政府类出版机构。商业类机构以出版大众图书为主，以极大的市场覆盖率和销量取胜，占据图书市场的主导地位；非营利类机构主要出版学术及专业图书，主要组成结构包括大学出版社、图书馆、博物馆的出版机构、专业学术组织等，以非营利的方式为

① 王一木：《对英国数字出版转型的思考》，载《江西科技师范大学学报》，2018（2），126 页。

② 左志红：《五问头部科技出版单位深度融合“深”在何处？》，见《中国新闻出版广电报》，2021 年 11 月 29 日。

学术出版提供服务，政府类出版机构则主要为官方出版物提供出版印刷服务。[①] 我国的出版体制决定了多数民族出版机构具有政府事业单位的属性，同时也有企业的性质，而在选题方面，民族类图书从经费来源、选题结构、市场等方面，与海外非营利类机构的学术及专业图书具有相对更多的可比性。

如前文所述，有些民族类出版社已经做了或正在做老旧图书的电子化工作，其中一些单位也曾尝试过与运营商合作销售的方式，个别出版社还在国家政策和资金的支持下逐渐搭建自己的数字平台。在开展数字化工作的过程中，一些英国的宝贵经验值得我们关注，即王一木在其文中总结的“高质量原则、权威性产品和高附加值服务”三个原则，大致内容如下：

1. 高质量原则。英国许多读者面较窄的出版社会与全球最大的按需印刷公司 Lightning Source 就印刷项目开展合作，该公司的主要出版服务对象以学术和专业出版机构居多，而据其对自身海量数据库的盈利能力分析显示，“他们的数据库中能够带来销售收入的资源只占储存数据的 15% 左右，也就是说，他们的优势资源只占 15% 左右”。

2. 该文以牛津大学出版社的《牛津英语辞典》为例，说明数据库建设要突出权威产品的重要性。

3. 高附加值的数据库，其平台影响力和品牌吸附力更高。

---

① 参见蔡宾：《美国出版机构数字化转型简析》，载《出版发行研究》，2015（11），95 页。

因此，民族出版机构在“清理家底”时，应在库存清单分类的基础上，进行图书差异化处理并做认真分析。因为库存情况是直观衡量以往出版社定位是否准确的一面镜子，并能反映生产链条中的许多问题。具体来说，我们需要根据库存清单，分析出积压的各类项目图书及单品种书各自所占的积仓比例，通过审视选题结构配比中存在的问题，调整未来选题策划的着力点；通过审视当下被动销售的不利局面，改变销售网点数量日益萎缩的现状，只有找出病症，才能对症下药，避免今后不再继续在已经实践检验过的弯路上越走越远。另一方面，挖掘经典选题，将本机构几十年沉淀并筛选出的优质内容资源，打造成数据库的权威产品，充分利用它们的内容价值、社会声誉、读者影响力等因素，有重点地打造知识服务型产品，如本单位民族语文词典类图书、经典文献类图书、知名学者的文库类图书等，使其发挥社会价值和经济价值的最大潜力。这些资源是本单位开启融合出版工作的“金钥匙”，是走向高质量发展的宝贵财富。在“2016 年数字出版管理工作暨主流媒体融合发展经验交流座谈会”上，国家新闻出版广电总局表示，在专业出版领域，支持出版单位整合同类资源，开发成体系的专业内容知识资源产品和垂直服务平台，探索知识服务产业化应用模式。笔者认为，民族出版机构可以多在此类政策中挖掘机会，结合自身的存量资源开发优质的数字产品。

（三）关于版权保护与定价

在海外，带动数字出版革命的以Google、Amazon为首的其他行业，或以在数字内容尚未有明确立法保护时期大量获取及释放内容资源，或以依靠渠道的优势，对数字图书产品进行超低定价等方式占领市场，甚至开设自助出版平台，与传统出版机构争夺内容生产市场，这些方式均以数字内容存量丰富和海量用户基数为前提，以牺牲出版机构的利益甚至自身暂时的商业利益换取市场容量为手段，给出版行业带来了巨大的挑战。在数字出版逐渐发展的过程中，又产生了Amazon等渠道商与传统出版商合作，形成“批发定价”的模式关系；Apple等技术商与传统出版商合作，形成“代理销售”的模式关系等。出版机构在与技术商不断磨合的过程中发现，“内容”依然是核心竞争力。因此，出于对内容的严格保护，有实力的出版机构会对技术公司进行并购，将技术归为己有，以防核心资产外流。同时又由于目前全球范围内对电子内容产品的版权缺乏有效的技术保护手段，所以出版机构对电子书的销售授权极为审慎。这一点也体现在我国民族出版单位与技术公司合作的顾虑上：一旦技术公司累积了足量的内容资源，那么反过来对出版机构进行价格打压时，后者将无还手之力，特别是技术公司对内容资源进行纵深加工甚至提供知识服务时，对传统机构而言则意味着失去了立身之本。正如学者吴雷所说：“出版单位对新技术的控制力较差，经常会遇到这类松散型合作方式带来的'过河拆桥''收入高利润低'等各种问题"[①]，这也是我国民族出版单位在现有资金及技术条件下，开发高质量数据库有较大难度，而又不敢与技术公司、渠道商合作数字内容的根本原因，即版权保护问题，未能找到一套有效的办法。《2019—2020中国出版业发展报告》也清楚地指出："传统图书出版机构在技术能力和资本实力方面，远不及那些头部科技公司。如果没有政策和外部资源支持，图书出版机构在技术研发、技术应用、新媒体平台运营等方面的动力和能力依然不足。"[②]

在版权保护方面，除了通行的立法方式外，英、韩等国非常注重行业协会的作用："英国对数字出版业的监管更多地借助行业自律实现"[③]；韩国除官办数字出版协会外，还有超过140个涉及数字出版产业的民间协会或团体，前者"承担包括打击盗版、审核内容……方面的职能"，后者重点关注企业维权及市场公平的监督维护[④]。而由于学术及专业类图书的特殊性，即此类图书一经转化为数字产品，其纸质版图书的销售就会受到较大影响，因为它的主要销售终端图书馆和大学的进货减幅就会增大，基于此，英国的学术类电子书定价很高，且政府行业监管部门对此类电子书的使

---

① 吴雷：《美国出版业融合发展现状调研与思考》，载《出版科学》，2019(27)，97页。

② 范军主编：《2019—2020中国出版业发展报告》，43页，北京，中国书籍出版社，2020。

③ 陈科：《英国如何成为数字出版强国》，见《学习时报》，2016年6月30日。

④ 邹积凯、郭瀚文、张伟：《比较视域下的中韩数字出版产业推动力分析》，载《科技与出版》，2021(2)，54页。

用次数有严格的规定[①]。法国的做法可谓独树一帜：除对电子书增强税收以对抗国际出版巨头的强大竞争外，更是通过电子书高出纸质图书 6—7 欧元的比例进行单本统一定价，以保护传统图书产业及维护电子书的市场秩序。

作为传统出版大国，法国早在 1981 年就立法对图书进行统一定价，以保护本国的传统文化及维护文化市场，希望以此保障知识产权人的利益，繁荣文化事业。法国 7000 多个注册出版机构中，绝大多数是小型出版机构，他们没有强大的资金和技术能力支持与实力雄厚的技术商、渠道商的竞争，基于包括这一原因在内的若干因素，法国政府于 2011 年，在 1981 年法案的基础上，对电子书又进行了统一定价的规定，即无论在何种渠道进行电子书销售，均须依法按统一定价出售，并禁止 5% 以上的折扣，以防止恶意竞争，并减少盗版的发生。这一举措在国际上属于先例的做法虽然对本国数字出版的快速发展带来一定的影响，但“法国政府出台的电子书统一价格的法令，有利于法国数字出版产业规范发展，受到业界人士的广泛认同。”[②]“这一项法案的出台防止营销商之间恶性竞争的同时，也为小零售商提供了平等的发展机会。此外，由于全国统一售价，盗版在其中逐渐失去市场，一定程度上

① 杨欢：《英国数字出版的启示》，载《新闻研究导刊》，2018（21），200 页。

② 参见何芳、胡新宇：《法国数字出版发展启示》，载《编辑学刊》，2016（4），71~72 页。

解决了版权问题。”①

相较而言，我国民族类图书的数字产品不多，绝大多数是基础性的文档的扫描，真正意义的数字产品、特别是融媒体产品比较少见，定价也无一定的规章可循。同时，网络和市场上充斥着有意无意侵权的扫描产品，给民族图书数字化发展带来极大的不良影响。因此相关部门是否可以从对民族出版机构的内容资产保护和发展其数字出版工作的角度出发，考虑对民族出版机构的电子产品进行政策性定价的做法？如英国对学术及专业类图书进行专门的定价及使用次数规定、法国的统一定价及折扣限制制度，韩国也有对电子出版物定价的明确立法规定，大约为纸质书的70%—80%，高于欧美市场水平。

之所以以上述3个国家为例，是因为民族类图书的生产规模、销售特点与学术及专业图书出版有一定的相似性，而英国的学术出版成熟度高，受众面窄、学术性强的图书，在操作上有不少经验值得借鉴；法国虽是出版大国，但数字出版所占的产业份额与英美国家差距较大，前者只有5%，后者分别是27%和15%，②其本国依然以传统出版为主流，且以小型企业居多，并非常注重对传统纸质图书产业的维护，因此法国从小型出版机构的特点出发，在接受并发展数字出版的过程中，采取了与美国等国家以出版巨

① 王海平、陈鹏伟、刘邦凡：《面向数字出版国际化的国外经验借鉴》，载《电子商务》，2018（7），55页。

② 何芳、胡新宇：《法国数字出版发展启示》，载《编辑学刊》，2016（4），71页。

头规模化发展为主要模式所截然不同的方式。它更关照在资金、技术等方面尚不具足迅速发展数字出版事业条件的小型机构的实际情况，从政府到行业都采取了不少保护性的发展措施，取得了业界公认的效果。相信这些独辟蹊径的探索，对我们民族出版机构探寻适合自身条件的数字出版之路有许多启发。

2020 年，韩国成为世界第五大文化强国，是其在文化产业振兴国策下取得的令人赞叹的成效。对文化产业重要组成部分的出版产业，韩国于 2004 年公布实施了《出版及印刷振兴法》并屡次调整修改，确定了出版机构对图书的定价权，随着数字产业的发展，“韩国人意识到，若电子书的价格由运营商来制定，出版业的利润将持续下降”，[①] 在出版人坚决主张该法律也适用于电子书的强烈呼吁下，2014 年韩国法律对电子书定价权属也做了规定，确保了出版机构的利益，2017 年始，“积极效果日渐显现”。韩国通过对电子书定价权和定价期限方面的法律规定，有效避免了技术商和运营商以技术和渠道的优势对出版机构进行价格打压的做法。就我国的民族出版机构而言，在自身缺乏技术和电子书销售渠道的情况下，在委托运营销售时的话语权弱，利润微薄，加之担心流失内容资源而“得不偿失”，所以在很大程度上限制了出版机构制作电子产品的积极性。笔者认为如果民族出版机构可以发挥行业协会的作用，联合对电子书定价进行一定的规定，或相关部门

① 宋振世、柳贺:《多国电子书盈利模式分析》，载上海情报服务平台:http://www.istis.sh.cn/list/list.aspx?id=7796，2013 年 2 月 21 日。

对民族出版机构的电子书定价权方面做一定的考量和指导，应该对该行业数字出版的发展会有相当的助益。

临近笔者截稿，《中国新闻出版广电报》以《图书价格立法迫在眉睫》为题发文，呼吁就图书定价乱象问题以立法形式进行规范；[①] 此前几日，澎湃新闻一篇题为《新闻出版署将推动图书价格立法：有效制止网上网下恶性价格战》的文章，亦直指图书的恶性竞价导致的对出版业各方面的严重打击，[②] 可谓表达了业界的广泛心声。同时笔者注意到，目前此类关于图书定价立法的呼吁，主要是针对电商对纸书的恶性压价，并由此造成实体书店的重大损失的现象，而对电子图书产品的定价问题关注较少。事实上，在“纸电同步”的数字出版时代，以价格为手段的恶性竞争，其筹码不仅有纸书，更有电子图书。如果说对纸书的压价会导致实体书店的不堪重负及出版方为了自己的生存而提高定价（见澎湃新闻网一文），那么对电子书价格的打压，更可能导致出版机构直接失去制作图书内容以换取价值，从而获得生存空间的机会。因为目前大部分电子书是脱离链条中其他环节（纸张、印制、仓储、货架等）的纯内容的销售，而内容是出版机构的核心价值，一旦它不能转换成收益，则生产（包括其纸书）将变得失去意义。因此笔者认为，

---

① 赵强：《图书价格立法迫在眉睫》，见《中国新闻出版广电报》，2022 年 1 月 6 日。

② 蒋子文：《新闻出版署将推动图书价格立法：有效制止网上网下恶性价格战》，引自澎湃新闻网：https：//www.thepaper.cn/newsDetail_forward_16119605，2022 年 1 月 2 日。

针对数字图书产品定价制定相应的法律规约，和纸书的立法是同等重要的。而市场的规范，是我国出版业健康地迈向高质量发展的前提和保障。

附　录

附录一
与L图书馆相关人员的访谈

访谈1

日期：2009年3月15日

地点：美国纽约L图书馆

受访者：P先生（L图书馆馆长）

访谈概要

1. L图书馆的收集目标是什么？

答：我们馆藏的对象是与当代中国西藏文化有关的出版物，特别关注当代的中国藏族。由于我们的储纳空间有限，因此我们收集的对象包括除宗教类别以外的所有内容。

我馆的特色是视听资料。我们是目前唯一一个收集此类资料的图书馆，此外我们还有大量的藏书。

2. 贵馆最珍贵的馆藏是什么？

答：1949年以来中国西藏地区的舞蹈资料。此外，西藏和平解放后，西藏的历史文献大多是用汉语书写的。藏文和英文文献较少，因此我们的馆藏中，汉文资料占很大的比例。

3. 这些资料都数字化了吗？

答：没有。目前，我们仅有的数字资料是视听资料。书籍和杂志还没有数字化。我们的网站上有 80% 的馆藏图书及杂志的目录，我们也提供它们的出版信息，但不提供内容。还有一些古籍善本，但是我们不会把它们放在网上。提高馆藏文献的利用率是非常重要的，数字化是必然趋势，但问题是我们人手不够，时间不够（只有 4 个人，同时图书馆一直在安排很多活动，比如电影系列和讲座系列等）。目前阶段没有技术问题，网站的建设处于规划阶段。

4. 贵馆有艺术品收藏吗？如果可能，会收藏历史文物吗？

答：我们藏文文献的 50% 以上是古籍，有些已经有 800—900 年的历史了；收藏有根敦群培大师的手绘作品 27 幅；此外还有明信片和老照片的藏品，有 300 余张照片已经数字化了[①]。

5. 你们的数字内容管理在使用什么技术？

答：我们在用若干不同的软件包，分别用于编目、分页和内容主题分类等，如图书馆软件（Library Ware）、DV、主题标题系统（Subject Heading System）等。

【采访印象及问题发现】

1.L 图书馆是少有的专门从事收藏当代藏语视听资料的图书馆。

2. 万余册图书及万余册期刊尚未数字化。对此，有两个问题引起笔者的注意：

(1) 馆方认为尚未数字化的情况不是财务和技术的问题，而

① 指单纯的扫描。

是因为“人手不够，时间不够 (it is not a financial problem, nor a technical problem; it is because of being short-handed and having insufficient time)”，此外，他还强调了存储空间的问题。

(2) 图书馆目前对“数字化”的理解等同于“扫描”。

3. 图书馆目前尚无引进新技术对馆藏加以更好的整理和利用的计划。

4. 藏文文献有一半以上属古籍但未展示，应争取用数字技术进行保护和利用。

5. 根敦群培的绘画收藏很重要，可以有多种方式展现。

访谈 2

日期：2009 年 5 月 9 日

地点：美国纽约 L 图书馆

受访者：P 先生（L 图书馆馆长）

L 先生（L 图书馆管理员）

访谈概要

1. 音视频磁带的现状如何？

答：30%—40% 的音频和视频磁带已经数字化；20 世纪 90 年代 80%—90% 的中国藏族音乐的磁带已经数字化；该时期的影视资料需要进行数字转化。

2. 在线可用的内容是怎样的？

答：(1) 期刊：①中国现代意义的相关领域学术论文的写作始于 20 世纪 80 年代，由于作者和文章太多，本网站除了作者姓名及断续补充的生卒信息、文章的一般信息，如摘要外，不提供文章的任何内容。②计划从现在起 3 年内完成提供内容的服务。③版权问题是个大问题。

(2) 简报：馆藏双语季刊（藏语和英语），在网上可获得全部内容。均为扫描件，像素很低，放大或缩小的效果很差。这部分的馆藏主要是为了推广藏族和西方的作家和文章。

3. 读者关注度如何？

答：有关点击率："从没想过。"平均每天访客5—7人。参加现场活动的人很多（50人以上），大多是学者、佛教徒、藏族文化爱好者及带着孩子的藏族家长（随机为儿童开设藏语班）。访客大多是通过图书馆的门户网站了解图书馆。

就满意度而言，很多访问者呼吁把文献内容放在网站上，并表示"否则没用"。

4. 跨图书馆的信息交换如何？

答：使用的是美国国会图书馆标准（OCLC）；"图书馆间的信息共享和交换很重要，但如何做到呢？我们还没有计划。"

此外，馆长P先生表示，图书馆正在寻找一名信息技术总监。

【采访印象及问题发现】

1. 目录系统及数据库情况。

目录系统采用USMARC格式。数据库名称：LibraryWorld（特别针对小型图书馆）；96%的英语和25%的藏文馆藏文献已经编目（汉文书籍尚未开始）。

2. 分类系统

采用杜威十进分类法（DDC，第22版）。最早的数据库创始人选择了DDC，它是被许多藏书单位使用的用户友好系统，同时在8个分类系统中，Dewey是最简单且现成的分类系统。

3. 元数据系统

采用英美体系。

4. 编目系统

采用 AACR 1988 年修订版。

5. 转写系统

采用 Wylie 转写系统，以方便转换为藏文拼写。

6. 联合目录情况

与 TBRC 共享部分资源。

7. 技术问题

除了一位为图书馆赞助机构的所有部门服务的技术员外，没有专门的信息工程师。此外，需要向 LibraryWorld 帮助处理一些技术问题提供费用。

8. 普通服务

(1) 图书馆免费为读者提供 7—8 页图书的复印服务，超过则要收取费用。

(2) 如果该馆没有读者需要的文件，则会为读者推荐拥有该资料的图书馆；此外，若此图书馆位于纽约市，L 图书馆可以为读者提供联系的服务。

访谈 3

日期：2009 年 6 月 20 日

地点：美国纽约 L 图书馆

受访者：K 女士（L 图书馆信息员）

L 先生（L 图书馆信息员）

1. 贵馆是否有使用新技术系统以呈现馆藏音视频及图片资源的意愿?

答：我们有不少音视频资料的收藏，但我们不熟悉存储并展示此类文件的相关图书馆软件，所以我们愿意学习任何有关它的东西。数字化是我们未来的计划，我们可以做预算。目前馆藏的照片、音视频资料、文物绘画作品以及其他没有版权问题的资料，都可以数字化。照片是我们非常关注的领域，我们想把它作为馆藏的一大门类。

2. 可否介绍当前的图书馆软件情况?

答：为了安全起见，我们在自己的图书馆服务器上有一个存储库设置，以保存数据副本，我们每周都会将其上传到在线服务器上。我们使用的图书馆程序是图书馆编目软件 LibraryWorld，通过它保存目录和完成借阅的工作。LibraryWorld 是为小型图书馆和学校图书馆设计的，因此我们需要找一个新的系统来代替它，因为在基于服务器的服务器上工作并不像它应有的那样容易 (working on the server based one is not as easy as it should be)。至于 Delicious Library[①]，你可以直接在网上上传及下载图书封面，它可能可以下载包括图像和相关记录在内的所有东西，只要在搜索框中输入 ISBN 就可以全部打包，但现在，我们不打算这么做了。现在，LibraryWorld 的新版本可以提供我们可能会需要的在线目录界面，我们需要更新目前正在应用的这个版本，不过我们的管理员认为现在的版本更安全。但是，我们还是希望当一个新的 IT 经理到来的时候，可以进入新版本的 LibraryWorld，那会比现在好很多。

新版本允许你做很多事情。例如，可以上传书籍的图片，并自动链接到记录的联合目录；它可以很容易地下载所有元数据到你的目录中，但是现在的版本，非常复杂。

我们的网站上只有馆藏资料的图标，而不是它们的封面——虽然我们可以有封面，但只要我们把它们从服务器上传到网上，图标就会完全取代我们之前所有的方面，这非常令人烦恼。

3. LibraryWorld 的其他问题是什么？

答："它有很多无法解决的问题(it has a lot of unsolvable problems)"：

(1) 它不像一个真正的数据库，因为你不能删除任何你正在进行输入的信息，但理论上这应该是可删除的。它对操作员很挑剔，但对软件不挑剔。(It doesn' t act as a true database should because when you are recording, you can' t erase

① Delicious Library，个人媒体信息管理工具。

any information that you already typed, but this should be removable.It' s picky with us but it' s not picky with the software.)

(2) 该软件不允许图书管理员做某些事情，如重复某些字段，或进行过度提醒。

(3) 它的用户友好度不佳。

首先，就数据库而言，除非你对 MARC 格式有足够的了解，否则什么都做不了，即使是制作目录，也很复杂。

其次，假设你想在编目界面中填写一些新的记录，而该系统很多预置的必填字段是我们不想要的内容，它原本应该是可以修改的，但事实相反：当我们进入数据库时，系统会在界面上显示所有的需填信息。问题是，需要填写什么内容取决于编目对象，作为图书管理员，我们无法把预置信息的表格每一条都填齐，所以在网上看起来，我们提交的是一个个不完整的表格。因此，他们应该设计成可修改的界面，即只显示我们输入的数据，而不显示任何其他不想要的字段。

4. 软件满意度如何?

答：我们对 LibraryWorld 的体验感不是太佳，但他们的服务很好，我们从 1999 年就开始使用这个产品，期间升级了两次，现在的版本是 3.2 版。

5. 读者服务如何?

答：(1) 我们没有注册制和会员制度，就是一个公共图书馆，赞助机构的决策人希望它保持公共开放性。

(2) 图书馆有约300多名老用户一直保持联系，大多是藏族学者和学生。

(3) 我们为电子邮件和电话请求提供扫描副本的服务。

6. 读者感兴趣的领域是什么?

答：我们的读者大多对社会科学、艺术和宗教感兴趣。以藏语和英语读者为主，二者的读者数量相当，目前汉语读者较少。

7. 图书馆为了获得更大影响力在做哪方面的努力？

答：(1) 吸引人们参加图书馆的公共活动，如讲座、电影系列及其他文化活动。

(2) 亚洲研究协会会议(Associations of Asian Study Conferences)、国际藏学会(International Association of Tibetan Studies conferences) 等召开时，通常在我馆会有报告和演讲等。

(3) 我们给中国各地分发通讯，以便使人们了解我馆馆藏和图书馆的工作。

(4) 我们正在设计一个新的网站，目前这个已不敷用，需要全面整修和彻底改革。

附录二
藏文数字出版机构调研问卷①

问卷 1：传统出版机构②

本调查问卷是 ××× 项目“互联网时代藏文数字化发展研究”中相关内容。本课题旨在通过对藏文数字出版行业现状及挑战进行学习研究，提出现行环境下国内发展藏文数字出版的初步思考。问卷采集的原始数据仅供课题参与人员研究分析使用，所有涉及商业竞争等方面的数据将严格进行保护。十分感谢您及贵机构对本课题的关心和支持！

贵机构的全称 [填空题]*

____

1. 目前贵机构体制属性是哪一类？[单选题]*

○ A. 事业公益一类

○ B. 事业公益二类

○ C. 企业

○ D. 不确定

① 本次调研对 5 类机构总计发放问卷 29 份，收回有效问卷 24 份。

② 传统出版机构发放问卷 9 份，收回有效问卷 9 份。

2. 贵机构的上级主管部门（行政机构或者企业集团）是＿＿＿＿＿＿＿＿＿＿＿＿＿＿＿＿＿＿＿＿＿＿＿＿＿＿。［填空题］*

3. 贵机构年度财政支持方式是？［单选题］*

○ A. 全额拨款

○ B. 差额拨款

○ C. 按出版品种拨款

○ D. 没有常规拨款

4. 贵机构是否已经申请网络出版服务许可证？［单选题］*

○ A. 是

○ B. 否

5. 贵机构是否已经成立专门的信息技术部门或者数字出版部门？［单选题］*

○ A. 是

○ B. 否

6. 贵机构是否已经部署管理信息系统（编、印、发、财务系统）？［单选题］*

○ A. 是

○ B. 否

7. 贵机构是否已经制定数字化战略规划？[单选题]*

○ A. 是

○ B. 否

8. 贵机构的员工人数为________人。[填空题]*

9. 贵机构从事信息技术及新媒体相关岗位的有______人。[填空题]*

10. 贵机构人员中获得数字出版编辑资格的有______人。[填空题]*

11. 贵机构从事数字产品研发及产品营销的有______人。[填空题]*

12. 贵机构员工中掌握（听说读写能力）藏语文的有________人，藏汉双语的有________人。[填空题]*

13. 贵机构成立以来出版图书的总品种数是________种。[填空题]*

14. 贵机构常规出版的语言文字种类有________种。[填空题]*

15. 贵机构成立以来出版的藏文图书总品种数是________种，2019年度的藏文出版品种（包括重印）是________种。[填空题]*

16. 贵机构是否向财政申请过数字出版项目资金？[单选题]*

○ A. 是

○ B. 否

17. 贵机构向财政申请的数字出版项目总数为________个。[填空题]*

18. 贵机构向财政申请的数字出版项目中，有________个是中央财政，________个是地方财政。[填空题]*

19. 贵机构申请成功的数字出版项目共________个，获得资助总额是________万元。[填空题]*

20. 贵机构申请成功的数字出版项目是____。[填空题]*

21. 贵机构申请的数字出版项目资金主要用途是：[多选题]*

☐ A. 基础设备

☐ B. 数字化加工

☐ C. 资源管理平台建设

☐ D. 数据库产品建设

☐ E.APP 研发

☐ F. 小程序研发

☐ G. 数字教育产品研发

☐ H. 其他________________________

22. 贵机构自主投入的数字化经费累计约________万元。[填空题]*

23. 贵机构的年度数字化工作预算约为________万元。[填空题]*

24. 贵机构目前涉及的产品形态包括？[多选题]*

□ A. 纸质图书

□ B. 电子书

□ C. 有声读物

□ D. 视频读物

□ E. 动漫

□ F. 数据库

□ G. 数字课件

□ H. 其他__________________________

25. 贵机构免费发布的电子书共________种，有声读物共________种，视频________种，动漫________种。[填空题]*

26. 贵机构已经和正在销售的电子书共____________种，有声读物共________种，视频________种，动漫________种。[填空题]*

27. 贵机构已经归档的本版图书藏文电子文档总计________种。[填空题]*

28. 贵机构没有电子文档的那部分本版图书，目前为止已经完成基础扫描的有________种，其中藏文有________种。[填空题]*

29. 贵机构是否已经部署数字内容资源管理系统？[单选题]*

○ A. 是

○ B. 否

30. 贵机构是否已经启动本版图书批量数字化工作？[单选题]*

○ A. 是

○ B. 否

31. 贵机构目前藏文纸质图书使用的排版软件是？[多选题]*

□ A. 方正排版

□ B.InDesign

□ C.Word/WPS

□ D. 华光

□ E.Photoshop

□ F. 其他________________________

32. 数字产品研发过程中遇到的最大问题是？[多选题]*

□ A. 内容

□ B. 技术

□ C. 人才

□ D. 资金

□ E. 其他________________________

33. 贵机构数字产品研发中最急需的是哪类人才？[多选题]*

□ A. 产品规划

□ B. 产品制作

□ C. 项目管理

□ D. 内容编辑

□ E. 其他________________________

34. 数字产品研发过程中成本投入最大的是？[多选题]*

□ A. 知识产权

□ B. 翻译

□ C. 人员

□ D. 技术装备（藏文信息技术的支撑水平）

□ E. 软件开发

□ F. 其他________________________

35. 贵机构新媒体发布平台有以下哪些？[多选题]*

□ A. 网站

□ B. 微信公众平台

□ C. 微博

□ D. 抖音

□ E. 快手

□ F. 其他________________________

36. 贵机构网站的注册用户有________人，除网站外所有新媒体平台

的粉丝数量________人。[填空题]*

37. 贵机构所有数字形态产品的累计销售收入约________万元。[填空题]*

38. 贵机构所有藏文数字形态的累计销售收入约________万元。[填空题]*

39. 贵机构已经销售的电子书副本数累计________个，其中藏文电子书副本数________个。[填空题]*

40. 贵机构销售电子书是通过？[多选题]*

□ A. 自有平台

□ B. 数字版权代理

□ C. 第三方平台

□ D. 其他______________________________

41. 贵机构的有声读物销售渠道是？[多选题]*

□ A. 自有平台

□ B. 授权数字版权代理

□ C. 第三方平台（如喜马拉雅电台等）

□ D. 其他______________________________

42. 贵机构有声读物（数字音频）累计销售额为________万元。[填

空题]*

43. 贵机构视频产品的销售渠道是？[多选题]*

□ A. 自有平台

□ B. 授权数字版权代理

□ C. 第三方平台（如优酷等）

□ D. 其他________________________

44. 贵机构数字视频产品的累计销售额为________万元。[填空题]*

45. 如果贵机构通过自有平台销售数字产品，目前为止平台的注册用户约为________人。其中付费用户约________人。[填空题]*

问卷 2：内容运营企业①

本调查问卷是 ××× 项目“互联网时代藏文数字化发展研究”中相关内容。本课题旨在通过对藏文数字出版行业现状及挑战进行学习研究，提出现行环境下国内发展藏文数字出版的初步思考。问卷采集的原始数据仅供课题参与人员研究分析使用，所有涉及商业竞争等方面的数据将严格进行保护。十分感谢您及贵机构对本课题的关心和支持！

贵公司的全称 [填空题] *

____

1. 贵公司成立于__________年。[填空题] *

2. 贵公司的 2019 年营业额约__________万元。[填空题] *

3. 贵公司是否已经申请网络出版服务许可证？[单选题] *

○ A. 是

○ B. 否

4. 贵公司员工总数为____________人，其中有技术背景的专业人员__________人，内容编辑__________人。[填空题] *

---

① 内容运营企业发放问卷 4 份，收回有效问卷 1 份。

5. 贵公司参与数字产品研发及营销的有__________人。[填空题]*

6. 贵公司员工中掌握(听说读写能力)藏语文的有__________人，藏汉双语的有__________人，藏汉英三语的有__________人。[填空题]*

7. 贵公司成立以来出版藏文图书总品种数为__________种，累计印数为__________册，已售出总册数为__________册，其中单品种历史最高印数为__________册。[填空题]*

8. 在建立和运营企业的过程中，是否享受到相关政策的优惠？[单选题]*

○ A. 是

○ B. 否

○ C. 不了解

9. 在数字产品或新媒体方向，享受过如下哪些方面的特殊扶持政策？[多选题]*

□ A. 财政

□ B. 金融

□ C. 税收

□ D. 租金

□ E. 其他__________________________

10. 如果享受过扶持政策，这种扶持来自哪些渠道？[多选题]*

□ A. 中央部门

□ B. 省级部门

□ C. 地市级部门

□ D. 高新技术区或孵化园

□ E. 其他________________

11. 贵公司目前涉及的数字产品形态包括？[多选题]*

□ A. 电子书

□ B. 有声读物

□ C. 视频读物

□ D. 动漫

□ E. 其他________________

12. 贵公司在销售的电子书品种共________种，有声读物________种，视频读物__________种？动漫__________种？[填空题]*

13. 贵机构目前藏文纸质图书使用的排版软件是？[多选题]*

□ A. 方正排版

□ B.InDesign

□ C.Word/WPS

□ D. 华光

□ E.Photoshop

□ F. 其他________________

14. 数字产品研发过程中遇到的最大问题是？[多选题]*

□ A. 内容

□ B. 技术

□ C. 人才

□ D. 资金

□ E. 其他________________

15. 贵公司数字产品研发中最急需的是哪类人才？[多选题]*

□ A. 产品规划

□ B. 产品制作

□ C. 项目管理

□ D. 内容编辑

□ F. 其他________________

16. 贵公司数字产品研发过程中成本投入最大的是？【多选】[多选题]*

□ A. 知识产权

□ B. 翻译

□ C. 人员

□ D. 技术装备（藏文信息技术的支撑水平）

□ E. 其他________________

17. 贵公司数字产品研发的累计投入是________万元？占公司总投入的________%。[填空题]*

18. 贵公司的新媒体发布平台有以下哪些？[多选题]*

□ A. 网站

□ B. 微信公众平台

□ C. 微博

□ D. 抖音

□ E. 快手

□ F. 其他＿＿＿＿＿＿＿＿＿＿＿＿

19. 贵公司各类用户注册平台累计注册用户数为＿＿＿＿＿，所有新媒体平台的粉丝数累计数为＿＿＿＿＿人。[填空题]*

20. 贵公司所有数字形态产品的累计销售收入约＿＿＿＿＿万元，其中藏文数字形态的累计销售收入约＿＿＿＿＿万元。[填空题]*

21. 贵公司销售电子书是通过？[多选题]*

□ A. 自有平台

□ B. 数字版权代理

□ C. 第三方平台

□ D. 其他＿＿＿＿＿＿＿＿＿＿＿＿

22. 贵公司的有声读物销售渠道是？[多选题]*

□ A. 自有平台（网站、APP、小程序...）

□ B. 授权数字版权代理

□ C. 第三方平台（如喜马拉雅电台等）

□ D. 其他________________________

23. 贵公司有声读物（数字音频）累计销售额为__________万元。[填空题]*

24. 贵公司视频产品的销售渠道是？[多选题]*

□ A. 自有平台

□ B. 授权数字版权代理

□ C. 第三方平台（如优酷、B 站等）

□ D. 其他________________________

25. 贵机构数字视频产品的累计销售额为____________万元。[填空题]*

26. 如果贵机构通过自有平台销售数字产品，目前为止销售平台的注册用户约为__________人，其中付费用户约__________人。[填空题]*

问卷 3：信息技术企业[①]

本调查问卷是 ××× 项目“互联网时代藏文数字化发展研究”中相关内容。本课题旨在通过对藏文数字出版行业现状及挑战进行学习研究，提出现行环境下国内发展藏文数字出版的初步思考。问卷采集的原始数据仅供课题参与人员研究分析使用，所有涉及商业竞争等方面的数据将严格进行保护。十分感谢您及贵机构对本课题的关心和支持!

贵机构的全称［填空题］*

____

1. 贵机构成立于__________年。［填空题］*

2. 贵机构数字内容及平台建设的总投入约为__________万元，其中平台投入约__________万元，内容建设投入约__________万元。［填空题］*

3. 贵机构是否已经申请网络出版服务许可证？［单选题］*

○ A. 是

○ B. 否

4. 贵机构员工总数为____________人，其中有技术背景的专业人员

① 信息技术企业发放问卷 4 份，收回有效问卷 4 份。

__________人，内容编辑__________人。[填空题]*

5. 贵机构参与数字产品研发及推广的有__________人。[填空题]*

6. 贵机构员工中掌握（听说读写能力）藏语文的有____________人，藏汉双语的有__________人，藏汉英三语的有__________人。[填空题]*

7. 贵机构在建立和运营过程中，是否享受过国家相关支持和优惠政策？[单选题]*

○ A. 是

○ B. 否

○ C. 不了解

8. 贵机构在数字内容建设、数字产品研发和数字服务平台建设方面，享受过如下哪些方面的特殊扶持政策？[多选题]*

□ A. 财政

□ B. 金融

□ C. 税收

□ D. 租金

□ E. 其他________________________

9. 贵机构如果享受过扶持政策，这种扶持来自哪些渠道？[多选题]*

□ A. 中央部门

☐ B. 省级部门

☐ C. 地市级部门

☐ D. 高新技术区或孵化园

☐ E. 其他____________________

10. 贵机构目前涉及的数字产品形态包括？[多选题]*

☐ A. 电子书

☐ B. 有声读物

☐ C. 视频读物

☐ D. 数据库

☐ E. 动漫

☐ F. 其他____________________

11. 贵机构目前为止已经完成藏文典籍和现代印刷图书数字化累计________种。其中典籍__________种，现在印刷图书__________种。[填空题]*

12. 贵机构已经上线供用户阅读的藏文电子书品种共________种，音频内容__________种，视频内容__________种，动漫__________种。[填空题]*

13. 贵机构目前使用的藏文排版软件有哪些? [多选题]*

☐ A. 方正排版

☐ B.InDesign

□ C.Word/WPS

□ D. 华光

□ E.Photoshop

□ F. 其他________________________

14. 贵机构藏文电子书支持哪些格式？［多选题］*

□ A.EPUB

□ B.MOBI

□ C.AZW/AZW3

□ D.PDF

□ E.TXT

□ F. 其他________________________

15. 贵机构在数字化过程中遇到的最大问题是？［多选题］*

□ A. 内容

□ B. 技术

□ C. 人才

□ D. 资金

□ E. 其他________________________

16. 贵机构在数字产品研发中最急需的是哪类人才？［多选题］*

□ A. 产品规划

□ B. 产品制作

□ C. 项目管理

□ D. 内容编辑

□ E. 软件开发

□ F. 其他______________________

17. 贵机构在数字内容建设过程中投入成本最大的项目有？【多选】[多选题]*

□ A. 知识产权（内容版权）

□ B. 翻译

□ C. 人员

□ D. 技术装备（藏文信息技术的支撑水平）

□ E. 内容批量数字化加工

□ F. 其他______________________

18. 贵机构藏文数字化的累计投入约为__________万元？占机构总运营成本的__________%。[填空题]*

19. 贵机构的新媒体发布平台有以下哪些？[多选题]*

□ A. 网站

□ B. 微信公众平台

□ C. 微博

□ D. 抖音

□ E. 快手

□ F. 其他______________________

20. 贵机构各类用户注册平台累计注册用户数为__________，所有新媒体平台的粉丝数累计数为__________人。[填空题]*

21. 贵机构在线藏文数字内容服务平台累计的点击量为__________，累计的资源下载次数为____________。2019 年度的累计点击量为____________，2019 年度的累计资源下载次数为__________。[填空题]*

22. 贵机构藏文电子书阅读服务是通过什么渠道开展的？[多选题]*

□ A. 自有平台

□ B. 数字版权代理

□ C. 第三方平台

□ D. 其他_________________________

23. 贵机构的音频读物服务渠道是？[多选题]*

□ A. 自有平台（网站、APP、小程序 ...）

□ B. 授权数字版权代理

□ C. 第三方平台（如喜马拉雅电台等）

□ D. 其他_________________________

24. 贵机构视频产品的服务渠道是？[多选题]*

□ A. 自有平台

□ B. 授权数字版权代理

□ C. 第三方平台（如优酷、B 站等）

□ D. 其他________________________

25. 贵机构在线藏文数字内容的累计阅读量约为__________次。[填空题]*

26. 如果贵机构通过自有平台提供数字产品服务，目前为止服务平台的注册用户约为__________人，其中付费用户约__________人。[填空题]*

27. 贵机构对藏文数字化发展有什么建议或想法？[填空题]

____

问卷4：图书馆①

本调查问卷是××× 项目"互联网时代藏文数字化发展研究"中相关内容。本课题旨在通过对藏文数字出版行业现状及挑战进行学习研究，提出现行环境下国内发展藏文数字出版的初步思考。问卷采集的原始数据仅供课题参与人员研究分析使用，所有涉及商业竞争等方面的数据将严格进行保护。十分感谢您及贵机构对本课题的关心和支持!

贵机构的全称［填空题］*

____

1. 贵机构藏文图书的馆藏量总计__________种。［填空题］*

2. 贵机构是否已经开始数字化馆藏藏文图书及文献？［单选题］*

○ A. 是

○ B. 否

3. 贵机构如果已经开始数字化藏文图书及文献，目前为止已经累计数字化__________种。［填空题］*

4. 贵机构是否采购过藏文电子书或数字化文献？［单选题］*

○ A. 是

① 图书馆机构发放问卷 6 份，收回有效问卷 6 份。

○ B. 否

5. 贵机构如果已经开始采购藏文电子书，目前为止采购品种总数是___________种。[填空题]*

6. 贵机构采购藏文电子书和文献的渠道是？[单选题]*

○ A. 出版社

○ B. 第三方数字版权代理

○ C. 政府统一采购配置

○ D. 其他__________________________

7. 贵机构目前为止采购藏文电子书的累计投入是___________万元。[填空题]*

8. 贵机构目前是否有采购藏文电子书和数字化文献年度预算？[单选题]*

○ A. 有

○ B. 无

9. 贵机构认为目前采购藏文电子书最大的问题是？[多选题]*

□ A. 资金不足

□ B. 可供资源少

□ C. 可供资源信息不畅

□ D. 其他__________________________

10.贵机构是否提供藏文电子书和数字化文献查询借阅服务？[单选题]*

○ A.是

○ B.否

11.贵机构如果已经开始藏文电子书及数字化文献查询借阅服务，目前可供查询阅览的总品种数是__________种。[填空题]*

12.贵机构的藏文电子书及数字化文献平台是？[单选题]*

○ A.自主研发

○ B.外包技术定制开发

○ C.行业通用软件产品

○ D.其他________________________

13.读者对藏文电子书（电子期刊）的需求如何？[单选题]*

○ A.大

○ B.一般

○ C.小

14.贵机构目前在线服务的藏文电子书、电子期刊及数字文献阅览用户总数约为__________个。[填空题]*

15.贵机构对藏文出版及文献数字化有什么建议？[填空题]

____

问卷调研5：新媒体机构[①]

本调查问卷是×××项目“互联网时代藏文数字化发展研究”中相关内容。本课题旨在通过对藏文数字出版行业现状及挑战进行学习研究，提出现行环境下国内发展藏文数字出版的初步思考。问卷采集的原始数据仅供课题参与人员研究分析使用，所有涉及商业竞争等方面的数据将严格进行保护。十分感谢您及贵机构对本课题的关心和支持!

1. 目前贵机构体制属性是哪一类？[单选题]*

○ A. 事业公益一类

○ B. 事业公益二类

○ C. 企业

○ D. 不确定

2. 贵机构的上级主管部门（行政机构或者企业集团）是______________________________________。[填空题]*

3. 贵机构年度财政支持方式是？[单选题]*

○ A. 全额拨款

○ B. 差额拨款

○ C. 没有固定拨款

① 新媒体机构发放问卷6份，收回有效问卷4份。

4. 贵机构是否已经申请互联网新闻信息服务许可证？[单选题]*

○A. 是

○B. 否

5. 贵机构是否已经成立专门的信息技术或融媒体部门？[单选题]*

○A. 是

○B. 否

6. 贵机构是否已经制定藏文融媒体发展战略规划？[单选题]*

○A. 是

○B. 否

7. 贵机构的员工总数为__________人。[填空题]*

8. 贵机构从事新媒体相关岗位的有__________人。[填空题]*

9. 机构员工中掌握（听说读写能力）藏语文的有__________人，藏汉双语的有__________人，藏汉英三语的有__________人。[填空题]*

10. 贵机构藏文新媒体岗位编制有__________人，目前从事藏文新媒体事业的有__________人。[填空题]*

11. 贵机构是否向财政申请过藏文融媒体项目资金？[单选题]*

○ A. 是

○ B. 否

12. 贵机构向财政申请的藏文融媒体项目数累计有__________个。[填空题]*

13. 贵机构向财政申请的藏文融媒体项目中，有__________个是中央财政，__________个是地方财政。[填空题]*

14. 贵机构申请成功的藏文融媒体项目共__________个，获得资助总额是__________万元。[填空题]*

15. 贵机构申请成功的藏文融媒体项目名称是____。[填空题]*

16. 贵机构的藏文藏语新媒体传播平台有哪些[多选题]*

□ A. 网站

□ B. 微博

□ D. 微信

□ E.APP

□ F. 电台（如喜马拉雅、蜻蜓）

□ G. 其他__________________________

17. 贵机构的藏文网站是否有移动端？[单选题]*

○ A. 有

○ B. 否

18. 贵机构藏文网站是否有广告？[单选题]*

○ A. 是

○ B. 否

19. 贵机构的藏文网站注册用户__________人，累计点击量是__________万次，目前日点击量大约为__________次。[填空题]*

20. 贵机构的藏文微博目前粉丝量有__________人，最高阅读量文章的阅读次数是__________次。[填空题]*

21. 贵机构的藏文微信公众号关注用户有__________人，累计发布文章约__________篇，最高阅读量文章的阅读次数是__________次，所有发布文章的累计阅读量是________________次。[填空题]*

22. 贵机构的藏文 APP 客户端的下载量是__________次，安装量是__________次，注册用户__________人。[填空题]*

23. 贵机构电台和短视频账号的关注用户累计____________人。[填空题]*

24. 贵机构若有藏语音频或视频资讯传播，一般使用哪一方言？[多选题]*

□ A. 拉萨音

□ B. 安多音

□ C. 康巴音

□ D. 都使用

25. 贵机构自主投入的藏文融媒体项目经费约__________万元。[填空题]*

26. 贵机构的年度藏文融媒体经费预算约为__________万元。[填空题]*

27. 贵机构发展藏文新媒体事业过程中遇到的最大问题是？[多选题]*

□ A. 内容

□ B. 技术

□ C. 人才

□ D. 资金

□ E. 其他________________________*

28. 贵机构开展藏文新媒体事业过程中急需的是哪类人才？[多选题]*

□ A. 产品规划

☐ B. 产品制作

☐ C. 项目管理

☐ D. 内容编辑

☐ E. 其他________________________*

29. 贵机构运营藏文新媒体平台过程中成本最大的项目是？[多选题]*

☐ A. 知识产权（版权资源）

☐ B. 翻译成本

☐ C. 人员成本

☐ D. 技术装备（软硬件成本）

☐ E. 软件开发

☐ F. 其他________________________

30. 发展藏文数字化及新媒体事业方面，贵机构有什么建议？[填空题]

____

贵机构的全称是[填空题]

____

引用文献

一、专 著

[1] 范军．2019—2020 中国出版业发展报告．北京：中国书籍出版社，2020．

[2] 国家新闻出版署编．2019 中国新闻出版统计资料汇编．北京：中国书籍出版社，2019．

[3] 柳斌杰．把出版放在文化的坐标上考察 // 聂震宁．出版的文化守望．北京：中国书籍出版社，2008．

[4] [德] 马克思，恩格斯著，中央编译局编译 . 马克思恩格斯选集：第一卷 . 北京：人民出版社，1972.

[5] 聂鸿音，孙伯君 .《西番译语》校录及汇编 . 北京：社会科学文献出版社，2010.

[6]（清）西番译语（国家图书馆藏本 1—9 册）．

[7] 司占军，顾翀 . 数字出版（第二版），北京：中国轻工业出版社，2020.

[8] 张立 .2018—2019 中国数字出版产业年度报告 . 北京：中国书籍出版社，2019.

[9] 张立．2019—2020 中国数字出版产业年度报告 . 北京：中国书籍出版社，2020.

[10] 张立．2020—2021 中国数字出版产业年度报告 . 北京：中国书籍出版社，2021.

[11] 张新华．数字出版产业理论与实践．北京：知识产权出版社，2013．

[12] 朱宝慧 .ERP 原理及应用 . 北京：北京大学出版社，2014.

[13] 朱青生 . 十九札——一个北大教授给学生的信 . 北京：世界

图书出版公司，2011.

二、期　刊

[1] 卞晓琰．美国出版业媒体融合成功案例分析．新媒体研究．2017（11）．
[2] 蔡宾．美国出版机构数 字化转型简析．出版发行研究，2015（11）．
[3] 段弘毅．我国数字出版人才现状与需求分析．出版科学，2017，25（3）．
[4] 高沁，吴冰，郝冠南．掌握媒体融合发展的主动权——西藏日报社媒体融合现状和趋势研究．中国传媒科技，2018（6）．
[5] 格根其尔．内蒙古蒙古文数字出版研究．赤峰学院学报：汉文哲学社会科学版，2019，40（4）．
[6] 何芳，胡新宇．法国数字出版发展启示．编辑学刊，2016（4）．
[7] 李芳．布鲁姆伯瑞出版社的数字出版策略及其启示．出版发行研究，2011（7）．
[8] 李蕊．我国数字出版产业发展现状及态势．全球化，2020（3）．
[9] 柳斌杰．用数字化带动我国出版业的现代化．出版发行研究，2006（11）．
[10] 马创新，曲维光，陈小荷．中文古籍数字化的开发层次和发展趋势．图书馆，2014（2）．
[11] 马启智．我国的民族政策及其法制保障．中国人大，2012（1）．
[12] 闵祥鹏．文化遗产数字化及其产业价值分析——基于新媒介载体下出版模式的思考．中国出版，2015（11）．

[13] 牛晓宏.基于数字出版产业链的数字出版机构与图书馆合作策略研究.现代情报，2013，33（11）.
[14] 彭兰.智能时代的新内容革命.国际新闻界，2018（6）.
[15] 秦绪军.国外出版商发展数字出版的特点及给我们的启示.科技与出版.2007（12）.
[16] 任翔.开放获取能否拯救学术专著出版？.出版广角，2013（12）.
[17] 任小波.明清〈西番译语〉传本寻踪.中国藏学，2009（3）.
[18] 沈诞琦.最漫长的博士.三联生活周刊，2014（11）.
[19] 施向东.清朝本〈西番译语〉藏汉对音译例研究.民族语文，2019（4）.
[20] 孙杰，吴芳，李珊珊.基于开放获取的图书馆学术出版策略与发展模式探析.图书馆工作与研究，2019（282）.
[21] 宛福成.开放获取运动、政策与服务综述.情报科学，2006（11）.
[22] 王海平，陈鹏伟，刘邦凡.面向数字出版国际化的国外经验借鉴.电子商务，2018（7）.
[23] 王文令.西藏文化政策现状与对策建议.西藏民族大学学报（哲学社会科学版），2016，37（3）.
[24] 王一木.对英国数字出版转型的思考.江西科技师范大学学报，2018（2）.
[25] 吴军，陈少华.数字出版人才的培养模式思考——美、英、德三国培养模式比较研究.科技与出版，2018（5）.
[26] 吴雷.美国出版业融合发展现状调研与思考.出版科学，

2019，27（4）.

[27] 奚玲燕.学术电子书出版探析.新闻研究导刊，2019，10（13）.

[28] 肖艳珠.基于利益平衡机制的图书馆与数字出版机构合作研究.图书馆工作与研究，2018（263）.

[29] 雪合来提·买买提尼牙孜.关于深化出版改革、促进融合发展和依托“一带一路”弘扬民族文化的思考.喀什大学学报，2016，37（5）.

[30] 杨欢.英国数字出版的启示.新闻研究导刊，2018（21）.

[31] 杨樱.贝塔斯曼之死.中国财经周刊，2008，25（4）.

[32] 于晨.麦格劳－希尔教育公司数字化转型困境与出路.科技传播，2020，10（上）.

[33] 张大伟.民族类出版社数字转型的理念、人才与技术因素分析——基于15家民族类出版社的深度访谈.编辑之友，2018（2）.

[34] 张桂芝.浅述英国数字出版的实践经验.中国编辑，2017，89（5）.

[35] 张新新.传统出版与新兴出版深度融合，推进数字出版高质量发展——2019年度数字出版盘点.科技与出版，2019，网络首发.

[36] 张新新.“十三五”的数字出版人才政策与实践研究——以政产学研一体化为视角.出版广角，2016（10）.

[37] 邹积凯，郭瀚文，张伟.比较视域下的中韩数字出版产业推动力分析.科技与出版，2021（2）.

[38] 朱碧波.论我国社会治理共同体的生产逻辑与建构方略.载《西南民族大学学报》(人文社会科学版),2020(10).

三、报 纸

[1] 陈科.英国如何成为数字出版强国.学习时报,2016年6月30日.

[2] 陈香.“十三五”数字出版产业重点部局五个方面.中华读书报,2016年7月27日,第1版.

[3] 冯文礼.邬书林:出版在文化交流中发挥着重要作用.中国新闻出版报,2011年3月11日.

[4] 韩寒.传统出版如何更好数字化转型.光明日报,2018年8月10日,第10版.

[5] 刘蓓蓓.2019年出版业:聚焦高质量管理上台阶.中国新闻出版广电报,2019年12月23日.

[6] 柳斌杰.开启出版强国建设的新征程——2021年中国出版业的机遇与挑战.中国出版传媒商报,2021年3月31日.

[7] 龙新民.新技术:对出版行业的测试.中国读书周报,2006年8月24日.

[8] 罗云鹏.青海打造中国首个100%绿色能源大数据产业示范基地.中国新闻网,2017年12月1日.

[9] 王飚,毛文思.“十四五”数字出版纵深推进的关键.中国新闻出版广电报,2021年6月7日.

[10] 王海磐.藏文文献数据中心启动藏文古籍文献数据化收集整理.光明日报,2017年8月22日,第4版.

[11] 吴玫．“开放获取运动”与国际学术出版变局．中国青年报，2017年2月3日，第3版．

[12] 张贺．与时间赛跑，古籍数字化如何加速．人民日报，2016年6月23日，第19版．

[13] 赵强．图书价格立法迫在眉睫．中国新闻出版广电报，2022年1月6日．

[14] 赵越．西藏图书期刊数据库及资源管理与检索平台获奖．西藏商报，2017年6月10日，第3版．

[15] 左志红．五问头部科技出版单位深度融合“深”在何处？．中国新闻出版广电报，2021年11月29日．

四、学位论文

[1] 陈云康．新中国成立以来新疆图书出版事业研究．乌鲁木齐：新疆大学，2018．

[2] 李灿．我国出版传媒上市公司海外并购研究．硕士论文，武汉大学，2018．

[3] 李娜．麦格劳·希尔数字教育出版价值链研究．硕士论文，武汉大学，2018．

[4] 马凌珊．数字环境下的新疆少数民族文字出版研究．硕士论文，北京印刷学院，2011．

[5] 夏宇．内蒙古地区数字出版管理存在问题及对策研究．硕士论文，内蒙古师范大学，2020．

五、外文文献

[1] Baensch,Robert E. (2003). ***The Publishing Industry in China.*** New Brunswick:Transaction Pub.

[2] Barton,M. & Waters,M. (2004) . ***Creating an Institutional Repository***: LEADIRS Workbook. Boston:MIT Libraries. 见 http://www.dspace.org/implement/leadirs.pdf.

[3] ***Chinese Publishing Industry Report*** 2007 ***Provides Comprehensive Analysis of the Newspaper and Book Publishing Industry of China.*** Business-Wire, 2007.

[4] Choo Heng. (2006). ***Trends in Electronic Publishing.*** eLearning and Digital Publishing.

[5] Chow,Kai-Wing. (2007) . ***Publishing, Culture,and Power in Early Modern China.*** Stanford:Stanford University Press.

[6] David Austerburry. (2004) .***Digital Asset Management:How to Realize the Value of Video and Image Libraries.*** Boston:Amsterdam: Focal Press.

[7] David Bergsland. (2002) . ***Introduction to Digital Publishing.*** Florence:Cengage Learning,Inc.

[8] Dillon,D. (2001) . ***E-books:the University of Texas Experience.*** Library Hi Tech,Vol. 19 (2) .

[9] Epstein,Jason. (2002). ***Book Business:Publishing Past, Present,and Future.*** New York:W. W. Norton & Company.

[10] Frank Romano.（Series Editor,2001）.*Digital Asset Management*. Paramus:National Association for Printing Leadership.

[11] George V.Landon.(2009).*Toward Digitizing All Forms of Documentation*. D-Lib,15（3-4）.

[12] Geoffrey E.Bock.（2005）.*Designing Metadata:An Implementer's Guide for Organizing and Using Digital Assets*. Bock and Rock Company.

[13] Harold McGraw II.（2008）.*McGraw-Hill* 2008 *Annual Report*. http://www.mcgraw-hill.com/about/annual_report/ar2008.pdf.

[14] Hoboken,N.J,Jan.(2009).*John Wiley & Sons Ltd:Wiley-Blackwell Launches New Series of Interdisciplinary Publications*. 见 http://www.tradingmarkets.com/.site/news/Stock%20News/2151090.

[15] Joan N.Burstyn.(1991).*Desktop Publishing in the University*. Syracuse: Syracuse University Press.

[16] John B.Thompson.(2005）.*Books in the Digital Age:The Transformation of Academic and Higher Education Publishing in Britain and the United States*. Cambridge:Polity.

[17] Kenneth Thibodeau.(2002).*Overview of Technological Approaches to Digital Preservation and Challenges in Coming Years*. In Council on Library and Information Resources,The State of Digital Preservation:An International Perspective.

[18] Lavoie,Dempsey.（2004）.*Thirteen Ways of Looking at Digital*

Preservation. D–Lib,10（7/8）.

[19] Marcum,Friedlander.（2003）.*Keepers of the Crumbling Culture:What Digital Preservation Can Learn from Library History?*.D–Lib,9（5）.

[20] Maria E. Gonzalez.（2003）.*Preservation Reformatting Conference: Digital Technology vs. Analog Technology*,Abbey Newsletter,26（5）.

[21] Mike Collins.（2006）.*HarperCollins Picks NewsStand to Develop Digital Warehouse*. 见 http://corkuniversitypress.typepad.com/cork_university_press/2006/04/harpercollins_p.html.

[22] Motoko Rich.（2008）.*HarperCollins Will Post Free Books on the Web*. 见 http://www.nytimes.com/2008/02/11/business/media/11harper.html.

[23] Peter Just.（2007）.*Electronic Books in the USA——Their Numbers and Development and A Comparison to Germany*.Library Hi Tech, 25（1）.

[24] Phil Bartle. (2009). *Preserving Culture*. 见 http://www.scn.org/cmp/modules/emp-pre.htm.

[25] Robin M. Perricourt.（1996）.*An Author's Guide To Scholarly Publishing*. New Jersey:Princeton University Press.

[26] Rogers M. (2006）.*E-books Struggling to Find a Niche*. Library Journal,15（6）.

[27] Rosenthal,Robertson,Lipkis,etc.（2005）.*Requirements for Digital Preservation Systems:A Bottom-Up Approach*.D–Lib,11（11）.

[28] Sharon Tahirkheli.（2001）.*Becoming Digital*.Geotimes, 46（1）.

[29] Su–Shing Chen.（2001）.*The Paradox of Digital Preservation*. Computer,34（3）.

[30] Teri Tan (2008),*XML Publishing,the Way Forward*. 见 http://www.publishersweekly.com/article/CA6559362.html.

[31] Thomas L. Friedman.（2005）.*The World is Flat*,New York:Picador/Farrar,Straus and Ciroux.

[32] Thomas Samuel Kuhn.（1962）.*The Structure of Scientific Revolutions*. Chicago:The University of Chicago Press.

[33] Wilson David. (1999). *The Media/Publishing Research. Book Publishing in China:A Strategic Entry Report,* 1997 *(Strategic Planning Series)*. New York:Icon Group International,Inc..

[34] Witten,I. H. & Bainbridge,D.（2005）.*Creating Digital Library Collections with Greenstone*.Library Hi–Tech,23（4）.

[35] Witten I. H.,Frank E. (2002）.*Data Mining:Practical Machine Learning Tools and Techniques with Java Implementations*. San Francisco:Morgan Kaufmann.

[36] Witten,Bainbridge.（2003）.*How to Build a Digital Library*. San Francisco:Morgan Kaufmann.

[37] Witten I. H.（2004）.*Creating and Customizing Digital Library Collections with the Greenstone Librarian Interface*. Proc. International Symposium on Digital Libraries and Knowledge Communities in Networked

Information Society,DLKC’04. Tsukuba,Ibaraki,Japan,2004.

[38] W. Kaufman. (1994). *One Book/Five Ways:The Publishing Procedures of Five University Presses*. Chicago:University Of Chicago Press.

[39] Xin Guangwei. (2002). ***Chinese Publishing and Copyright Trade***. Nashville:Yuan–Liou Publishing Co.,Ltd..

[40] Zivkovic,Daniela.（2005）. *The Electronic Book:the Change of Paradigm for a Changing Bookmarket*. Berlin:BibSpide.

六、机构网站及其他

[1] 前瞻产业研究院.2020年全球互联网行业市场分析：用户规模超46亿人 非英语网页数量正快速增长. 见前瞻研究院网站 https://bg.qianzhan.com/trends/detail/506/200803-2e914d2d.html.

[2] 读者出版传媒官网：http://www.duzhepmc.com/2019/0610/1047.shtml.

[3] 中央政府门户网站：http://www.gov.cn/xinwen/2015-12/29/content_5028690.htm，2015年12月29日.

[4] 网信西藏. 西藏大力推进数字文化建设.

[5] 康巴卫视网. 全国所有藏文图书出版单位汇聚在此，2018年4月22日.

[6] Apabi公司官网主页：http://www.apabi.cn/about/1/.

[7] 中信出版集团官网主页：https://www.press.citic/xmt_detail/191.html

[8] 智研咨询集团：2020—2026 年总共微信公众号行业市场经营风险及投资战略规划分析报告，2019 年 10 月 25 日 .

[9] 丛挺编译 . 谷歌图书项目及谷歌的未来 . 百道新出版研究院，2011 年 7 月 1 日 .

[10] 百道新出版研究院 . 美国最大少儿出版商：跨媒体出版成功奥秘 . 载中国作家网：http://www.chinawriter.com.cn/2012/2012-09-12/140955.html，2012 年 9 月 12 日

[11] 蒋子文 . 新闻出版署将推动图书价格立法：有效制止网上网下恶性价格战 . 引自澎湃新闻网：https://www.thepaper.cn/newsDetail_forward_16119605，2022 年 1 月 2 日 .

[12] 华英 . 苦口良药：ERP 系统为中国出版及带来什么？ . 见搜狐新闻频道：http://media.news.sohu.com/15/51/news214475115.shtml，2003 年 10 月 15 日 .

[13] Machael Page.2022 中国薪酬报告 . 引自 http://report.seedsufe.com/PDFDetail?fid=MjMxzE0&search_key= 薪酬 .

[14] 宋振世，柳贺 . 多国电子书盈利模式分析 . 载上海情报服务平台：http://www.istis.sh.cn/list/list.aspx?id=7796，2013 年 2 月 21 日 .

[15] 王强 . 数字出版“十三五”时期规划要点（演讲稿），2016 年 7 月 19 日 .

[16] 王斯灏 . 国内首家 ERP 系统引领者：高教社探索数字化创新时代 . 见新浪读书频道：http://book.sina.com.cn/news/whxw/2020-01-14/doc-iihnzhha2424843.shtml，2020 年 1 月 14 日 .

[17] 互联网世界统计官网：https://www.internetworldstats.com/.
[18] 国际数字出版论坛官网：http://idpf.org/about-us/industry-statistics.

后　记

我国的民族出版，曾经也是大师云集、名家辈出，被经营得轰轰烈烈的事业。前辈们开拓耕耘，为我们的今天奠定了深厚的基础。70 余年后，科技发展已让出版行业身处巨大的变革中，而民族出版事业因其客观条件的特殊性，在新媒体时代的融入过程中，显得格外不易。虽然技术在变、产业环境在变，但民族出版的使命未变，民族出版人的责任未变，所谓逆水行舟，不进则退。如我在前言中所写，我国民族出版（含民族文字及民族类）数字化的总体发展水平，尚不超过“十一五”时期的国内同行水平。因此，对于现下民族图书出版数字化工作及其发展模式进行调研和实践层面的探索，是极有必要的。

由于数字出版是一个新兴的产业，民族文字图书出版数字化的专项研究更无前文可以参考因循，笔者做的是几近“开荒”的工作，因此，书中部分采用探索性研究的方法，以专家访问、相似案例分析等方式，为今后的进一步研究累积资料。同时，由于基础数据的缺乏及广泛调研多文种之可行性的现实考量，我主要是以藏文图书出版数字化为具体研究对象，试图探索中国少数民族图书出版数字化发展的对策，主观上是希望这些内容能够为我国民族出版数字化领域提供一些有价值的信息，并引起各界对于公益民族图书新媒体出版融合发展方向的更多关注。

数字出版属于应用科学，而应用科学是日新月异的。回顾我第一篇相关论文的写作，到这本书的完成，发现时间跨度居然长达12年，真是时光如梭。期间出版技术的更迭、内容应用手段的发展，乃至整个产业链的重塑，在我看来不异于科幻般的展演。

感谢我的先生，他毕业于弗吉尼亚大学计算机工程专业，并一直在从事信息技术工作，对民族语文的信息化及数字化工作有着深入的见解。在写作过程中，我总是在向他请教，是他帮我加深了对民文信息处理技术和出版数字化境况的理解，并在调研工作中给予了我大力的帮助和支持，亦师亦友，唯有多做几壶酥油茶，以表谢意了。在此，还要特别感谢接受我访谈、为我提供信息及数据的同行、同事及朋友们，没有他们的无私帮助和鼓励，我是难以完成这个“作业”的。还要感谢我的好友兼责编宝贵敏编审，我原本对将这些年的思考集结成书一事，有不小的畏难情绪，她积极的鼓励，是我终下决心的重要助力。成稿后，她又主动承担责编的重任。10年前，我是她第一部口述史专著的编辑，10年后，我们互换身份、再次合作。我们在工作中彼此鼓励、鞭策，为对方的每一点进步欢欣，我想，这就是友谊最好的状态。这样的感觉，真好。

我在美留学期间学习了一段时间的数字出版，正值数字出版作为产业的兴起之初，Kindle、iPhone 第二代陆续推出，大家在课堂上热烈地讨论这些新颖的产品和新兴的出版形式，以及它们对传统纸媒的冲击。还记得 2009 年 1 月，全美航空的一家客机因故障在长岛哈德逊河迫降，《纽约时报》的电子版在报道时，将驻停飞机的图片与该机乘客的姓名及座次进行了关联，方便家属通过报社网页的实时更新及时了解亲人的信息，这种智能化的阅读扩展功能，不仅在校园，更是在广大的读者群中引起了极大的轰动，许多人说“纸媒将死”，我们的一位教授则认为，电子书及网络出版物的形式适合快速、碎片化的浅阅读，而纸书会向更深刻的内容、更精致的印制方向，即有学术及艺术收藏价值的方向发展，纸书是无法被替代的。我还记得，班上转来一位年届六十的女同学，她原本是当地日报社的传统编辑，但就在 2009 年，Daily 的纸质版全面停刊，采编发流程全部转为线上，没有了纸版的编印发环节，相关人员被全员裁撤，所以她又再一次回到大学进修，想毕业后继续回报社工作。她的到来，多少为即将进入出版行业的年轻的同学们，带来了不小的压力和迷茫。而现在回望，那其实正是在经历一个“内容为王”向“技术为王”过渡的时期。而我个人，在 2008—2009 年一年的时间里，只是接触到了数字出版的一些概念和皮毛。因此，如今写作这一前沿的相关课题，实是有感于民族出版数字化转型的迫切性而勉力为之，单就能力而言，我更多地只能是从行业观察的角度，并以个案研究的方法，浅层地探讨“数字出版”这一与科技紧密相关、发展异常迅速的命题，其中必然有许多疏漏不足之处，贻笑大方，恳请读者不吝珠玉雅正。

我也相信，民族图书的数字出版工作虽道阻且长，但行则将至，行而不辍，则未来可期。

德庆央珍

2023 年　北京

图书在版编目（C I P）数据

新媒体情境下民族图书数字出版路径研究 / 德庆央珍著.
—北京：民族出版社，2023. 2

ISBN 978-7-105-16919-1

Ⅰ. ①新…　Ⅱ. ①德…　Ⅲ. ①少数民族—电子出版物—出版工作—研究—中国　Ⅳ. ① G239.2

中国国家版本馆 CIP 数据核字 (2023) 第 020131 号

新媒体情境下民族图书数字出版路径研究

责任编辑：宝贵敏
封面设计：金　晔
出版发行：民族出版社
地　　址：北京市和平里北街 14 号
邮　　编：100013
电　　话：010-64228001（编辑室）
　　　　　010-64224782（发行部）
网　　址：http://www.mzpub.com
印　　刷：北京盛通印刷股份有限公司
经　　销：各地新华书店
版　　次：2023 年 2 月第 1 版　2023 年 2 月北京第 1 次印刷
开　　本：880 毫米 ×1230 毫米　1/32　字数：300 千字
印　　张：11.625
定　　价：70.00 元
ISBN　978-7-105-16919-1 / G · 2213（汉 1074）